U0054577

思想觀念的帶動者
文化現象的觀察者
本土經驗的整理者
生命故事的關懷者

心靈工坊 **Psy Garden**

Holistic

探索身體，追求智性，呼喊靈性

攀向更高遠的意義與價值

是幸福，是恩典，更是內在心靈的基本需求

企求穿越回歸眞我的旅程

心律轉化法

Living From The Heart

Heart Rhythm Meditation for Energy, Clarity, Peace and Inner Power

普蘭·貝爾 | 蘇珊娜·貝爾 | 著
Puran Bair | Susanna Bair

王曙芳 審閱 | 徐曉珮 譯

獻給

克莉絲汀娜、阿薩塔爾、卡利爾、伊森與傑洛德

出版者的話

　　《心律轉化法》在 1998 年由三河出版 / 藍燈書屋發行初版。當時身心靈話題正熱，出版商為了搶奪先機，出版了許多這類書籍。不過《心律轉化法》和其他書籍不同的是，在市場上屹立不搖成為靈性經典。許多讀者告訴我們，初版他們讀了十幾二十次，《心律轉化法》改變了他們的生活。

　　《心律轉化法》促成了 IAM 應用冥想協會的成立（前身為 PSI 集團）。現在 IAM 已經成為一個大型的全球機構，將許多創新的做法帶入古老的冥想教學中。IAM 是第一個在線上進行冥想教學的機構，早在社群網站出現之前，就已經建構了一個互動的線上家族。即使到了現在，沒有其他組織能提供像 IAM 線上課程那麼豐富而深入的內容。心活媒體非常驕傲能夠成為 IAM 的後盾，讓世界各地都能獲得最精緻的冥想訓練課程，並以身為新興的心文化一份子為榮。

　　我們很開心能夠發行心活媒體版本的《心律轉化法》。三河版本的讀者會發現內容有些許更動、重寫與增加。自 1998 年起，普蘭與蘇珊娜・貝爾將心律轉化法傳授給數萬名的學生，並從中習得如何更有效地教導這種冥想的方法。

　　雖然《心律轉化法》是由普蘭和蘇珊娜・貝爾合著，但是藍燈書屋堅持作者只能放普蘭的名字，因為依照他們過去的經驗，合著的

書通常銷量都不理想。但這個版本已經經過修正，將合著作者蘇珊娜·貝爾的名字也放上去。她不但是 IAM 的創始人之一，也是普蘭的合夥人、教學夥伴與配偶。

在這個版本中，增加了幾個蘇珊娜的新故事，以強調內容重點。另外多了幾個新的圖表，以及走路與跑步的心律轉化法練習。心律轉化法階段的部分重寫並增加了內容，向上與向下冥想也說明得更為詳細。新增部分還包括四大元素與心的四個層面（普蘭與蘇珊娜另一本著作《你的心就是宇宙》的主題）之間的關係。同時另增新的附錄，提供更多關於心律轉化法源頭的細節，哈茲若·音那雅·康的資料，以及心律轉化法的各階段目標。

我們希望大家喜歡這本新版的《心律轉化法》。願本書能提醒你已經知道但可能遺忘的真實。願本書能啟發你成為真正的自己。願你能在本書中找到連結生命目標的方法。願心律轉化法能強化你的呼吸，讓你的生活多一些有節奏的平靜。

心活媒體（Living Heart Media）

總經理 傑克·卡本特（Jack Carpenter）
副總經理與編輯 阿薩塔爾·貝爾博士（Dr. Asatar Bair）

致謝

本書的目的是介紹一種調和心跳與呼吸的冥想方法。我們依從哈茲若‧音那雅‧康（Hazrat Inayat Khan）的教導學到這種方法。哈茲若‧音那雅‧康是一位印度音樂家與神祕主義者，在 1910 到 1927 年間，將蘇菲主義首次介紹給西方世界。這種冥想流傳已久，早期的基督徒稱為「心之祈禱」，而我們則稱為「心律轉化法」。本書中，我們將會逐步加以介紹，並加入四種稱為「元素」的精微能量。

我們非常感謝我們的導師維拉亞‧音那雅‧康（Pir Vilayat Inayat Khan）這三十三年來，一直到他 2004 年過世之前，所給予的珍貴鼓勵與啟發。特別是他親自要求我們另外成立學校，開展心律轉化法，這種專注於心的新式冥想。感謝他仔細閱讀本書後提供了真摯的建議，讓本書更趨完善。

本書是《心律轉化法》的第二版，集結融合了初版問世後十年間衍生出的教學經驗與原則。感謝 LHM 心活媒體的全力支援，讓本書能夠以新的內容與風貌面世。

我們所踏上的旅途本質究竟如何呢？這條美好的心之道路，是從心的覺察開始。而覺察的第一步則是感受脈搏，然後是心跳。進一步的練習則是讓呼吸成為能量的來源，驅動心的轉化。

讓意識成為感覺的中心，心的生活就會來臨。

心的特質覺醒得越多，就越能讓我們感受到他人的感覺。他人的想法與情緒因而變得非常清晰明確。

思想、語言和行動的力量，都必須要靠心的力量驅動。心的力量所造成的思想、語言或行動，會變成活生生的力量。心的力量不僅來自內在的心，還要加上肉體的心。內心脆弱的人，心臟也一定不強壯。因為心是人生命的根源，存在於人的每一個層面。在每個層面，心都是中心，而人生的健康、力量、美麗、智慧與成功全都依循心的狀態產生變化。

各界對於心律轉化法的評價

很高興能夠學到心律轉化法這種簡單又廣效的冥想方式。普蘭和蘇珊娜‧貝爾讓我們記起並重新獲得與神、地球和所有人之間重要的合一連結。

　　——拉米‧M‧夏比洛（Rami M. Shapiro），猶太拉比，著有《禮拜法定人數：統合生活的十項戒律》

兩位作者擷取了蘇菲教派神祕主義的精華，也就是透過祈禱與冥想進行精神上的療癒，完成了這部見解深刻的作品，而且適用於所有的宗教信仰。如果你希望透過誠心地祈禱，接觸自己力量的內在本源，一定要閱讀本書，強力推薦！

　　——榮恩‧羅斯（Ron Roth），著有《祈禱的療癒之路》

《心律轉化法》是一本非常實用的指南，教我們如何在日常生活中運用冥想這項珍貴的工具，同時也啟發了大家對於深奧神祕真理的探索與了解。普蘭和蘇珊娜‧貝爾長期以來一直都在幫助人們將這種獨特的冥想經驗帶入生活中。他們豐富的經歷體驗，讓這本書擁有堅實的基礎來支撐背後對於靈性發展的傑出分析。這是一本珍稀而重要的著作。

　　——盧克‧萊茵哈特（Luke Rhineheart），著有《骰子人》、《漫長歸鄉路》和《EST 訓練手冊》

普蘭和蘇珊娜‧貝爾夫婦是這個時代的大師。他們會與你分享智慧，帶領你踏上奇妙浩瀚的心之旅程。

　　——豪爾‧葛拉瑟（Howard Glasser），作家，著有《改變障礙孩童》和《所有的孩子都活力十足》

這些年來，《心律轉化法》是我最推崇的一本書。這本書集結了他們多年來從教學與探索所集結的實用智慧，對心無窮無盡的奧祕有了更大的認識。書中可以找到科學、詩歌、靈感，還有更多的體悟。

　　——詹姆士‧L‧奧斯曼博士（Dr. James L. Oschman），作家，著有《能量醫學：科學的基礎》

我使用心律轉化法來降低血壓，現在已經可以減少藥量了。另外在消除偏頭痛，以及因為壓力過大或過於疲勞的心律不整，都有調整的功效。情緒上，我靠著心律轉化法度過離婚的低潮，並且沒有透過律師的協調，達成了和平分手的雙贏結果。我療癒了許多童年的創傷，讓自己重新回到樂觀的生活態度。我感受到深刻的平靜、和諧與感謝，能夠讓我尋找自己人生的功課，並且與人生中未曾擁有過的信心產生更深刻的連結。

——羅妮·豪爾（Ronnie Howell），文學學士

我覺得心律轉化法救了我的命，預防了心臟病與中風的危機。畢竟我已經五十七歲，而且有糖尿病和高血壓。每次練習完心律轉化法，我都能感到更平靜且充滿活力。每一次都很有效，所以我非常感謝心律轉化法對我生活上的影響。我知道這個方法幫助我面對工作的壓力，而且拯救了我和學生以及女友之間的關係。心律轉化法讓我對人生立下了新的承諾，並且對生命和生活有了更完整、更圓滿的了解，在每天的日常生活中擁有更高的生產力與效率。

——吉姆·康明（Jim Cumming），理學碩士，文學碩士，教師，前美軍軍官

在我了解心律轉化法並進行冥想練習後不久，我的血壓就開始降下來，也變得更接受我自己，同時還真的找到了我的心！心律轉化法打開了我的心，讓積存了五十年的情緒流瀉而出，讓我的人生變得更真實、更有活力！我現在對於自己是誰有著更清楚的想法，知道我為什麼活著，能夠用一顆開放而接受的心活得更充實。

——波特·昂德烏（Porter Underwood），石油顧問

這些年來練習心律轉化法，讓我的生活有了非常大的改變。我是古典音樂家，現在在演奏的時候感覺更輕鬆，表達更有創意，比以前更能集中精神。和同事、朋友及家人之間的關係也是前所未有地融洽，而且感覺連結更為豐富、親密。身體也非常健康。

——羅伯特‧強生（Robert Johnson），助理團長，芝加哥歌劇院

心律轉化法中原諒與感激的練習是一種無價之寶，讓我的生活變得充滿感謝。我彷彿是第一次能夠擁有完整的呼吸。

——裘蒂‧科利（Jody Curley），文學碩士

我已經高血壓了好幾年，一直在服藥。雖然吃了藥，但我的血壓還是偶爾會有點高。我從 2001 年開始練習心律轉化法，然後我的血壓開始降到 90 ／ 50 的區間。我慢慢減少用藥，六個月後終於不再服藥了。

另外，紅斑性狼瘡跟了我二十六年，期間發生過無數次危及生命的大病和住院。我斷斷續續使用類固醇，不過自從開始練習心律轉化法，就不需要再使用類固醇了。

——貝西‧哈特麥曼尼斯（Betsy Hart-McMannis），物理治療師

目錄

前言

心跳

　　本書的宗旨是讓大家學會心律轉化法：如何意識到自己的心跳，觸及你內在最基礎的韻律與深層的感覺。你將有能力調整自己的態度、方法與行為，展現出內心的和諧與其他特質，尤其是愛、創意與勇氣。你可以自行或透過團體學會這種冥想方式，應用在身體健康、人際關係與人生目標上。你想要努力的目標會因而更容易成功，讓你在較少的壓力下面對更大的挑戰。

　　如果我們問：「你感覺得到自己的心跳嗎？」你可能會說：「當然可以。」一邊便把手指按在手腕上，但那是你的脈搏，是心跳的回響。如果我們再問一次：「你能夠感覺到自己胸口的心跳嗎？」你也許會跟我們要聽診器。不過你是否能直接感覺到胸口的心跳，不需任何器具，完全憑藉自己的覺察呢？我們發現確實可以學習如何感覺心跳這個身體的基礎時鐘，只要你想，任何時候都可以，我們稱這種方法為自我覺察的心律轉化法。

　　在學習心律轉化法的過程中，你的生活便會隨之轉變。

● 首先，心律轉化法會擴展你對自己的概念，讓覺察的範圍更寬廣。你會完成一些原本覺得不可能的事，並去挑戰其他的限制。

你可以在工作時練習這個方法，即使是開會的時候也行，所有的人都會感受到效果（雖然他們不會知道原因是什麼）。

● 第二，心律轉化法會產生一種沉靜但又清醒的狀態，讓你充滿平靜與滿足。這對於生活壓力是最好的療癒，因為壓力會讓人心變得僵化。覺察心跳，可以強化心臟、穩定心率；放鬆可以讓循環系統敞開；完全的呼吸模式能夠讓血流充滿更多的氧氣。所以心律轉化法能提供有益於心臟血管的運動，但你不需出門，不用換衣服，也不會流汗。

● 第三，心律轉化法會讓你的心智清明起來，常常產生「啊哈！」的靈光閃現與敏銳洞察。這些都是有意識與無意識心智連結後順勢帶來的效果。一旦打開了通往內在意識的門，靈感便會開始雙向流動。到時你就會在有意識心智中，看見無意識富含創意與直覺的影像，非常興奮而刺激！

● 第四，感覺到心臟不斷跳動，能夠給你源源不絕的自信；專注於自己的心，則會讓你以心為中心，你會變得更開放，更能幫助他人，更具有洞察力與勇氣，你的身體健康、人際關係與人生目標會因而轉變。專注於自己的心能夠擴展你的磁場，產生個人的吸引力或魅力。你將學會如何把心跳投射在周圍的空間，讓你的氣場變得具有協調、療癒與促進成長的力量。擁有心跳的加持，你想要努力的項目因此能以較輕鬆、較無壓力的方式獲得成功。

學習心律轉化法不需任何器具，也不用每月固定花費，只需要運用心律與呼吸，你的心便能開發出上述四種體驗。

自我與心律和諧的時候，就會帶來平靜。進入心的生命之流，就能在

靜坐冥想中達到這樣的境界。

說到冥想時所需要的專注，首先就是要進入心的韻律，觀察心跳，感覺心跳，與心跳同步。

然後把所有的感覺放在心臟的中心，從這些感覺中挑選出愛，再從各式各樣的愛當中挑選出神聖的愛。❶

傾聽心跳的練習會讓你認識到無意識心智的重要功能之一，並且讓有意識與無意識的資源連結運作。你的心跳是接受無意識的導引，並依照生理與情緒的狀況產生對應的心律。一旦你覺察到心跳，就會直接感受到無意識的動作。有些原本屬於無意識的狀態會變成有意識，而有意識與無意識心智之間的通道會打開。透過這個通道，你可以一窺廣大無意識擁有的力量，並開始學習駕馭這股力量來完成你的目標。

我們一直都仰賴著自己的無意識在運作。例如開車的目的地是有意識的選擇，然而，無意識會控制許多開車時需要的小動作，來協助你抵達目的地。當你已放棄尋找遺失的車鑰匙，無意識會繼續尋找。無意識會記得你的生活經驗，儲存每一件發生的事情、每一張臉、每個失望與收穫，做為未來的資源。無意識也試著將各種不同、甚至是相衝突的願望連結起來，從而讓你生活中的所有元素整合成完整和諧的一體。

每個人都有自己的人生任務。你必須進行的任務之一，就是認識深層的自我：為什麼你會產生這樣的感覺？你的態度與人生體驗的關聯是什麼？你的影響與眼界的極限在哪裡？你能夠對全體人類的使命做出怎樣的貢獻？如果你也抱持這份對自我認知的渴望，就會

很樂於運用心跳去探索自我的深度與高度。心跳有著可以清晰而明顯感受到的節奏，所以能夠讓人很容易知道自己是不是真的專注在自己的心上，而不是亂飄到別的地方。

關於自我目標的疑問，無法用邏輯大腦來回答，不過我們可以感覺到答案從無意識心智的深處浮現，尤其是那個稱為「心」的無意識部分。偉大的精神探索，也就是邁向自我的旅程，要從心的探索開始，這對一般人來說是很難做到的事。心律轉化法的練習提供了簡單的導引原則：透過冥想生理的心臟，我們可以找到自己的心。這非常明顯而簡單，兩者位於同一個地方，甚至連名稱都一樣。

有個故事可以讓我們了解心的運作方式。

瓊安走在法院的走廊上，隨著步伐的韻律進行心的呼吸（本書第六章描述的技巧）。官司正在進行，她的律師和對方的律師正在會議室開會。瓊安知道自己沒有錯，她的意圖是要幫助公司客戶，而且上司向她保證公司也能從中獲益。即使大老闆批准了，但當她離職換到客戶的公司工作，前公司的董事長還是控告她違反競業條款，偷走公司機密。這完全是羅織虛構，但是她並沒有書面證明，現在也沒有人願意承認說過那些話。原本沒人想要的客戶公司，被說成了重要的盟友，而前公司原本想擺脫的企畫，突然成了公司的未來走向。接著她聽說前公司其他部門有四名資深員工離職，所以她成了殺雞儆猴的主角，讓其他員工知道現在要離職沒那麼容易。她的律師覺得希望渺茫，前公司想要的話是可以輕鬆毀了瓊安。

瓊安在會議室外停下腳步，再次檢查自己的心。透過心律轉化法，

她的心變得強而有力，因為有意識的呼吸與心跳，心感覺像是擁有磁力一般。在這樣的意識中，瓊安不覺得自責或憤怒，也不覺得自己是肇事者或受害者。雖然律師強烈建議將協商完全交付專業進行，她還是打開了會議室的門。瓊安站在走廊上，會議室內所有的眼睛迅速看向她，她慢慢地與整個會議室裡的人一一對視。因為有些人不認得，所以她開口說道：「我是瓊安。」然後充滿自信地說：「我覺得我們應該可以找出辦法解決。」

她的氣場大大地改變了整間會議室。一時間沒有人開口，也沒有人將視線移開。瓊安沒有繼續講話，事實上也無法開口，因為她的心在一片寂靜中代替她大聲地表達了一切。接著代表原告的一名律師脫口而出：「我不知道是妳，這樣事情就完全不一樣了。」瓊安的律師審視著對方，而對方向他點點頭，於是他轉頭對瓊安說：「瓊安，謝謝妳過來，我想現在沒事了。」她退回走廊上關起門。她的心在胸口撲通撲通地跳著，並不是那種恐懼的高速心跳，而是彷彿剛剛釋放了囚犯的女王一樣的堅定心跳聲。

幾分鐘後，她的律師走出來：「他們決定不告了。妳開門之前，我們正在協商賠款金額。我不知道妳做了什麼，不過現在他們全部收手。妳認識那個跟妳講話的律師嗎？」「不認識。」瓊安說。瓊安知道這是她的心所施展的魔法，而不是她說了些什麼。她的心不但釋放了她自己，也釋放那些律師。

肉體層面的心負責血液循環，詩意層面的心負責情緒中心，兩者透過無意識的心智來連結。我們可以很清楚地知道，兩者同樣稱為

「心」但意義不同，並非巧合。我們定義思想是心的表層，而詩意層面的心是比思想還要深層的機制。情緒就像穿過心湖的水流。水流在湖底深處擾動，製造出湖面（思想）的漣漪。思想的影像是由心來啟發甚至決定，但思想顯示出的只是深處狀況的表層。創造出水流的力量會產生脈衝、搏動、振動。我們可以放大這種搏動，讓自己能夠感知。

> 思想與心的差別，就像表層與底部。心的表層就是思想，思想的深處則是心。思想展現的是思考的機制，而心展現的則是感覺的機制。❷

我們的注意力大部分都放在肉身的存在上，其實我們也以能量與光這種非物理性的形式生存著，這股能量與光透過肉身向外發散，同時也聚集而不斷重新創造我們的肉身。透過覺察自己的磁場，我們能夠體驗到自己物質與能量層次之間的轉換。身體擁有可以測量的磁場，磁場則是與心跳共振，因此心跳能夠告訴你該往哪裡尋找：將尋找範圍縮小到和心跳共振的磁場上。發現我們自身其實是個磁場，可說是一種突破性的重大生活經驗，能夠讓你對自身的概念更接近真實狀況。

你擔心心臟的健康狀況嗎？人們已經發現，負責調節心跳的無意識機制可以在有意識的心智專注下受到調控。如果有意識地覺察自己的心跳，心就會獲得強化。你感覺到的每一次心跳，都讓你的心臟邁向更健康的一步。不規則的心跳會變得比較有規則，因為自我監控會產生回饋的迴路。

心跳的韻律帶著豐富的感情與意義，絕非無聊之事。即使平均心

率很穩定，既不增也不減，但個別的心跳速率會有些微不同的韻律變化，與呼吸頻率和微妙的神經系統頻率相呼應。

　　心跳在胸口感覺最為強烈，不過不管你將注意力導引到何處，無論是手、臉、腳等等部位，都可以感受到心跳。只要是你所專注的部位，就會有心跳的回響，而回響的性質會告訴你該身體部位和循環與神經系統的狀況。循環系統會將心跳帶到身體的各個部位，神經系統則將隱微的回音訊號傳回大腦，所以你感受到的心跳，是一種內建的自我診斷訊號，告訴我們整個身體的健康狀況。

　　山米爾的腳被翻倒的汽缸壓住了，腳趾因此受傷。在劇烈疼痛之中，他還感受到腳趾有一種像心搏一樣震動的抽痛。幾個鐘頭後，那個搏動的抽痛消失了，腳趾只剩下持續的強烈疼痛。第二天腳趾依然輕微流血，還相當腫痛。山米爾操練心律轉化法的時候，如同以往試著從身體的不同部位感受心跳，但他雖然特別專注於腳趾，卻感受不到腳趾上有任何搏動。這個狀況持續了三天，腳趾仍會滲血，感覺不到搏動。第四天，他終於在操練心律轉化法的時候，在腳趾上感覺到心搏。就在這一天，腳趾不再流血，疼痛也消褪了，第二天他便重返工作崗位了。

　　感冒鼻塞對我影響特別嚴重。如果在頭部感覺到的心搏出現一種特殊的韻律，我就知道自己快要感冒了。這時心跳的力量很不平均，有時還會完全消失。一般狀況下，在進行心律轉化法的時候，我會感覺到每一次的心跳都有力而清晰地傳達到頭部。當頭部的搏動變得不平均、不規則，我就會使用心律轉化法試著回復原有的規律：

專注於頭部的心跳，並將呼吸導引到頭部，幾分鐘後頭部的搏動就恢復正常的感覺。這個方法讓我療癒了自己的身體，阻止感冒惡化。有時候我忘了要這麼做，結果變成重感冒，才想起來其實可以預防。

普蘭

　　心跳也會告訴你許多你自身的情緒狀況。一邊傾聽心跳，一邊觀想生活中的人事物，就會注意到心跳節奏的改變。這些變化告訴你，哪些人際關係需要特別注意，哪些狀況需要優先處理。這個技巧也可以幫助你決定何時要開口發言、何時要閉嘴傾聽，何時該採取行動、何時應小心觀望，何時放、何時收。傾聽自己的心跳，最能帶來撫慰並消除疑慮，這是一個減輕焦慮與恐懼最簡單而自然的方法。

　　弗烈德想和老闆討論一下新的企畫，他希望自己能在其中有較大的發揮，但卻躊躇難決。老闆會覺得他是在自我推銷所以置之不理，還是其實老闆原先低估了他，反而非常欣賞他的主動積極？弗烈德運用心律轉化法探索自己的心，結果強烈的自卑感與自我懷疑立即浮現。不管他想要跟老闆說什麼，不管挑選怎樣的字眼，這種自卑與自我懷疑都會傳遞出去，並影響老闆的決定。
　　弗烈德隨著一次又一次的心跳，持續進行心律轉化法，他的感覺開始改變了。和其他人一樣，他的情緒也有很多層次，層層交疊。在

自卑與自我懷疑的底下，是否定與失望；在這之下，是缺乏成就感，而再底下則是他未能實踐的能力與潛力。當他觸及這核心層面時，自信就回來了。就像在地上挖洞一樣，這整個內在探索的過程中，他的心跳就是嚮導、鏈子與目標。當他在自己的悔恨與失望底下發現深埋著超越個人的能力泉源之後，便知道自己可以將之展現出來。

弗烈德看到老闆，走了過去。他露出自信而真誠的微笑，輕鬆地開口道：「我想我具備一些能夠協助新企畫的能力。我相信你希望能盡量獲取所有可能的助力，而我可以讓你如願。」老闆說：「我也這麼覺得，不過我不知道你是不是這樣認為。」於是弗烈德的權責增加了，此後他必然繼續使用心律轉化法，來維持他所展現的高度績效與責任。

　如果傾聽自己的心跳對生活這麼有幫助，為什麼沒有蔚然成風？因為大家不知道該怎麼做，或者即使做了卻無法讓訊號與自身的狀態連結。我希望有一天，連學童都能學會如何監測心跳，獲得生理與情緒上的回饋。如果你有孩子，也許可以教他們如何察覺自己的心跳，好幫助他們面對學校或運動方面的挑戰。你對於心律轉化法的精通，會變成永久的資產，就像家庭的信託基金一樣，能夠傳給自己的孩子，並共同分享。這不但能夠強化你的生活，也會變成給予孩子的特殊經驗與智慧，有助於維繫家庭關係。

　但為什麼要學習傾聽心跳的技巧，而不直接使用聽診器或是電子心跳監控器呢？首先，使用儀器獲得的資訊量，是心律轉化法的一

半。從內在傾聽心跳的時候，你同時也在觀察神經與循環系統。你感覺到心跳的方式，在你所獲得的資訊中占有重要地位。你在身體的哪個部位感受到心跳？感覺到的強度如何？這些信號都關乎你的意識，反映在你的神經系統之中（第九章會詳述如何解讀信號）。

再者，為了傾聽自己的心跳，你必須進入對你很有助益的狀態，也就是平靜、明晰，心神集中而安頓。你的想法和感覺都會有所不同，整個世界也會變得完全不同。焦慮和恐懼消失了，這些感覺造成的念頭和情緒流動也就漸漸消散。體驗內在的和諧，有助於讓你感覺到周圍世界的和諧以及世界與你之間的融洽。對於和諧的感受會賦予你順應和諧而行的能力，從而帶來成功的人生。心跳以這種方式成為生命中的燈塔，引導你邁向生命自身最希望成為的模式。為了培養這種冥想狀態，我們將會使用心跳做為技巧的一部分，而進入冥想的狀態反過來也會讓心跳容易被感受到。

因為心跳揭示了個人反覆出現的最基本模式，並放大了最深層的情感，所以傾聽心跳可能會引出你最私人、最不為人知的經歷。此外，如果是團體冥想的話，還會出現額外的層面。在你開始感覺到別人的心跳，並調整自己的心跳與之同步時，一種整體、統一的韻律便會浮現。麻州的貝爾·派恩醫師（Dr. Beryl Payne）曾做過研究，發現群聚在一起冥想的人，心跳會自動趨於一致。

在參與避靜、連續冥想好幾天後，你便能達到心律轉化法最極致的境界：在這個狀態下，你能夠在胸口感覺到大地的鼓動（也許可以感受到地球磁場週期性緩慢變動所產生的泛音）。你的心跳猶如搏動的生命般向外傳送，彷彿在複製海浪的拍打、陽光的撒落、風的吹拂，以及大地的豐饒。在這種狀態下，自我與世界、內在與外

在就沒有了界線；這是一種合一的狀態，由心跳來領路。達到這樣的合一境界，是本書真正的目的，而傾聽心跳則是通往此一目標的道路。沿著這條路走，你就能學到許多關於韻律、波動、能量、情緒與自我的事。

心律轉化法

心律轉化法是一種以心為中心的冥想，能夠統合你的心跳、腦波及呼吸。一開始，我們先嘗試初步的練習，證實你的確可以感受到自己的心跳。這是心律轉化法的一小部分，就像頭要浸入水中是學習游泳的一小部分一樣。

> 起先，我們在摒住呼吸時最能感覺到自己的心跳。摒住呼吸的時間越長，就越能明顯感受到心跳。所以吸一大口氣然後摒住。我們大概能摒住二十至三十秒，在這期間內你就能感受到自己的心跳。
>
> 你可能感覺到除了胸口外，臉部、脖子或其他地方也都有搏動。這很有幫助，因為這樣你就知道該尋找怎樣的感覺，但最主要的還是要找到生理心臟跳動的源頭。

雖然這只是第一步，對我來說卻是很神奇的經驗：平生初次感覺到自己的心跳。之後我心心念念只希望這樣的經驗能持續下去，而不是只成功這一次。

肯恩，心律轉化法冥想者

這個小小的體驗應該會讓你產生自信，知道自己確實能夠覺察到胸口深處心臟肌肉的收縮。你會感受到驚奇與愉悅，也有可能在摒住呼吸時不禁焦躁起來。學會完整的心律轉化法後，你就能夠持續比較久，而且較為安穩。遵循本書的指示，你便能靜心安坐，並且只要你願意，就能夠清楚而持續地察覺心跳。心跳會開展成你所有經驗中豐富而影響深遠的內在體驗，你會很驚訝於自己的心跳聲所透露出的訊息。

　　讓我們再試一次。

　　我們可以在反覆呼吸中加入一次暫停，暫停呼吸的時間不要超過你自己呼吸週期所需時間的一半。要能暫停這麼久，就需要充分吸氣。肺部充滿空氣時，很容易就可以摒住呼吸（絕對不要在呼氣之後摒住呼吸，肺部沒有空氣時會憋死）。要充分吸氣，就必須更加充分地呼氣。

　　不需要特別大口吸氣，第一次可能有效，但無法持續下去。我們要做的是讓呼氣比平常延長三秒，之後馬上吸氣。這樣便會吸入較多空氣，足以支撐兩次呼吸之間的暫停時間。當你感覺到必須呼氣時，記得要緩慢而無聲地呼出，而且要把氣吐完。千萬不要在呼氣後摒住呼吸，只有在吸氣之後才可以。

　　現在，停止吸氣的時候，想像你「窺探」著自己的胸內，尋找跳動的心。你可能會在快要撐不住時才察覺到心跳。開始呼氣的時候，呼吸的動作會讓你分辨不出心跳，不過再一次吸氣後摒住呼吸時，心跳便又會變得清晰起來。幾次的練習後，你會發現心跳的感覺會更快出

現，也會持續得久一點。試著在呼氣後再次吸氣時記住心跳的節奏，看看自己記憶中的心跳是不是與下一次你察覺到的心跳相符。

若是需要多一點提示，可以用右手握住左腕，輕輕把右拇指抵在肌腱旁的動脈上（位在手錶腕帶下方）。你會在那裡找到很清楚的脈搏，不過當你能夠在身體別處察覺到同樣的搏動時，就不要再用手指按著動脈。我們的目標永遠是尋找胸口的心跳。

經過些微練習後，你就會發現自己在整個呼吸週期中都能感受到心跳。再多練習一些，察覺心跳就易如反掌了。等到傾聽心跳對你來說不再是難事時，你便開始可以從中受惠了。

能夠感覺到心跳，是內在覺察的重大成就。這會是你一生的資產，一種可以應用於個人成長與生命成就的工具。你能夠仰賴這種經驗，雖然沒多少人相信有此可能，但這不是幻想，也不是超自然現象。任何人都可因學習心律轉化法而獲益，不管是企業人士、教育人士、藝術家、設計師、科學家、家管或經理人，都能適用。你可以為自己量身打造這項技巧，並且用以實現任何你想要的人生。心律轉化法不會讓你脫離這個世界，而是讓你成為真正的自己，並與世界和諧相處。

學習並使用心律轉化法是一個持續的過程。要讓心律轉化法產生效用，並藉以建立更進一步的冥想經驗，就必須從頭開始，仔細研究每一個步驟，了解我們做的是什麼，理由是什麼，這樣心跳才會在更大的脈絡中產生意義，因而在問題或困境出現時，我們就會有所準備。

接下來的章節中，我們會從基礎開始：檢視心律轉化法的理論，進行準備工作，然後我們會專注於呼吸，讓呼吸變得有意識、有節奏、充分而持續。接著我們就準備好再次專注於心跳上：找到心跳，運用心跳測量呼吸時間，並進行鑽石呼吸節奏（Square Breath Rhythm），這能讓我們充分運用心跳來發展心之四大元素：地、水、火、風，而這四大元素會在我們生活中產生強而有力的實際影響。

其實透過其他方法，也可能達到心律轉化法的境界，甚至有可能是自然發生。對許多人來說，改變生命的重大事件就讓他們體驗到心的存在。但如果你養成練習心律轉化法的生活習慣，這種珍貴的經驗就會成為隨手可得的力量。當你可以隨時進入這樣的狀態，才是真正開始居住在心中（living in the heart）。規律地晨起練習，日日月月累積，便會在你的無意識中運作，從而使這種冥想狀態可以持續下去，讓你成功。冥想的狀態這時就會成為你行住坐臥之處：你精熟這種狀態，心念一轉便能進入。相對來說，不期然而發生的「居住在心中」，就像被蒙著眼睛從貧民窟被帶到宮殿，又被硬推回貧民窟，只留下宮殿的美好回憶，但怎樣也回不去。這種經驗甚至會讓生活變得更悲慘，除非能夠自己找到通往心的道路。

就和任何冥想一樣，本書的技巧不保證一定能讓你進入冥想狀態，因為練習比技巧重要得多。除了技巧之外，也需要情感加入。有些人很容易進入情感，然而有些人的冥想技巧很熟練卻沒什麼進展，因為發展不出情感。如果產生不了感覺，最好的方法是透過與其他冥想者相連結，在心中構築起情感。

冥想無法教授，但可以捕捉。

讀者也許能夠從書中的說明捕捉到心律轉化法的要點，這是我們的期盼與目標，但無法提供百分之百的保證。你可以期待的是，從本書學到關於練習與冥想狀態的豐富知識，所以當團體或導師在示範心律轉化法時，你就比較容易進入狀態。

也許你無法在自家附近找到好的導師或適合的團體，果真如此的話，你可以自己組織團體，和志同道合的夥伴一起切磋心律轉化法。本書也試圖協助建立這樣的團體。任何人都可以依照書中按部就班的步驟開始練習，而進階的部分對於擁有多年經驗的冥想者來說也會是挑戰。書中定義明確的目標可以讓你評估自己的進展，同時建立自信。

探索心律轉化法

普蘭：一九八二年在新墨西哥州一次為期兩週的單獨冥想僻靜研習中，我的冥想導師帶領我認識了心律轉化法。我體驗到前所未有的經驗，我的心和太陽產生共鳴，我感覺到我的心是太陽，而天上的太陽是我的月亮，是一面鏡子，反射出我的光。然後當我看向右邊的山群，我看到的是我的手臂，我的動脈變成山間的溪流。我的身體仰躺著往四方延伸，觸目所及盡皆我的身體，並且和我的心跳一起鼓動、震顫。

我發現冥想自己的心時，可以在心中尋獲太陽之心的力量，以及大地之心的律動。原本只是一種向內的冥想練習，居然可以這麼「深入」我的內在，那裡不只是屬於個人，而是與所有的一切共享。我

了解到，「那」才是真實的我，「那」所有的一切都包含在心跳的律動中。

在體驗到地球的心跳之後，我練習冥想時，重點會放在持續覺察自己的心跳。這讓我發現了心律轉化法對於我的心臟健康有所幫助，而且讓我能夠持續專注在自己情緒的心。接著我發現我的師祖曾經詳細描述這種特別的冥想形式：在一九二○年代他就指出，覺察心跳有助於發展以心為中心的生活。早在第一批基督徒的時代，就存在一種稱為「心之祈禱」的心律轉化法。

我知道如果大家學會體驗這種心跳，對於生理與情緒的健康以及靈性的成長，都會有助益。我在沙漠中體驗到的精髓可以傳承下去，不需要像我一樣花了這麼多年的訓練才能體悟。

這些都與心有關，而專注於自己的心跳是通往心最快的方法。

蘇珊娜：我自行練習冥想有十年之久，後來找到一位冥想導師，我的冥想才更有強烈的感受，我學會了呼吸控制與視覺想像的技巧。和普蘭一同生活後，我突然有了四個兒子：三個繼子和我自己的孩子。普蘭的其中一個兒子從來沒有和其他孩子一起生活過，每個孩子都對生母感情很深，而我和我的兒子就這樣闖進他們的生活。當時普蘭為了養家，工作時間很長，而我必須滿足這些我根本不認識的孩子的需求。

以前我處理壓力的方式，就是直接離開。但我想和普蘭在一起，也

希望幫助他的兒子。我那時所學的冥想無法幫助我，當時的狀態迫使我必須擁有更大的能力來處理壓力。我的心在情緒層面不斷地受傷，同時生理層面的心臟也感受到疼痛。我專注於身體，傾聽身體的訊號，發現如果能夠感覺到心跳的話，就能聽懂身體想告訴我什麼。

當我們改善心律轉化法，並變得更熟練之後，我發現自己在處理事情時更有創意且自信，如果是以前的我根本無法面對同樣的狀況。我將這種經驗融入心中，於是不單是我自身，所有接受我心理治療的人都因此受益。我讓所有的個案都來學習心律轉化法，同時將我所獲得的情緒力量傳遞給他們。

普蘭的專長是冥想的理論與背景，而我對心律轉化法的貢獻則是將之連結到人們的身體健康、人際關係與人生目標。我的興趣在於將冥想應用在實際生活中最具壓力的挑戰，我們的校名就是由此而來：心的應用冥想協會（the Institute for Applied Meditation），縮寫是 IAM。

IAM 是一個很適合心律轉化法的名字，因為我們會想像心跳的噗通聲正在說著：「我在」（I am）。

IAM 提供的主要課程就是心律轉化法，而本書的內容就是教材，課程總共有三級，包括可以自行測試的特定內在經驗，以及能夠在生活中觀察到的特定目標。想知道更多關於協會的資訊，可以參考我們的網站：www.IAMheart.org。

我相信大家會很驚訝地發現，這種方法居然有這麼大的力量，而

且學起來不難。如果你將心律轉化法應用在人生目標、人際關係或身體健康上，我相信你會發現所有的一切都因此獲益。依心而活是絕對可能做到的事，心律轉化法可以帶領你達成這樣的境界。

本書運用說明

本書中的故事都用這樣的字體表示，方便大家搜尋或是跳過。有些故事發生在我們兩人或是我們認識的其他冥想者身上，有些是從研究調查而來，有些則是許多不同傳統流傳下來的教誨。

冥想練習的步驟則會放在方框裡，施行順序就是從一個線框跳到下一個線框，其他文字內容則是練習的背景說明。

在 IAMhear.org 網站可以聽到額外說明的錄音。你也可以錄下自己所唸的步驟說明，然後在閉眼靜坐時用錄音來引導自己。或者也可以把書攤開放在桌上，需要時睜開眼睛瞄一下練習的下一個步驟。

要判斷自己的程度，可以測試是否有能力達到標示有這個符號的目標說明。這是應用冥想協會的標誌，這麼設計是因為心有四個發展面向，這部分可以參見《你的心就是宇宙》一書，我們在本書第十到十三章，也會介紹精神成長的四種基本能量。

注釋

1   Khan, I. （1989, 307-308）.

2   www.hazrat.inayat-khan.org: Message: Vol. 4, Mental Purification: 15. The Secret of Breath.

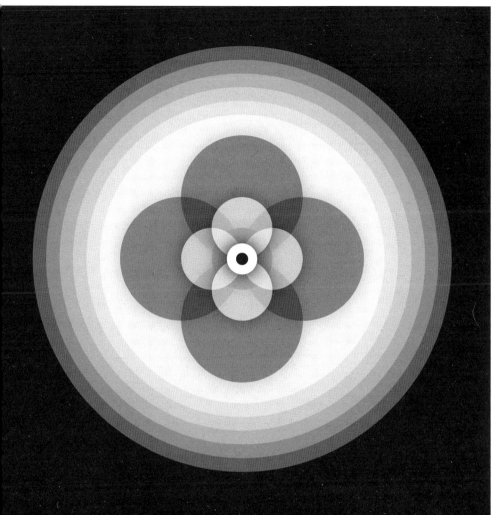

第一部
心律轉化法如何運作？

第一章
何謂心律轉化法？

自然而理想的狀態

最美妙的事情在於，我們的靈魂其實在某種程度上知道，混亂糾結的紗幕後頭隱藏了真實，生命的最高層次中存在著值得追尋的事物，有些美的事物正等著我們去見聞，某位可觸知的高靈正待我們去認識！❶

導論中提到，心律轉化法是一種依循心跳和呼吸進行的冥想法。專注於心跳的律動，可以讓意識停駐在身體上，並讓呼吸與內在的時鐘同步。基本的技巧源自於一種古老的內觀方法，詳見附錄一。

為什麼說到冥想就會感到快樂？這是因為我們的靈魂早就知道冥想是怎麼一回事，也很清楚冥想珍貴的價值。靈魂對冥想所產生的熟悉感並非來自有意識的記憶。只要重建了冥想的經驗，你就會發現：「這是我曾經擁有過的狀態，這是我最自然的狀態。」

冥想的狀態是如此熟悉而親切，那感覺就和我們曾經擁有過最美妙的時光，或是清醒萬分、靈感湧現的時刻一模一樣。這種登峰造極的經驗與記憶，驅使我們努力向前。通常在我們進入冥想狀態時，絕佳的點子和創意便會源源不斷地浮現腦海。冥想狀態隨時都可能發生，不管是突然靈光一閃，或是在運動還是放鬆休息，甚至是沖澡的時候。幸運的是，任何人都能學會有意識地冥想，依循自

己的意志進入冥想狀態。

進行心律轉化法就像在無邊無際的能量之海中游泳一樣，有人說是愛之海、精神之海，或是祥和之海。游泳需要學習一點技巧，也會面臨一些不可知的風險。學習游泳的時候，下水其實就是冒險，雖然說人類的身體大部分是由水組成，身體自然的浮力也讓我們便於游水，我們不需要支撐自己的重量，水會來支撐。周圍的水會自己形成流向，往某個方向移動會比往其他方向容易些。我們要學會信任水，然後引導身體在水中游動，越來越深，越來越遠，逐漸懂得享受身體擁有的水的本性。游泳就和冥想一樣，讓我們穿過一個原本可能是障蔽的空間，帶我們體驗一個原本可能是無法觸及的世界。在陸上遇到障礙的時候，可以改走水路。

小嬰兒天生就知道怎麼游泳，但是隨著年齡增長，恐懼阻絕了這種天性。心律轉化法也是一樣。這是一種我們必須重新學習的自然技巧。如同游泳一般，不能光從書中學習，而是必須親身練習。

下面這首有名的童謠告訴了我們冥想到底是怎麼一回事：

划、划、划小船，輕快往前順流而下。

這首歌有著很深的意涵：划船時不要跟水流抵抗，但也不要只是順著水流飄，而是要隨時觀察水流，調整自己的方向。在冥想中，這叫做有意識地修正在無意識中產生的經驗。

若要講求效率，那麼思想和行動之間必須取得平衡。我們的生活多半屬於活動導向，所以需要更多的反省、沉思、洞見和計畫。但是在大部分時候只對活動有所反應的生活中，除非像是冥想這樣集

中而深入的精神活動，不然根本沒有足夠的時間創意思考。心律轉化法只需要進行半小時，就可以抵上好幾個鐘頭的活動。冥想後能夠減輕壓力、活絡創意、提昇工作品質，並改善我們對自己與他人的態度。

我們存在的這個世界是由心智所創造，也就是說，事物的樣貌端視我們如何看待。在這個世界上，所有的觀點都可以找到支持，因為我們所看到的世界就是自身觀點的產物。人類擁有一種神祕的能力，可以察覺他人如何看待自己，並依此相對地反應。事實上，這個世界是一個無限豐沛的實體，我們每個人對世界的詮釋與態度便創造了我們自己的實相。所謂的精神發展，就是學習每個人如何詮釋、拆解現實，將之化為自己所有，然後把每一個獨立的碎片重新整合成一個整體，這樣的一個過程。

我住在波士頓的郊區，這裡會依據活動人口組成的不同，形成好幾個平行的宇宙。小孩子會在早上佔據這裡一兩個小時，然後從放學後一直活動到傍晚。大多數的通勤族會在早上和晚上出沒。而另一種很少人看得到的生活，是在住家熄燈後展開，浣熊、臭鼬、負鼠、蝙蝠、貓頭鷹等等夜行動物們開始活動。黎明之前，小鳥開始鳴叫，不同的鳥類陸陸續續加入合唱行列。有時候，在無人的清晨，會有小鹿輕跑過草地。我是屬於天亮前活動的那群，非常著迷於鳥類讚頌大自然的交響合唱。要不是因為冥想晨練的習慣，我就會錯過這樣的天籟。雖然我非常珍惜睡眠，卻也覺得清醒同樣美好。覺醒永無止境。

心律轉化法能夠帶領我們進入自身最自然的狀態，進入我們原本
應該存在的狀態。在這樣的狀態中，不會有恐懼與焦慮，而且能夠
引出自然的人性特質，例如創意、靈感、活力、寬容、魅力、清晰、
洞見，以及內在平靜。在這樣的狀態中，我們會想起生命的內在使
命，能夠做好想做的事，在他人身上找到和自己相同的特質，真正
了解自己專注的所有事物。

很多人都無法相信這樣的狀態真的存在，而且每個人都有辦法做
到。怎麼可能如此簡單？怎麼會大家都不太曉得？這是因為一般人
對於自己的天賦一無所覺，所以這自然的內在寶藏才無法顯現。從
前從前，有個人住在城堡裡，生活的範圍是地窖。他活得很痛苦，
不斷地抱怨周遭環境，可是他並沒有去過城堡的其他地方。他不知
道哪裡有樓梯，不知道還有其他寬敞的房間，不知道上面樓層美麗
的景緻。他覺得探索未知的所在可能會遭遇不便與危險，還是留在
熟悉的環境比較安全。他甚至不相信會有比他所僅知的空間，也就
是比地窖裡的房間更好的地方。雖然他曾聽過傳說、幻想過天堂般
的王國，但這些都不是「真的」。可憐的人啊，其實他已經住在這
樣的王國裡，而且不管他相不相信，他自己正是王國的國王。

冥想是一種理想的狀態。在這樣的狀態中，空間或時間都是無邊
無際、無始無終。靈魂的所有潛能展露無遺，一眼便能看出神性的
光輝。感情雖然強烈，卻又十分客觀。應該說，最強烈的情緒並不
是由個人產生，而是那些可以震動宇宙的共享感覺，例如敬畏、狂

喜、迷醉、和諧與平靜。冥想是一種理想的境界，冥想的練習則是一種理想的活動，但是無法光靠意志的力量達成。如果可以的話，那麼人人隨時可以進入冥想，因為這個世界並不缺乏意志的力量。要達到神聖的境界，就必須使用神聖的方法。也就是說，你必須使用內在無限的無意識、天性愉悅上揚的有意識，以及心的力量。你必須相信心擁有內在的方向與指引，知道該走向哪條道路。

識途老馬，知道該拖著雪橇往哪裡去……

這就是學習冥想會遇到的主要矛盾。我們知道冥想的狀態無法只透過意志的力量達到，但我們希望每次練習都能夠很穩定，需要的時候馬上可以進入冥想的境界。然而，不是意志力能控制的事情究竟要怎樣才能隨時達成呢？首先要藉由邀請讓冥想展開，接著去影響冥想的方向。在很多面向上，我們無法控制，但有能力影響，例如管理組織或是養育孩子，還有一些訓練反射的活動，像是彈鋼琴。無意識會對有意識的意圖做出反應，如同無限的宇宙會對各個單獨的事件產生回應一樣。

只要有清楚的意圖，並遵照步驟練習，你帶著覺知的意圖便會吸引能夠改變意識狀態的無意識資源。一段時間後，無意識會受到有意識重複動作的影響，而這改變後的意識狀態，我們稱之為冥想，它會回應你的呼喚。因此，雖然冥想狀態無法靠著意志達到，但可以透過一些技巧的養成來營造情境、觸發經驗，久而久之等到熟練這些技巧之後，你就能夠隨時進入冥想的狀態。在需要的時候，你能夠將心智轉換到冥想的狀態，而不需要枯等不知何時才會突發的

洞見或靈感降臨。心律轉化法就像一把梯子，可以幫助你從情緒卡關的狀態爬升至受到啟發的境界，讓你變得更有力量，更自由自在。

我很年輕的時候就開始練習冥想，花了許多年使用我從書本或其他同學身上學到的視覺想像與持咒。一段時間後，我走進了死胡同。我所從事冥想練習無法給予我足夠的啟發和力量，讓我度過必須面對的挑戰。我知道自己需要更強大的方法，因此跟從維拉亞老師（Pir Vilayat）進行了夏日僻靜。在那次僻靜的過程中，我的內心獲得從未有過的擴展經驗。我感受到內心的光輝、深度與脆弱，感動的淚水從我的臉上蜿蜒而下。僻靜結束後，我滿懷興奮，收穫滿滿地回家，然後試著自己練習，卻發現無法做到。我無法進入僻靜時獲得的那種經驗之中。真令人沮喪，我幾乎不記得老師究竟進行了哪些步驟來觸發我內在的經驗。在僻靜的時候清清楚楚，現在卻感覺非常複雜。我不斷地靜坐，但卻感覺越來越恍神。我發現意志力是很好的基石，讓我能持續練習，但只有意志力還不夠，下一步是要學習如何呼吸。我以為自己已經知道怎麼呼吸，事實上還有很多要學：要從能量的角度體驗呼吸，用心來呼吸，傾聽心跳幫助心打開。不久後，我開始聽見自己心跳中的宇宙交響曲，我的內在也充滿了堅實的合一之光。

蘇珊娜

什麼不是冥想

關於冥想的是與否，一般人有許多錯誤的概念。

● 冥想不是出神。你可以練習在說話的時候保持冥想的狀態，同時對周遭情況保持高度覺察。

● 冥想和毒品藥物無關。冥想和任何的上癮或外在依賴剛好完全相反。

● 冥想並不是讓你失控。事實上，冥想能讓你百分之百掌控自我。你可以透過從來沒想過可能做到的方法來控制自己的身體、心智和情緒。

● 冥想並不是「把腦袋關掉」。你的心智在冥想時會持續運作，甚至更加清明。記憶力超級敏銳，隨時可以運用。

● 冥想不是信念，也不是教條。冥想是一整套的工具，讓你能夠擴展自己的經驗與世界。然後你就可以根據自己的經驗，而不是所謂的概念，來建構自己的信念。

● 冥想和任何宗教都無關，冥想者不需要加入任何教派。學會冥想之後，就可以自己練習，不須任何團體介入。

● 冥想不是進入恍惚狀態。精神恍惚有一定程度的危險性，就像被下藥一樣，對周遭的覺察會減弱或扭曲。而且幻覺並不是冥想，遵照本書的步驟，就可以避免產生恍惚狀態。

● 冥想不是控制他人或事物的技巧，而是控制自我的技巧。也因而冥想自然會讓你產生更多影響力。

● 冥想不需要讓你陷入白日夢或空想，而是會讓你覺察到平常不會

注意到的事，對專注力也有很大的助益。當我們無力承載冥想當中出現的擴展的現實時，便容易陷入空想；它是一種徵狀，這是我們很不想要的狀態，不過也很容易矯正。

庇護與預演

心律轉化法練習的場所沒有設限。初學者當然選擇安靜的地方會比較好，坐在椅子、凳子或枕頭上，挺直不動，使用和平常時候稍微不太一樣的方式呼吸，然後專注在身體的某個特定部位。接著發想特定的念頭或心智影像，並專注其上。透過這樣的組合：（1）特定的姿勢，（2）特定的意圖，（3）特定的呼吸韻律，（4）專注於身體的某個特定部位，（5）專注於某個特定影像，以及（6）呼求某個特定的存在或理想來界定，這就是一種冥想的方式。❷ 世界上有千百種冥想的方法，各自有不同的效果。這麼簡單的一個動作，就能夠產生如此深奧各異的結果，真是非常神奇。

心律轉化法的內容，就是由呼吸、意圖、專注於心與心跳的態度所組成。

心律轉化法所創造出的祥和狀態，不但是一種靈感與啟發，也是讓人重新充電的庇護。如果我們認為心律轉化法需要安寧沉靜的氛圍才能實行，那反而是倒果為因了。透過心律轉化法，我們可以創造出安寧沉靜的氛圍，這種氛圍能夠深入生活，並且隨著我們的經驗增加而擴展。你會感覺自己身處於寧靜之海的中央。冥想者在進行心律轉化法時不會覺得孤單。進入了冥想的狀態，沒有寂寞孤單這回事。我們會在冥想的各個階段產生各種不同的情緒，但沒有一

種是孤單，因為我們所體驗到的連結非常強烈。你可能感覺到的孤單、絕望或焦慮，都會在冥想強烈的光下消失。這不是說你壓抑了這些情緒，因為在冥想的時候，感覺會更為明顯，不會減少。一組超越個人的嶄新情緒升起，再加上你原本就擁有的感覺。這些超越個人的情緒會強烈地讓你知道，你絕對不是孤單一個人。

冥想可以庇護我們不受生活中弓箭投石的各種傷害。冥想能夠加速情緒傷口的癒合，讓我們重新面對生活的挑戰，不會感到倦怠或痛苦。但是心律轉化法不只能防禦或舒緩生活的傷害，同時還為我們進行了生活的預演。心律轉化法的目的不是要讓我們藉由冥想的庇護讓自己隔絕於生活之外，而是培養更寬大的心胸，讓我們能夠包容生活，面對生活給予我們的各種挑戰。

冥想是在一個受到保護的環境中，讓我們進行應該可以在任何地方所進行的事。❸

我剛開始練習冥想時，花了許多時間調整坐的椅子。如果我覺得無法進入冥想狀態，就斷定是椅子太高或太矮的關係。我也需要適當的環境，曾經試驗過用眼罩擋住所有的光，耳塞隔絕所有的聲音，還有各式各樣的抱枕和墊子讓我的腿能舒服一些。但後來看到我的老師坐在一塊石頭上，把左腳跟壓在臀部底下的時候，我第一次有所感悟，其實之前所有的準備都沒有必要。我也記得老師是怎麼對空間施展出魔法，將一個軟趴趴的大帳篷變成一座聖殿。在那個帳篷中，我很容易進入冥想狀態，不會受到心智的干擾，更不用說是

腿或是其他感官。我在冥想創造出的氛圍之牆內非常享受，所以完全可以忽略帳篷四周塑膠布所發出的摩擦聲響。我還記得晚上再次回到帳篷，空無一人，但仍然可以感覺到一同冥想的夥伴圍繞在我身旁的溫暖。

普蘭

那時候是夏天，僻靜的時間到來，我離開紐約市開車向北，來到阿第達倫克山脈。越往山上去，氣溫就越低，風也大了起來，接著下起了雨。

隔天早上六點，我脫掉雨靴走進林間的冥想帳篷。我把所有的衣服都穿上，還裹著睡袋，聆聽天使般的音樂，等待老師到來。在還沒能看到他或聽見他的聲音之前，我就可以感覺他的存在。一股溫暖流進我的身體，我把原本裹到肩膀上的睡袋脫了下來。等到他入座之後，我的內心充滿了狂喜。音樂播完了，他開始帶領我們冥想，他的聲音與呼吸讓淒風苦雨變成了美妙伴奏。老師所帶領的冥想充滿了啟發與轉化，非常神奇。

蘇珊娜

向上與向下冥想

冥想主要可以分成兩種：向上（upward）與向下（downward）。佛教與吠檀多屬於向上冥想。現在很流行的超覺靜坐（Transcendental Meditation, TM）是一種非常簡化的吠檀多；有些減壓的醫療方法，像是赫伯·班森醫師（Dr. Herbert Benson）的放鬆

自療（Relaxation Response），則是一種簡化的 TM ❹。向上冥想讓人的注意力從物質層面，也就是自我與周遭環境，轉移到抽象、無限與客觀的層面。這些方法能夠將意識打開，產生放鬆的感覺，降低中央神經系統的活動，心跳會變得不規則，思緒則會渙散。

相反的，心律轉化法是一種向下的冥想，目的在於將無限濃縮成一個中心，強化自己的心，重塑自我認同的意識。向下冥想將心智集中於自己的心，提高中央神經系統的活動，產生波狀的心率變異度（HRV）。兩種方向的冥想各有用途，但向下冥想特別能讓你在生活中變得腳踏實地。

從冥想發展的歷史來看，很明顯是向上冥想的概念先出現。向上冥想源自於吠檀多，也就是印度教中屬於祕教的部分。而佛教則和吠檀多相關密切，因為釋迦牟尼原本是印度教的婆羅門，對吠檀多的冥想方法有很深入的研究。關於冥想最古老的文字記載正是來自吠檀多。

向上冥想正好與超越界的思想觀點相呼應。物質世界是一種幻象（摩耶），以無數種不同的形式呈現，但底下的根本是萬法歸一。透過冥想，我們逃離了每個人自我意識所投射的人為界線，發現自我與更高次元之間的連結。這是屬於一種內在但又寬廣無限的自我。這種冥想稱為「三摩地」。《瑜伽經》中解釋了「三摩地」的各種境界，而釋迦牟尼更將「三摩地」發展成「無色定」的冥想法。根據釋迦牟尼給我們的啟示，在超越界，也就是純精神、透明光與純智識的世界之外，就沒有其他可以探求的事物了。佛陀已經上升到了極限，並且找到了讓人類自由的道路。

向下冥想的概念歷經了幾千年的時間發展（關於心律轉化法更詳

細的歷史與發展，參見附錄一）。不過，向下冥想很明顯的更為進化，因為向上冥想的進階技巧有一些危險性，很少人能夠教導。有些瑜伽或佛教的老師會在帶領冥想時，將古老的技巧調整成較為強調向下的方式。

在西方猶太教、基督教與回教的傳統中，向下冥想的發展在之後出現了突破。我們現在了解到，物質世界並不是掩蓋了真正現實的幻象，而是真正的重點，是所有現實終極的目標，是神聖意圖的累積。我們每個人都是這個滲透一切的唯一意識的具象化，我們內在都涵融了這個無所不包的意識，即便我們所彰顯的只是其中一部分。我們可能會受到事物表象所蒙蔽，只看到表面，無法理解背後的深度。但我們會遭到蒙蔽，並不是因為物質世界是一種非真實的幻象的緣故。物質世界包含了所有層次。自由不是終點，而是中途站。得到自由之後，我們的目標是要體驗完整的愛，然後從愛出發，盡全力在現實中共同創造一個和天堂一樣美麗的現實世界。這就是向下冥想的宗旨所在。

哪種比較真實呢？是房子還是藍圖？是植物還是種子？瑜伽士認為，種子擁有的力量比任何一株植物都要來得大。同樣地，靈魂也比人格要來得豐富得多。然而，之後的追尋者指出，花朵要比種子更美，而透過人格所展露出靈魂的潛力，即使只有一小部分，都值得整個宇宙歡慶。向上冥想也許能夠揭露靈魂，但靈魂顯露的證明，是透過向下冥想在心中發展出來。

除了冥想之外，我們在處理人生問題的時候，也有向上或向下的分別。佛教認為要解決生存中無止境的苦難，就必須反轉「生命之輪」，也就是因果的鎖鏈，達到起因之前、所有的一切都還是沉靜

祥和的狀態。佛教向上冥想的方法就是為了達到這種寧靜超越的狀態。自然而然地，這種方法對於減輕壓力非常有效。如果有人能夠和所有的一切保持夠遠的距離，或是從修道的山巔以居高臨下的角度來觀察生活，那麼人生中所有的試煉看起來都不重要了。從佛教的角度來看，要獲得自由就必須超越人生試煉的戰場，遠離並否認所有短暫易變的一切。但幾乎所有我們知曉且喜愛的事物，以及我們實質上認知的自我，都是短暫易變。當然，不管是誰，內在的永恆一定會散發出美麗的榮光，但是身體、心智、精神和心的感覺，這些一直不斷在改變的狀態，同樣美麗。為了獲得自由而拋棄短暫易變的所有一切，付出的代價實在太高，而且這並不是通往合一的道路，無法統整調和我們自身的天與地、靈魂與精神、高與低，或動與靜。

　　如果世俗的生活很重要，如果身體與心智有價值，那麼心的欲望就必須受到尊重，心的痛苦也必須表達出來，而不是退居到寺廟中修行。在心的道路上，一個人真正的欲望會被視為內在指引的聲音。既然有欲望的存在，那麼必定會有痛苦，佛陀如是說。耶穌基督也說：「不要抗拒受苦。」我們認為痛苦代表了你的心有所感受，寧願感覺痛苦，也不要像塊石頭。

　生命中的痛苦，就是激發我們的心所必須付出的代價。❺

　　因此，心律轉化法的目標之一，便是療癒我們的心，整合所有的生活經驗，讓我們能夠接受更寬廣的生命體驗。我們知道，健康的心比任何的壓力、任何的痛苦都要強大。即使遭受最糟的壓力與痛

苦，心還是能夠從中感受到喜悅，因為喜悅就是心的本質，毋須任何外在緣由。我們可以學習運用心的情緒與能量來處理充滿壓力的情境，讓壓力不再是壓力，身體也不再對壓力有所反應。

向下冥想的現代詮譯是，將宇宙的潛能「帶入」我們的自我及生活之中，從內而外改變我們的世界。向下冥想以心為中心，不僅是生理上輸送血液的心臟，也是心輪，或「心中心」，位於胸部中央的胸腺與心臟神經叢。這是豐富而強烈的情緒體驗，對於無意識有著深遠的影響。這種冥想能夠啟發並喚醒我們內心的理想，非常有效率地促成所有的改變。向下冥想深具創造性，能讓我們的思想充滿彈性，也很貼近我們的生活。就像心智的食物一樣，讓我們對生活運作的方式產生深刻的洞察力，同時強化並增加我們的智慧。

【向下】冥想將所有的力量帶到我們存在的中心，也就是心，並從心出發，擴散到身體與心智的所有部分。❻

練習心律轉化法的過程中，我面臨的一個挑戰是我愛上普蘭。我們的兩人戀情是禁忌的愛：普蘭是維拉亞老師的資深弟子與發言人，當時是波士頓一個中心的教師，妻子是一位蘇菲教派導師，育有一個小孩；我那時也結婚了。這段關係開始之初，我陷入狂喜的狀態，但很快地我便開始否認自己的感情。我坐下來冥想時，胸中充滿了痛苦，好像心臟被拉扯扭曲一樣。冥想沒有帶來任何啟發，也無法讓我振奮精神，反而更像是地獄。我封閉自我因此找不到人傾訴，不相信有人會支持這段禁忌的感情。我切斷自己與普蘭的連結，把

他寫給我的數十封信收在盒子裡，看都沒看。

不再練習冥想，彷彿是唯一的解答。一開始我只是變得容易發脾氣，很快就覺得憂鬱沮喪又寂寞孤獨。有時候我嘗試坐下來冥想，但痛苦揮之不去。這種立即產生的痛苦一直存在，就像是一位永遠陪在身旁的朋友。這痛苦變成了我的生命線，告訴我，雖然我們斷了聯絡，但我們的愛依舊存在。這痛苦讓我的心和我的冥想練習進入了嶄新層次的體驗。

蘇珊娜

向上冥想能夠緩解壓力，向下冥想則增強了處理壓力的能力。以前的壓力將不再成為壓力，或者不再那麼嚴重。我們無法消除生活中的所有壓力，如果可以的話，生活會變得很無聊。我們能做的是，增強身體和情緒的力量，還有心的力量，讓我們能更妥善地處理壓力，然後，不需改變生活狀況就能夠在原本會緊張的時候放鬆。心律轉化法告訴我們該如何管理壓力，不需要咬緊牙關，也不需要避開困難，而是用心的卓越來面對。短暫的幾分鐘沉默，就能讓你體驗到心的力量與引導，接下來的一天都可以依從你的心來生活。

心律冥想法的五個階段

心律冥想法的練習會對你的意識造成深刻的改變，逐漸將你的知覺從單獨的個體轉變為你是宇宙，在表達自己，而且整個創造的力量都孕育自你的心。這種轉變具有五個定義明確的存在階段，並且

總是按照順序發生，雖然有些階段持續的時間可能很短。完整地體驗這五個階段，就是走過人類發展的所有過程，實現了人類的所有潛能。

如果你是第一次閱讀本書，其實不需要了解這五個階段就可以開始練習冥想，可以將這個部分跳過。不過有很多人喜歡在體驗意識增強的練習時，預先知道會發生什麼。我們覺得這些敘述解說能夠強化你的理解，讓你認知到自己正在體驗哪種狀態。雖然完整的進程需要許多年發展，才能形成穩固的經驗，不過你在第一週練習的時候就能夠短暫地經驗到所有的階段。

圖一是五個階段的流程圖。

以心為焦點（專注）

| 以心為焦點（專注）

第一個階段稱為「以心為焦點」，將專注力集中在心上時才會發生。專注的意思是將所有的注意力集中在一件事物上。只專注於一件事物，其他的想法與感覺都消失無蹤。

不管是哪種冥想法，專注都是第一階段。在心律轉化法中，我們會將專注力集中在心上。

專注是冥想的開始；冥想是專注的結束。只要獲得了完全的專注，就可以很容易進入冥想狀態。❼

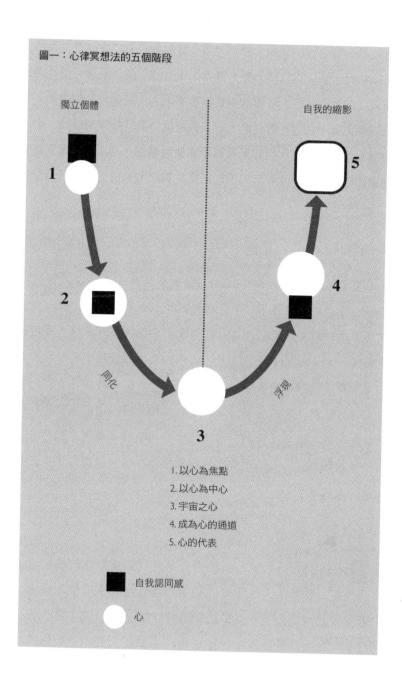

圖一：心律冥想法的五個階段

獨立個體

自我的縮影

1

5

2

同化

浮現

4

3

1. 以心為焦點
2. 以心為中心
3. 宇宙之心
4. 成為心的通道
5. 心的代表

自我認同感

心

專注是一種心智的訓練，穩定地讓心智能把注意力放在某件事物上，毫不猶疑。透過專注的力量，世界上沒有達不成的事物。但專注是很難達成的狀態，因為心智的本質很容易陷入，在自身有所擔憂、煩擾或對某人有所抱怨、責怪時，它不費任何力氣就會集中精神，把注意力放在這些事物上。但如果是為了專注而專注，那麼心智反而❽會像狂暴的野馬般，無法駕馭。因此只要能夠駕馭專注力，就能駕馭在這世上的生命。

曾經有個人向赫廷大師（Master Hatim）問路：「赫廷大師的家要怎麼去？我想跟從他學習。」赫廷說了一大串的指引，對方謝謝他說得那麼仔細，然後就走了。第二天，這個人回到原地，看到赫廷便大喊：「我照你說的走，結果又回到昨天同樣的地方！你真差勁！我要告你，你叫什麼名字？」「我叫赫廷。」大師回答。對方嚇壞了，原來他就是自己苦苦尋找的老師，於是請求大師原諒自己無禮的言語，並問道：「大師，您為什麼昨天不直接告訴我呢？」「因為，」赫廷說：「我必須確認你能夠遵照簡單的指令行事之後，才能收你為徒。」

練習專注的時候，要將心智集中在某件具體或概念的事物上，例如面前的花、認識的人、想像的明星，或是像和平這樣的概念。終極的專注就是當整個世界從你的腦海當中消失，只剩下專注的那件事物存在。在這樣的狀態下，你不會注意到時間的流逝或身體的感

覺。專注的心智可以將所有的心能量引導到你所專注的事物上，將其打亮。

心律轉化法透過將注意力集中在心上，讓整個宇宙的能量集中到心裡，使得心變得無比強健，心跳變得更加規律，心的力量增強。整個循環系統大幅改善，所有的細胞都受益。

大多數人認為的「冥想」，其實我們稱為專注。因為有這樣的誤解，也難怪「冥想」流行不起來。用力去專注其實是在玩心智遊戲，非常無聊。關於專注，我們要注意三件事情：

首先，不要去幻想，譬如想像自己存在於另一個地方或時間。幻想會變成一種成癮的逃避機制。你要做的是，欣賞你所在的這個美麗空間，欣賞你此刻現在的自己。這樣就能夠給予你很多啟發了，不是嗎？在冥想的時候暗示要非常小心，不然會陷入妄想。在冥想中唯一能進行的暗示，是注意現實世界中正在發生的事情。舉例來說，我們喜歡想像心的磁場，這樣比較能夠理解心的運作。不要欺騙自己，想像一些現實中不可能發生的事，畢竟冥想的目的是要體驗現實並與自身融合。

與「暗示」相較之下，冥想有更大的優勢。冥想不但可以讓心維持其韻律，也讓生命力的中心安穩地落在心上。❾

第二，練習心律轉化法時，如果沒有配合呼吸，就很難集中精神。我們很容易就能感覺到呼吸，呼吸的感覺可以讓你的中心穩定，思緒不會紛飛。但專注很困難，因為心智就像身體一樣喜歡到處活動，在沉靜的狀態下會覺得不舒服。如果不先讓身體保持完全

的靜止，就無法成功讓心智專注。此外，如果你的呼吸規律平衡，心也會規律平衡。如果想要專注於某件事物，但沒有覺知到自己的呼吸，那麼專注就很困難了。先專注在你的呼吸上，一旦你能做到這點，才可能嘗試專注在別的事物上。

第三，用意志力來控制心智是沒有任何意義的，因為這就像想用制定規則來控制小孩一樣。心智會對抗意志，但心智會臣服於你的心。這是專注力最大的祕密：運用你的感情。想著自己的所愛總是比較容易。

沒有人需要提醒情人記住心愛的人，

因為在情人眼中，愛人的臉無所不在。

遵從以上的建議，專注不再是你被迫去做的家務事，而是一件喜悅的事。不管我們愛的是什麼，很容易就能放在心上。任何人都可以做到。進階的步驟就是透過尋找對於某件事物的愛，進而專注其上。心很容易就能引導你的心智，因為心智雖然會對抗意志，但總是願意臣服於愛。

心中流動的欲望給了我們方向感。我們沒注意到情緒流動的時候，總是浪費時間在追求一些無法帶來幸福的事物，也忽略了能夠讓我們感到充實的事物。以心為焦點的狀態能夠打破這種沒有感情流動、忙於蠅頭小事的生活。心會提醒我們長久的想望，問題只在於：「你究竟做了什麼？」

畢業之後，我追求想成為演員的夢。我和四名女性朋友一起籌備改編自尤里庇迪斯《米蒂亞》的一齣戲。主要的概念是希望全劇都由女演員演出，做出藝術性的宣言，並專注於討論現在社會中女性應扮演的角色。

雖然我們一起做了一些很棒的工作，但這齣戲一直沒完成。我們錯過了完成戲劇並展開巡迴的截止日期。錢用光了，必須回去工作賺錢。所有人都非常失望。我對這齣戲用了心，也真心想要實現，但能怎麼辦？我沒有錢、沒有演員、沒有場地。後來我收到一封信，是瑞士巴塞爾的一名女士寄來的，之前曾邀請我們去巡迴。她說不管怎樣我都應該去，就算沒有這齣戲，因為那裡有另一群女性夥伴可以和我一起合作。

我很害怕，因為不認識任何人。我不知道自己是不是好演員，更不用說是不是好編劇、好導演或好製片。我的朋友都反對，包括男朋友和家人。我顫抖著坐進破爛的福斯金龜車，心臟在胸口噗通噗通地跳。所以我開始通過心去呼吸，就好像心是我唯一能夠倚靠的東西。

六個月後，我們在巴塞爾舉行了首演。票賣光了，還去柏林和蘇黎世巡迴。當時這兩個城市正走在實驗劇場的前端。

雖然演出成功了，但回頭看，對我來說，更大的成功是我開始感覺到心中的生命力，而且我能倚靠我的心。心成為我的嚮導、火炬和基石。

蘇珊娜

以心為焦點的狀態好處多多：透過專注於你的心，意識到自己的心跳、脈搏和呼吸，就能學會如何集中精神。而專注力是完成一切目標的重要關鍵。以心為焦點的狀態對健康也很有好處，能讓免疫系統和生理的心臟強壯起來。將專注力持續集中在心上，壓力也能夠獲得緩解。精神集中的時候，就會忘記壓力。而在脫離以心為焦點的狀態時，心智也會放鬆，因為心智會在注意力放鬆之後放鬆。以心為焦點的狀態還可以帶來自信與平靜，因為你透過心更認識自己，這能夠釋放焦慮，讓你更有自信。

專注最大的應用，是去想著另一個人。透過經常想著同一個人，你的心中會產生連結，如果對方有所回應，這道連結就成了雙向道。這樣的連結能讓你更了解對方，而最終能夠更了解自己。

為了發現自己，去看到自己的特質反映在另一個人身上是相當有幫助的。❿

以心為中心（沉思）

2 以心為中心（沉思）

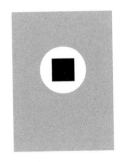

第二個階段稱為「以心為中心」。隨著以心為焦點的狀態進入更深的狀態，我們對於心的專注就變得更強，然後進入所謂「沉思」的階段。沉思階段會出現在非常專注於某件特定事物，不只忘記了其他的一切，連自我也都遺忘的時候。如果你連自己都忘了，那麼你究竟是誰呢？你變成了你所專注的那個事物。

就如維拉亞老師所說：「你這個主體，跟你所專注的對象互換位置。然後你進入你所觀看的個體當中，客體則開始研究主體。」**⑪**

沉思和專注有些類似，但觀察的角度不同。專注的狀態下，你與客體是各別獨立分開的。而沉思的狀態下，你變成了客體，你進入了客體之中，客體就是你自己本身。

● 在專注的階段，你認真地看著一朵花。在沉思的階段，你覺得自己就是這朵花，可以看到你正在看著這朵花的樣子，也可以感受到花朵內在的所有感覺，好像花就是你自己一樣。如果花渴了，沉思中的你也會感覺到渴。你的身體讓你產生的感覺，就像花的身體讓花產生的感覺一樣。

● 在沉思的階段，你是在研究一池水，看著雨水一點一滴地填滿池子。在沉思的階段，你會覺得自己在流動，將雨水吸納到身體內。

● 在沉思的階段，對於喜歡的人，你會注意到並欣賞他／她各個層面的表現，對方的外型細節、動作的細微差異、聲音的細微改變和臉部表情的細微變化。在沉思的階段，你覺得這些都是發生在你身上的事情，而且他思緒的跳躍或連結，都成為你心智中的活動。你會感覺到讓對方臉部表情改變的情緒，你會和對方有著同樣的感覺，你所思所想也就是他所思所想。你的身體變成了對方的身體。

● 在專注的階段，你能夠覺察自己的吸氣與呼氣。在沉思的階段，你變成了呼吸，感覺到呼吸如何充滿與清空身體。

● 在專注的階段，你可以感覺到胸中的心跳。在沉思的階段，你會進入以心為中心的狀態，然後感覺到你在你的心裡，而不是你的

心在你的身體裡。你的心會變成一個非常大的空間。

老師替他的學生羅伯選擇了鹿做為專注的對象，因為羅伯曾說自己
喜歡鹿。老師指引他進入冥想小屋，專注地想著一隻鹿。過了一會
兒，老師叫他出來，他用鹿的鳴叫聲回答。老師又說了一次：「走
出屋外來。」羅伯說：「我的角太長了，出不了門。」

這就是沉思。老師知道羅伯對於鹿的喜愛，可以讓他很容易就專
注。羅伯在自我認同成鹿的時候，便從專注的階段跳到了沉思的階
段。

以心為中心的狀態，在生理上會產生一種擴張的感覺。你的心感
覺變得很大，你的身體也可能感覺變得更大。通常胸口會產生一種
壓力，好像心變得太大，而胸口太小了容納不下。

以心為中心的狀態可以帶來更深遠的好處。進入這個階段，你
會變成你自己的心，與心產生更深層的結合。你不再是去傾聽你的
心，你就是心的本身，而且能夠深刻地覺察到心的那種精巧與敏
感，以及心的強大力量。在心中你忘記了自己的存在，充滿信心地
跨出一大步，讓你能夠獲得更強大的力量。

在運用心律轉化法的過程中，因為心智集中在心上，心便受到
了強化，找到自己的聲音，並回應思緒，然後你可以真正體驗到什
麼叫做傾聽自己的心。心的指引不同於邏輯，並不是以自我為中心
做考量。傾聽自己的心的方法也不一樣。你是透過想像你在心的裡
面來傾聽自己的心，你就是自己的心。這是心的沉思狀態。感覺自

己與身體的每個細胞緊密連結，每個細胞都是獨立個體，也是你這個有機體的建造基石。你，也就是心，不只用血液輸送提供所有細胞需要的養分，也十分敏銳地接收到細胞的回饋，然後根據他們的需求調整自己的韻律。透過神經系統，你蒐集所有細胞感受到的震動。透過搏動，你再次將適當的反應傳送到全身。就像美洲原住民村落使用鼓聲傳播消息給所有的村民一樣，經由複雜變異的心律，心會將身體的狀態傳送給全身所有的細胞。

宇宙之心（冥想）

3 宇宙之心（冥想）

心律轉化法的第三個階段稱為「宇宙之心」，這是冥想真正開始的起點。在以心為焦點的階段，你在觀察其他事物時，對自己的認同不會有任何改變，即使你的觀察會因為心能量的增加而在實質上變得更豐富。而在以心為中心的階段，你的自我概念轉變了，可是意識還是保持二元對立，你的心與他人的心依舊分別獨立。在宇宙之心的階段，主體與客體則是融為一體。

在冥想之中沒有二元對立，因為主體與客體已經融為一體。在很難集中精神的地方，冥想反而變得簡單。一旦獲得了冥想的能力，就不需要花費任何力氣。自我意識，在專注階段是保持原狀，在沉思階段則是主客互換，而到了冥想階段，變成了流動狀態，我們會歷經所謂「海洋般的體驗」。你還是可以意識到自己的存在與他人

的存在，但主客之間沒有區隔、沒有不同。

● 在沉思的階段，你會感受到花的感覺。在冥想的階段，你會感受到花的靈魂的感覺。你不會覺得自己是面前的這朵玫瑰，而會覺得自己變成了所有的玫瑰，甚至所有的花朵，然後你感覺到花朵所擁有的原型特質，也就是美麗、清透、綻放。這些特質不只你面前的這朵花有，所有的花都有，而且也存在於人類身上。透過花的靈魂，你發現了普遍的特質，這樣的特質出現在這朵花身上，出現在所有的花身上，出現在所有的事物身上，也出現在你自己的靈魂中。

● 在沉思的階段，你感覺到其他人的感覺：他們的觀點、他們的自我概念、他們的動機、他們的態度。在冥想的階段，你體驗到他人在冥想時的體驗──你甚至感知他們的原型。你會發現一個本源、一個共同的現實，是你們實際上所共享的。另一個人和你並沒有不同，你們兩個都呈現了所有存在擁有的共同特質。

● 在沉思的階段，你的腦海中有著特定的對象，你的心中有著特定的意圖。在冥想的階段，你所欲望的是讓某項經驗浮現。在專注與沉思的階段，你運用意志力去導引某項經驗。在冥想的階段，你成為一個有意願的參與者，而不是導引者。

冥想是一種被動而非主動的心智訓練：這種訓練讓心智能夠接收內在的靈感、力量或祝福。⓬

一旦了解到個人意志會將經驗限制於私人事物上，你就會捨掉個

體的概念，轉而覺察流經所有事物的意識。就好比這種意識會獲得一種經驗，而且這個經驗接著成為你的。這不再是個人的經驗，而是在個人內在所發生的整體經驗。

第三階段稱為冥想。這個階段與【個人】心智無關。這是屬於【非個人】意識的經驗。冥想會深潛入一個人的內在，然後飛升到更高的層面，擴展得比宇宙還寬廣。在這樣的經驗之中，我們達到了冥想的狂喜境界。❸

經驗了冥想的人，會和剛開始冥想的人變得不一樣。宇宙的經驗無法為個人所體會，但是個體可以透過專注與沉思的階段，打開自我意識涵蓋整個宇宙。這種狀態稱為阿爾發意識（Alpha Consciousness）。

我們如何到達專注、沉思與冥想這三種階段呢？

專注是透過集中心智，除了專注的對象之外，其他事物都沒有存在的空間。

沉思是透過與專注的對象互換位置：你變成了客體，你從客體的角度觀看你自己以及整個世界。

冥想是透過引入完美、無限或永恆的概念。完美的概念就如同時間的永恆與空間無限一樣，能讓人超越自己受限的自我形象，不受束縛綑綁。❹

無限、永恆與完美，這三個啟發冥想的重要概念，其實是同一件

事物的不同層面。無限是完美的距離，永恆是無限的時間，而完美則是永恆。

在心律轉化法中，個人在達到冥想境界時，心會超越個人意識，擴展成為所有人類的心。一開始你會感覺到內在的心（專注），然後你會感覺到自己存在於心中，這已經擴展很多了（沉思），最後你會發現整個世界是由心的實相所構的成（冥想），接著你不但會感受到個人的心所經驗的事物，也會感受到整體人類的心所經驗的事物，那是無限、完美而永恆的心。

> 純粹的冥想有助於我們深入心的內在僻靜之處。專注主要和思緒相關，而冥想雖然並非完全與思緒無關，但其作用在於將靈魂安穩地安置於它所屬的中心，也就是心。⓫

透過深入且緊密地體驗自己的心跳，就能夠找到生命的基礎韻律。在一開始，這樣的努力是令人費解的，不過在經歷過專注與沉思這兩個前面的階段之後，這個冥想的階段是觸手可及的經驗。

心的通道（沉思）

4 心的通道

越過了宇宙之心，還能夠體驗到什麼？接下來你會經驗到宇宙之心反映在你自己的心。二元對立又出現了——呈現出單一現實的多種樣

貌。每個人的心都會反映宇宙之心，就像海中的每道波浪都會反射同一個太陽，在水中呈現數不清的光點。

用音樂來比喻，可以幫助我們理解這些階段。一開始，音樂家專注於技巧。偉大的音樂家在感覺到音樂流經自身後，就可以超越技巧、超越所有表演的問題。簡單來說，我們會說（1）音樂家演奏音樂，然後（2）音樂演奏音樂家。透過完全認同音樂而與音樂合一，音樂家本身完全消失了，這時已經沒有音樂家的存在，（3）存在的只剩下音樂。這就是冥想的狀態。音樂在這個階段不是「一首」曲子，而是音樂本身，是巴哈「聽到」並寫下的音樂本源。（4）到了下一個階段，所有音樂的本源會變成一股音樂之流，流經音樂家本身。

我們將第四個階段稱為「心的通道」。在以心為中心的階段，你沉思自己的心，發現自己存在你的內心中。而在心的通道的階段，宇宙之心沉思了你的心，發現宇宙之心存在你的內心中。宇宙之心沉思了自己成為人類之心的誕生過程。人類之心是全宇宙的焦點，精神在此活躍起來，靈魂不斷地誕生。

你變成了河床，讓神聖之愛的河水流過。這時你仍然在經驗宇宙之心，但你的個體性再次浮現。這種新的個體性，也就是你的真實自我，被那巨大豐厚的心的氣場所包圍。這個狀態可以稱為「你在你心中」。

你對於自我概念的感覺，在這個階段也前進為以整體為出發點，就好比宇宙之心將無限的一切收攏成一個圓錐，集中成一個點。你原本是海洋，現在變成了一個漏斗，將海洋蒐集起來變成一道河流。你原本是靜止的水，現在成了流動的渠道，將水帶入生命中。

你的心不再是自己的，變成了宇宙之心的工具。愛的本源透過你的心，在這個世界上以人類愛的形式出現。你從「就行使祢的意志吧」的被動狀態，轉成「讓我成為轉變世界的工具」的主動狀態。以賽亞聽見主的聲音說：「我可以差遣誰呢？誰肯為我們去呢？」他回答：「請差遣我！」⓰ 沒有任何天使可以給予這樣的回應，因為天使在合一的狀態下（第三階段），祂們還沒發現自己的個體能力，所以即使合一本源給予了啟發與力量，也無法產生行動。

只要你能夠再度呈現你在成為人類之前所許下的承諾，你就能找到被銘刻在心中的，自己被送來這裡的原因。先將心打開，我們才能發現生命的目的並全心完成任務，擔負起成為人類的責任。

心的代表（專注）

5. 心的代表（專注）

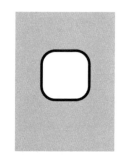

第五個，也是最後一個階段，是人類發展的最高峰。我們稱為「心的代表」。在這個階段，我們的運作就像宇宙之心的意識縮影，是個小宇宙。這是再更進一步的合一狀態，稱為「歐米茄意識」（Omega Consciouness）。

要了解心的通道與心的代表之間的差別，可以透過政治的比喻來說明。一個國王底下可能會有兩種大臣：使者與代表。使者帶著國王的訊息去到國外，和另一個國王溝通協調。另一個國王有所回應，讓使者帶著信息回去給他的國王。這名使者扮演著傳達訊息給

國王的管道，對外象徵了發出訊息的國王，實際上負責攜帶傳輸訊息內容。這種大臣就像國王的一個管道或渠道，也就是心的通道。

第二種大臣，代表，是經由國王授權，可以直接和別的國家談判。代表做出的決定，國王已經事先承諾會完全遵守。代表擁有完整的代言權，任何時候都等同於國王本人。

> 耶穌對祂所有的門徒說：「我實在告訴你們，凡你們在地上所捆綁的，在天上也要捆綁；凡你們在地上所釋放的，在天上也要釋放。」**⓱**

個人的認同是神之心、宇宙之心的縮影。思想與心會相互合作，思想的作用是透鏡，將宇宙之心的光聚焦在人事物與自我的各種層面上，讓他們從宇宙之心獲取所需的理解、勇氣、創意與祥和。宇宙之心散發出祥和的光輝，不斷地送出震波，能夠與接收到波動的所有事物融合共振，創造出整體而且有目的的共鳴。

於是我們成為愛、和諧與美麗的典範。我們的這個小宇宙（microcosm）不只將整體大宇宙（macrocosm）導引進來，同樣也能立即體驗小宇宙所經歷的所有事物。雖然整體包含了部分，但整體就是部分，部分就是整體。

第五個階段，心的代表，完全混淆了思想的狀態。在歷史上經歷過這種狀態的人，都表示這樣的經驗無法用言語來表達。如果真的想講的話，通常必須透過詩歌、悖論、禪機或寓言。用耶穌基督的話來說：

> 我與父原為一。**⓲**

我實實在在地告訴你們：我所做的事，信我的人也要做，並且要做比這更大的事。❶

用哈茲若‧音那雅‧康的話來說：

我的心是通往人類之心的鑰匙。

讓神成為現實，神就會讓你知道真理。

靈魂在旅途中落到一塊平原上，喊道：「我就是真理。」❷

彩虹的比喻

專注於太陽的彩虹，發現太陽擁有自己的特質：光就是彩虹自身的構成元素，只是太陽顯得更為強烈。

彩虹透過沉思來認同太陽，開心地體驗到更明亮的光，所有的顏色融合成白光。

彩虹像太陽那樣冥想，享受到超越彩虹與太陽型態的光。在光照亮整個宇宙或散射成各種顏色之前，彩虹發現了光的本質。

太陽現在體驗到自己是純粹的光，想起自己成為彩虹的模樣。就如同彩虹渴望獲得自由，現在光渴望被表達。

沉思著彩虹的太陽光，覺得自己的存在非常壯麗，呈現出太陽光從沒被發現的潛質。彩虹展露出太陽純粹白光的內在色彩，太陽現在可以透過沉思彩虹獲得同樣體驗。

最後是太陽，對彩虹抱持著熱烈的愛，用專注的目光穿透厚實的雲層，將彩虹照亮成最閃耀的狀態。太陽毫無限制與保留地將自己傾注在彩虹身上。太陽變成了彩虹，彩虹被重新創造出來成為太陽的表達。

你的性格相對於靈魂，就如同彩虹相對於太陽。你的目標就是以靈魂的光芒照亮你的個性。前三個步驟讓你進入自己的靈魂，向下冥想則是將你的靈魂帶入生活。

在前三個步驟中，你會先感覺到自己胸腔中的心跳，然後心跳的節奏會充滿整個身體。你的全身似乎存在於你的心裡，然後心跳節拍變成宇宙之心的律動。這顆無所不在而且無限的心，搏動的節拍創造了生活中所有的韻律。

在最後兩個步驟中，你能夠同時覺察宇宙之心與自己的心，兩者節拍在你的體內同步。接著宇宙之心的律動會帶領著你的心，強化個人之心的律動，並使之變得完美。這個時候，你便能夠在自己的心中感受到每一顆心與每一種情緒。你的心在你的身體裡面，但卻又不完全屬於你自己，而是像其他所有人的心那樣去感覺與運作。最後，你的心會完全變成宇宙之心。你的心跳帶動了所有人的心跳，將海水變成波浪，讓空氣變成陣風。你嘆息，全世界也一起嘆息。你微笑，全世界也一起微笑。這是非常神奇的狀態，乍看似隱喻或詩歌，然而這是真實的狀態。

> 你的音樂讓我的靈魂舞動。在風的低吟中我聽見了你的笛聲。海浪帶領著我舞步的節奏。透過整個大自然，我聽到你的樂聲，我的愛。我的靈魂一邊舞動，一邊用歌聲傳達出喜悅。[21]
> 當我的心受到擾亂，就會擾亂整個宇宙。當我的心沉睡，兩個世界都陷入了深淵。整個世界會在我的心醒來時被喚醒。如果我的心外殼碎裂了，珍珠便會灑落滿地。[22]

冥想意識

在過去，人們覺得不可覺察的事物就不是真的。或者如果是真的，也和自己沒有關聯。現在科學告訴我們，宇宙非常複雜，我們對於宇宙的認知十分狹隘，還不如我們對一朵沒顏色也沒香味的玫瑰的了解。舉例來說，比較一般的經驗和冥想可能的狀況：

一般狀況

◎ 只使用一小部分的腦，一次只能用兩個腦半球的其中一個。

◎ 能夠取得的無意識記憶非常有限，肌肉組織中的記憶也是一樣。

◎ 無法控制身體新陳代謝、能量層面和其他類似部分的基礎律動。

◎ 只能認同我們存在於空間中的實質身體，彷彿我們的存在是單獨的分子，這呈現出極為有限的自我意象。

冥想狀態

◎ 兩個腦半球能同時運作，有些腦波會影響整個大腦。

◎ 肌肉可以釋放記憶，也可以「擾動」無意識的記憶。

◎ 比較能夠適應目前進行的任務。

◎ 發現我們的存在如連綿不絕的波，可以與所有其他的波動共存共振，呈現出擴展的自我意象。

冥想階段可以藉由腦波模式來說明：

● 開始冥想時，腦電圖上的兩個腦半球同時大部分都是阿法波（alpha, α），顯示為處於放鬆狀態。血壓下降。

- 進階的冥想中，則是貝塔波（beta, β）和希塔波（theta, θ）與阿法波同時存在，顯示為意識清明，精神力量與創造力提升。
- 最高階的冥想中，還會產生德爾塔波（delta, δ）這種通常只出現在深層睡眠的波段。然而冥想者非常清醒，冥想完還可以描述冥想時周圍發生了什麼事。心律明顯減慢。

維拉亞老師在喜馬拉雅機構接受實驗，發現他其實記得在產生德爾塔波（δ）與希塔波（θ）時的對話。我後來在赫伯特‧班森博士開設於波士頓的診所也進行了實驗。在心律轉化法狀態下，我產生的德爾塔波（δ），振幅和我產生的阿法波（α）一樣大。整段冥想的時間，我對周圍的狀況都非常明瞭。

普蘭

　　這些腦波模式的特質如此明顯，因此我們可以在某種程度上辨認出處於冥想狀態的意識，或是分辨冥想狀態與迷幻狀態、睡眠狀態或一般狀態的不同。

　　如果要按照意識中存在的有意或蓄意程度來排列，可以從無夢的深層睡眠，也就是完全沒有覺察，排到專注於數學解題或是思考其他問題，也就是心智完全集中在某項特定的工作。一般來說，下一頁圖表中所列出的各種意識狀態，可以分成兩個類別，分別是「睡著」和「清醒」。冥想是第三種狀態，擁有其他兩種狀態的特質，但也擁有這兩種狀態沒有的特質。圖二表列出我們對於這些狀態的

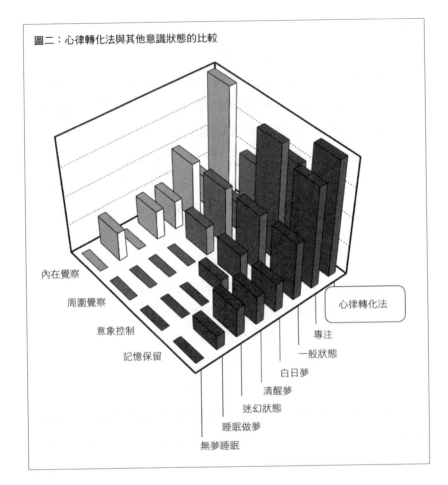

圖二：心律轉化法與其他意識狀態的比較

內在覺察

周圍覺察

意象控制

記憶保留

心律轉化法

專注

一般狀態

白日夢

清醒夢

迷幻狀態

睡眠做夢

無夢睡眠

主觀評估。

和意識清醒時一樣，冥想時的意識擁有記憶，也能覺察周圍環境。但冥想時對於思考的控制，和我們清醒或睡眠時對於思考意識的控制或無法控制，其實並不相同。

我們的確記得部分的夢，也會忘記一些白天的經歷，但沒有人能否認，睡著時和清醒時相比，記憶的確少了很多。在睡眠中，思想

的形成並非蓄意或有意為之，而像是思想自己決定方向。睡眠會被一些環境因素打斷，例如巨大的聲響或是溫度的變化，但我們無法讓自己在睡眠中「注意到」這些事情。做夢時蓄意的程度非常少。不過清醒夢，也就是我們能夠覺察自己正在做夢，而且可以在某個限度之內改變夢境，這是有意圖的介入與運作。白日夢的狀態，我們擁有記憶，也對周圍環境有所覺察，但無法完全控制自己的思考。在一般意識狀態下，我們多半可以運用理性來思考，但大部分的思考都是透過感官接收後產生；也就是說，我們主要的思考對象是自己的所見所聞，我們會記得自己的感覺、想法與行為。

在專注的狀態下，我們聚焦在專注的對象，感官接收的重要性大幅降低。在公車上看書會坐過站，熱烈討論某些話題時會忘記吃飯。但是這種對周圍環境失去覺察的狀況，並不同於做夢狀態下的失去覺察，因為是我們自己不去覺察，而不是覺察能力被帶走。

冥想會落在光譜的哪裡呢？冥想和每個狀態都有相似之處，但又不同於所有的狀態。在冥想的狀態中，可能會出現象徵「深層睡眠」的德爾塔波（δ），即使我們這時對於周圍環境非常敏銳。

大部分的冥想練習中，靈感常常會在我們的意識沒有運作的狀況下不斷湧現，和做夢其實差不多，有些靈感還真是不知從何而來。冥想時我們絕對不會失去記憶。在大部分的冥想中，腦波會顯示有意識思考的貝塔波（β），類似於專注的狀態。專注是冥想的第一階段。

如本書所述，心律轉化法能夠產生一個類似專注、可是對內在有著更高覺察的狀態，對於心智意象的控制較少，但像睡眠狀態那樣更加放鬆。這樣的冥想狀態和迷幻並不相同，你不會「一片空白」。

你一直能覺察自己的思想，只是用不同方法思考。

冥想的好處之一，是讓我們獲得非定向、非預期與非邏輯性的洞察力。

身體在冥想時會放鬆，但和睡眠的狀態不同。原因在於身體其實也在冥想，也在呼吸。身體透過皮膚的毛孔來呼吸，我們必須保持全身都處於冥想的狀態。❷❸

從心理學的角度來看，冥想是意識與無意識心智共同在運作。冥想會建構起兩者間的合作關係，兩者都能因為個別的能力而受到重視與信任。在冥想之初，以及之後重複出現的某些階段，我們需要淨化無意識，讓無意識更能發揮作用。意識中我們通常不會覺察的那一塊，也就是無意識，也會分成兩個部分：較高意識與潛意識。較高意識負責直覺與忘形、敬畏與狂喜的情緒：沒有理由的喜悅。潛意識掌管個體一生經驗的情緒模式，以及種族經驗的本質，進行篩選與分類，讓所有的經驗都整合到一個整體的理解之中。在冥想中，較高意識的光會落在潛意識上，使得潛意識能夠更有效率地進行整合工作。

冥想最重要的定義特質，就是在於冥想者的自我認同。

我所認為我自己的那個「我」，從個人變成了非個人。我在冥想的時候，會注意到自己與周圍的環境。我擁有個人的記憶，也能覺察自己對於開始並進入冥想狀態的需求。我還有個感覺是，「我不是

那個正在冥想的人，比較像是允許、促使，甚至鼓勵更大的意識透過我的意識運作。因此我不但引導著自己的體驗，也同時進行被動的觀察。」

用比喻的說法，我在冥想中創造出一道河床，我被流過河床的河水深深吸引。我可以透過改變河堤來改變河水的路線，但是這充滿活力、美麗又有能量的河水不是我所創造的。河水的源頭和終點都不在我身上。兩者均是無限，超越了我的有限。我準備好河床，邀請河水，透過建構呼吸的韻律，耐心地強化自身的呼喚。

有韻律的呼吸，就像把鞦韆盪得越來越高一樣，將我的願望帶出去，再把回答引進來。隨著階段演進，不需要求或請託，只要期待和渴望，我臣服在呼吸之下，讓呼吸來呼吸我。不是我在呼吸，是我被呼吸。我可以從周圍萬物的心跳，聽見我自己心跳的回響。

最後，無法避免地，流水將我帶走。我不再認同河堤，失去了強烈的自我意識。在無法否認的現實中，我變成水，變成了河，變成了泉源，變成了海洋的盡頭。分辨河水與渠道不再有任何意義：通通都是河，我就是河。

然後，再一次，我又變成河床，河水流經了我。河床導引著河水到該去的地方，河水跟隨著河床。我發現自己充滿靈感，每個細胞都在鼓動，靈感能夠為我所用，充滿了我的手、眼、思緒和其他所有部分，讓我能在這時候面對生命中的挑戰。

普蘭

注釋

1　www.hazrat-inayat-khan.org: Message: Vol a, The Unity of Religious Ideals: The Gold Ideal.

2　更多關於「六種基本力量」（Six Basic Powers），請參考《你的心就是宇宙》頁 130-138。

3　Attribute to 哈茲若‧音那雅‧康（HazratInayat Khan）。

4　Benson（1976）.

5　www.hazrat-inayat-khan.org: Message: Sayings: Gayan: Boulas

6　Khan, I（1989, 305-6）.

7　www.hazrat-inayat-khan.org: Message: Vol 4, Mental Purification: 12. Mystic Relaxation（2）: Concentration.

8　www.hazrat-inayat-khan.org: Message: Sangatha II: Tassawwuf, Metaphysics.

9　Khan, I（1989, 305-6）.

10　VilayatInayatKhan, Quote contributed for this book.

11　Khan, V.（1983）.

12　Khan, I（1990, 465）.

13　www.hazrat-inayat-khan.org: Message: Vol 4, Mental Purification: 12. Mystic Relaxation（2）: Meditation.

14　VilayatInayatKhan, quote contributed for this book.

15　Khan, I（1989, 307-8）.

16　〈以賽亞書〉6:8，譯文引用自和合本聖經，全書同。

17　〈馬太福音〉18:18-19。意為「凡你們在地上所禁止的，在天上也會禁止；凡你們在地上所應允的，在天上也會被應允」。

18　〈約翰福音〉10:30。

19　〈約翰福音〉14:12。

20　www.hazrat-inayat-khan.org: Message: Saying: Gayan.

21　參同前。

22　參同前。

23　Khan, I（1989, 225）.

第二章
益處與元素

沒有人會問：「我可以從冥想獲得什麼？我會得到怎樣的好處？」我
們要知道，所有的一切都是透過冥想而來，不只實質的事物是這樣來
的，不只屬性與特質是這樣來的，連神都是這樣來的。❶

初期的益處

心律轉化法能給你的第一項益處是，美好的放鬆。這種放鬆和睡
眠或任何其他「休息」的活動不同，是一種有著高度覺察的意識，
因此不會讓你變得遲鈍或昏沉。在這樣的狀態下，大家都會說：「這
是我印象所及最放鬆的一次經驗。」你會覺得身體好像不能動，太
重了，雖然你知道可以動，但你不會想動。

第二項益處是由警醒而來：你會獲得一種「啊哈！」的經驗，腦
袋裡突然出現超炫的想法。心智接管了無意識平常的工作（例如呼
吸），並進行有意識的監控（例如心率），因此部分的無意識釋放
出來了。結果就是，心智在冥想的時候會有不同的運作方式：無意
識比平常容易控制，也對自己的意圖更有反應。這種「啊哈！」的
狀態非常珍貴，可以幫助我們解決生命中的難題，運用新的創意來
面對困難與挑戰。

第三項益處可以體驗你心中的力量。這是傾聽自己心跳所直接產

生的結果。你會感覺到心擴張了，胸腔再也容不下了，胸口有一種壓力，但不會痛。你會覺得自己的眼界、範圍與影響擴展到外面的大千世界。這些感覺和你發現了自己的磁場有關。我們可以實際測量到人體的磁場，而當你注意到自己的磁場時，就會感受到磁場的力量。這種感覺會強烈影響你的自信與自我意象的強大影響。

後期的益處

除了三項早期的益處之外，心律轉化法進一步的練習與技巧，會帶來更多實際的益處。這些益處可分成四大類，與心的四元素相互對應（第三部會詳細討論）。四種元素風火水地，原本是古代思想家想嘗試將世界上的物體、力量、特質進行分類的描述。雖然這樣的元素分類沒有什麼科學上的根據，物質狀態的科學概念與四種元素之間還是有所關連。物質有四種狀態，固態、液態、氣態和電漿，剛好與四元素的地、水、風、火分別對應。四元素也可以用於人類經驗的分類，因為可以與我們擁有的各種內在經驗相對應。

火的經驗會讓我們的情緒提起、升高，產生狂喜。水的經驗會向下流動，產生優雅與接納。地的經驗會往四面擴展，給予我們穩定與控制。風的經驗方向不定，讓我們能覺察其他人的心。

元素	方向	益處
風	不定	對心的覺察
火	上升	狂喜、提升
水	向下流動	創意、優雅
地	往四面擴展	穩定、控制、整合

在心律轉化法中，四元素有著特別的經驗意義，因為每個元素都可以透過專屬的特別冥想方法進一步發展，本書第三部會詳加討論。將四元素使用於心律轉化法，便能有效讓自己與心調整成一致，引導出心的不同特質與能力，讓你變得更能夠處理目前的挑戰。

你身上的元素

想更了解元素，可以參考本章所討論的十幾個小故事，這些都是心律轉化法實踐者的真人實事。故事依據四元素來分類。你可能會覺得有些故事很有趣，有些則聽起來很熟悉，還有些會讓你覺得不舒服。這些反應都很有價值，充滿了資訊。如果你參加了冥想練習團體，即使只有兩人對練，也可以從相互討論感想當中獲益。

在讀完這些故事後，可以問問自己，也可以互相提問：

1. 哪些故事最吸引你？有哪些故事讓你討厭嗎？只要你對某個故事有強烈的反應，不管是正面還是負面，重要的是情緒的力量，而不是力量的方向。

2. 想想該怎麼按照元素來分類這些故事，找出讓你產生最強情緒反應的元素。你可能會對好幾個故事有所反應。這些故事都屬於相同元素嗎？若不是，哪個故事讓你反應最強烈呢？這個元素是你很想讓自己發展的元素，也許是你在生活中最需要的，因為生活的需求與心之渴望常常會屬於同一種元素。

3. 哪些元素現在在你身上最強烈？你已經發展的那些元素，其實你可能沒有興趣。然而，有些元素不會讓你產生情緒反應，因為你

沒有經驗過，現在也沒有在培養或發展這些元素。有兩種情況，你會對這個元素沒有反應。一個是這個元素已經發展完全了，或者這個元素你沒什麼經驗。找出那些已經發展完全的元素。

4. 哪些元素跟你想要成為的樣貌最不相同？這個元素是你應該要注意的元素，你可以將它設定為想要達成的目標，透過冥想來完成。

建議你在閱讀過每個故事後，馬上記下感覺，這樣你可以在反應剛產生的時候好好記住。

壓力管理與內在力量（火）

身體情緒或精神壓力的反應，完全跟對生理壓力的反應一樣。因此，我們在情緒緊張時常常會反應過度，好像正面臨了身體的傷害。在感覺到壓力、憤怒或恐懼的時候，腎上腺素分泌會急遽增加，在你體內釋放出大量的能量。這種能量可以救命，出現在必須緊急求生的時刻。但這種類型的能量通常最適合粗暴的行為、快速的移動和短時間的利益：戰鬥或逃跑。腎上腺素分泌對大肌肉很有用，但會遮蔽心智，讓我們變得抵抗與防禦心很強。如果你的腎上腺素在股市下滑或小孩搗蛋的時候增加，你的反應可能不會太好，因為腎上腺素會讓你把事情過度簡化，不是好就是壞，並且強調短期效果，同時阻礙了你的創造力。

腎上腺素一旦升高，就會保持足夠的濃度，促進更進一步的戰鬥或逃跑反應，直到「危險」過去。很不幸，可能需要好幾個小時才能讓腎上腺素濃度再次降低，這期間會產生一種很熟悉的感覺，也

就是「把工作帶回家」。長期的壓力也造成各式各樣的健康問題。

我小時候常常在想，為什麼父親早上把所有的燈都關掉。在浴室、在他的臥室、在廚房吃早餐的時候，都必須關燈。對他來說，光線不只是討厭而已，似乎還會讓他覺得痛苦。長大以後，我了解父親的問題應該是嚴重壓力症候群。平常在明亮光線下會縮小的眼睛虹膜，在身體感受到壓力時反而會放大。父親的虹膜無法調節光線，反而讓他受傷。

普蘭

壓力會讓身體正常的自我調節機制無法運作，出現一些反常的行為。壓力會造成暴飲暴食，心臟、動脈、靜脈、肝臟、胰臟等負荷過重。壓力也會讓身體以為某種食物是強烈的毒藥，造成過敏、蕁麻疹、噁心、腹瀉等。在充滿壓力的情況下，我們需要比平常更好的解決問題技巧，但是壓力會阻斷通往腦部的血流，造成頭痛或失眠，也就是典型的「崩潰」反應。這些異常的反應會使我們更難解決造成壓力的問題。

我高中畢業時，就很清楚自己想進維也納大學的心理系。我如果不讀大學的話，就是在家族經營的旅館工作。想到要一輩子都在旅館工作，我就覺得快要窒息。我必須走出去，但是沒有任何支援。大

學的學費由政府負責，可是我還需要生活費啊。我的家人不會提供經濟支援，我沒有工作，在維也納也不認識任何人。我那時的男友要我去他在維也納的家，和他的父母一起同住。雖然很感謝他的好意，但那時我們才認識一年，而且我也只見過他父母幾次。

那時我的壓力真的很大，每天熬夜唸書，又得早起搭火車上學，但最讓我感到疲累的，是陌生的家庭結構，以及尋找自己的定位。當時，在對婚姻與家庭有著傳統觀念的天主教國家，住進男友家裡是件不尋常的事。我後來開始咳嗽，一直好不了。醫生診斷認為是肺弱，開給我抗憂鬱藥物。我記得自己吃了一顆，就覺得昏昏沉沉，很放鬆但是很詭異。我不喜歡這種感覺。我深入自己的內心，想找出真正的感覺。那時我清楚地了解到自己需要空間，於是我鼓起勇氣對我男友說，要不我們兩人一起搬出他家，要不我就自己搬出去。幾個月後，我們在維也納找到工作和房子。我的咳嗽好了，再也沒有復發。

蘇珊娜

壓力管理的入門方法一般是讓壓力散落，就如同讓水流順勢流下過你的背部，每個人在渡長假時都很自然會這麼做。有證據顯示，和不會冥想的人相較之下，冥想者的腎上腺素降低得比較快。即使是冥想的初學者，也能較有效處理壓力，因為冥想時會讓意識放鬆。所以，冥想能讓你比較不會把工作的壓力帶回家，很快就能脫離糾結的情緒。冥想也有取代酒精、尼古丁或其他鎮定劑的功效。

第二個大家會用來管理壓力的方法，是增加長期的力量，讓原

本是壓力的來源消弭無形。想想小時候什麼對你來說是壓力。那時的壓力，現在對你來說可能已經不是壓力了，因為你現在有更多個人的力量可以使用。學會了心律轉化法，就可以進一步增強能量層次，邁出更大的步伐。

這是一個完全不同的方法：不是讓自己遠離壓力源，或是排除身上的壓力，而是有能力讓自己的生理與情緒反應在波動更少的狀況下，處理更多緊張的狀態。目標是教導身體新的反應模式，不要依賴腎上腺素，而是使用你的心，也就是情緒力量的發電廠。這種力量會增加處理短期與長期壓力的能力，你就能夠面對壓力，而不是與之搏鬥或臣服其下。

萵登在軟體公司上班，為了工作鞠躬盡瘁，但他盡量不表現出來。將單機使用的軟體擴充成多人使用的案子是由他提出，當然要負責到底。後來，這個案子變得事關重大，賭上了公司與自己的尊嚴、名譽、職位和經濟保障。表面上看來，他將壓力處理得很好，但面對身體與家人時，壓力無所遁形。他不想降低對工作的要求，但這個案子要再做上九個月。因此他必須找到能在壓力之下存活的方法，甚至化阻力為助力。

每個人都告訴他要用聰明的方式工作，而不是過於用力。但是他們沒有告訴他，這是要用心來達成，而不是腦。萵登前來學習心律轉化法，希望能減輕壓力，結果找到方法觸及心的力量。讓自己意識到心跳，便能夠了解心之所望與目標。他覺得心的目標，不只是在壓力底下存活，也不只是讓案子成功。心的目標希望能有風格、

有美感，而且能夠留存一些能量給自己的尊嚴。雖然這樣的態度似乎提高了標準，讓工作變得更加困難，但卻大幅改變了葛登的做事方法，工作起來反倒簡單許多。透過心的運作，葛登獲得了原本不屬於自己的力量之池。他釋放了自己的創意特質，工作變得有趣起來。

有時候葛登發現自己又回到原本的工作方式，對失敗顯得焦慮，或是被恐懼綑綁，又或者變得機械化，開始計算工作時間。這個鐘頭的工作量和那個鐘頭的工作量並不相等，因此工作時間長短變得毫無意義。重點是要保持專注，因為專注的心智可以解決所有的問題。他試著用意志力讓精神集中，但沒有人有足夠的意志力一週接著一週維持同樣程度的專注，只有心才有辦法。他發現如果是用意志力養成練習心律轉化法的習慣，就能讓恐懼平靜下來，想起自己的心，想起對工作的熱愛。只要想起自己的心，就能憶起對工作的喜愛，和同事間往來的喜悅，也喜歡自己能對家人的支持有所回饋。在這樣的狀態下，他完全沒有了壓力，而原本的壓力應該會阻礙他達到現在這個狀態，是心律轉化法讓他打破了這種惡性循環。

在教導心律轉化法時，我們以實驗來告訴大家，透過擴大能力如何管理壓力。這是由一名專長於壓力療法的醫師所示範。為了研究壓力，必須找到方法讓每名受試者都受到同樣標準的壓力。醫師選擇的是極度冰冷的感覺。

醫師小心地把我的手臂泡進冰塊裡，從指尖到手肘。在沒有冥想的狀態下，不用一分鐘我就會感覺很難受。但是如果使用了心律轉化法，你對環境的影響會比環境對你的影響要大。在醫師加完冰塊之後，我進入了冥想狀態，覺得一股力量傳遍我的身體，我的手臂不再感覺到冷。我記得自己看著泡在冰塊裡的手臂想著：「這冰塊完蛋了，會被我融化。」因為我的手臂不會冷，所以不會覺得難受，代表接受壓力或驚嚇的腎上腺素指數也沒有升高，而且我的手臂也沒麻掉，所以我不是光憑「膽量」去「克服」壓力。這很簡單，我笑得很開心。

普蘭

如果你打算用「膽量」來面對，手臂還是會因為血液循環不良而變得慘白如雪。但如果運用心律轉化法的話，手臂會變紅，代表血液循環增加。這顯示心律轉化法讓我們產生一種不尋常的內在力量，讓身體面對危險的情境，不用啟動緊急的戰鬥或逃跑腎上腺素反應。「逃跑」反應會阻斷手臂的血液循環，避免寒冷擴散到身體的其他部位。為了讓身體活下去，手臂被犧牲了，變得沒有血色。「戰鬥」反應會大幅提高腎上腺素的濃度，心臟急遽運作，增加肌肉的血流，情緒變得緊張，開始感到憤怒、驚慌或恐懼，身體進入蓄勢待發的狀態。心律轉化法會增加遭受攻擊部位的血流，但心跳只會加快一點點，而且不會出現憤怒、驚慌或恐懼的情緒。我們只會對心的力量充滿信心，知道心能夠改變環境的力量，大過環境會

改變心的力量。

和小船相比，大船較不會受到波浪的影響。

能量巔峰的體驗（火）

心律轉化法會產生一種能量，比腎上腺素大量分泌的力量更強大且更細緻。這種能量可以精準且有效地引導駕馭，而且伴隨著高度的覺察與心智的澄澈，不管是用於個人突破或是待人處事，都可以獲得顯著成效，你會覺得比以前更有力量、更加正面、更能自制、更能「在中心」。正面與自制的感覺，對於後續的冥想階段來說非常重要。

透過冥想，你的體力變得更好，譬如熬夜工作但頭腦仍清晰警覺。大致上睡眠的需要會減少。我們身體所需要的睡眠，基本上會少於心智所需要的睡眠，因為頭腦整天都篩選、分類它接收到的訊息。

葛洛莉雅是一名銀行經理，希望藉由冥想在晚上時減少一小時的睡眠時間，以便多工作一小時。心律轉化法讓她進入有意識的睡眠狀態，比一般的睡眠更有效率，頭腦能夠縮短篩選分類所需要的時間。透過這種方法，葛洛莉雅以前平均睡眠八小時，現在只需要六個半小時，而且不會感到疲累。她在上床睡覺前和起床後，分別花十五分鐘冥想。的確，睡眠縮短了一個半小時，但是冥想多花了半

小時，所以得到的淨值是一個小時。多花的冥想時間讓她能夠用較少的睡眠來維持白天的生活節奏。

心律轉化法的進階學習者，通常都會感覺到能量的巔峰，遠超過他們經驗過的興奮狀態。這就是為什麼進階冥想者會持續練習的原因之一：沒有什麼能夠比得上這種能量的巔峰經驗。

在學習心律轉化法之前，菲爾曾經試過毒品。古柯鹼和其他興奮劑所帶來的狂喜與無所不能的感覺，讓他無法自拔。他也喜歡極限運動，像是賽車，他才覺得自己真正活著。菲爾學習冥想之後，生活方式改變了。自我所散發出的能量非常飽滿紮實，由於渴望了解自我而去尋求的外在刺激，就這樣被取代了。他變得比較不那麼瘋狂，而且更為體貼。

冥想帶來的「亢奮」會比毒品或刺激的效果更讓人滿足。一旦經歷過這種感覺，外在刺激便失去了吸引力。冥想的效果包括：

● 效果持久
● 易於控制
● 狂喜
● 沒有副作用

危險刺激產生的興奮，是腎上腺素的作用，會導致追求短期成效，讓你無法就「大局」來考量。心律轉化法帶來的興奮則是一種極為喜悅的感覺。毒品無法在使用者身上產生能量，只會向未來借貸。使用毒品就像是借高利貸一樣。心律轉化法不會透支一個人的能量，而是透過增加自我與自然之間的互動，累積我們經驗的總體能量。

勇氣與力量（火）

要成就非凡的事業，需要非凡的能量。在冥想中發現的能量，可以讓你擁有勇氣和信心去：

● 有信心面對危機或敵手，但不憤怒；非常強大，但不會降格做出人身攻擊。
● 當別人還在緊急狀況的沼澤裡掙扎時，你可以透過記起問題的重點「抓住高地」往上爬。
● 雖然很困難，但要做正確的事。
● 在別人失望的時候向他人散發力量，鼓勵並給予他們力量，好讓他能夠面對問題並找尋有創意的解決方案。

有些冥想者會透過一些不可思議的方法，來產生與使用能量。舉例來說，「凝視太陽」——把我們的想像和理解推到極致。心律轉化法不會要你去凝視太陽，但會運用同樣的內在力量，真切的凝望、無畏的氣質與永存的喜悅，去面對每天會發生的狀況。想想某

個會讓你失去自信的狀況，想想你覺得最難做的事情。

我們要請三名心律轉化法課程的學員分享他們如何心生勇氣的經驗。

一名實業家聊到他曾因為案子有困難必須回頭去找投資者，要求投資更多金錢。接下來的六個月現金流無法收支平衡，而需要過渡資本。這需要很大的勇氣，並不是很容易的一條路，但他發現自己擁有內在的自信，能夠讓日子過下去。

一名醫師提及他剛剛完成一個手術，但卻沒有改善病人的狀況。他認為再開一次刀就可以成功，但可能發生意外。他必須說服醫院高層及病人家屬，這是值得嘗試的手術。因為是自己提出的建議，他感覺責任重大，非常焦慮。不過他的心覺得這是一件好事，後來手術成功，病人也復原了。

一名投資經理人描述自己面臨的狀況。他所提出的投資組合，並沒有在三個月後讓基金收益增加。他根據自己所知，長期下來能夠獲益的實際原則，重新調整資產，變更了風險因子。他認為自己必須堅持這個方針，等待改變產生效果，而且需要頂頭上司的支持。短期收益的績效有很多種不同的看法，但長期收益只有總報酬率才是最重要的。因為已經和自己的心合一了，所以他很直接淺白地將提案呈現在 CIO 面前，運用來自真正自信的力量，而非佯裝的勇敢。他的心讓 CIO 能夠用同樣的心來回應，所以他爭取到了需要的時間。接下來的那個月，在市場修正之下，其他投資組合都受創，唯獨他的沒有。證明了他的策略是有效的。

勇氣就像黑暗中的太陽。這不代表去想像你的眼中擁有太陽的力量，而是把自己當成太陽。冥想者變得像太陽一樣。冥想是一種存在之道，不只是思考而已。

運用你的感覺（水）

當心開始活躍，就會打開另一個世界讓我們體驗。通常來說，我們在每天生活中所經驗到的事情，都是感官可以察覺的，沒有其他。但如果可以開始感受並體會心的精微感覺，那麼雖然走在同樣的地地上，生活在同樣的陽光下，但卻存在於不同的世界。❷

我們有時不信任自己的感覺，因為感覺不能客觀分析或用意志控制。據說在做生意上，不能在決策時用「個人感覺」介入。然而，最成功的人承認會用「直覺」和其他非理性的手法，做為決策時很重要的元素。如果只想靠理性行事，半點情緒都沒有，那就只是在騙自己而已。

在想法的背後都是情感。如果感覺改變了，思緒也會很快隨之改變。感覺沮喪的時候，對任何事情都會覺得悲觀。但開心的時候同樣的情況會讓你感覺樂觀。重點是要讓你的感覺與目前的工作相配合。將情勢想得透徹可以獲得效率，但用感覺去體會情勢可以更深入，讓你能運用到遠超出自己理解的能力。

● 要扭轉糟糕的情況，首先必須完全進入災難裡，讓自己百分之百體會，毫無保留。然後讓自己脫離這種感覺，進入充滿希望的狀態。不管是什麼，只要可以有效轉變個人的情緒，在適當的轉化之後，就可以改變這個狀態。

● 另一方面，要充分利用機會，首先必須充分感覺這個機會的榮耀與喜悅。接著，不要直接表達這種情緒，而是先抑制住，讓這種情緒在適合的狀態下，自然從你所作所為湧現。

運用情緒的困難處在於，必須經過練習才能在情緒湧現時注意到並加以分辨。我們常常會將情緒與自己合而為一，譬如會說「我很沮喪」，而不是「我有種沮喪的感覺」，這樣會讓我們很難運用感覺。情緒與自己合而為一，會讓這些情緒與自己太接近而無法看清。然而，透過某些冥想方法，你可以清楚分明地覺察到精微的情緒，但不必認同它們，如此一來，你便可以輕鬆累積出豐富的辭彙，來形容不同的感覺。

也許你在生活中有過覺得遭受背叛的時候，但也有覺得受到肯定的時候。你必須只專注於目前狀況所適合的情緒，不然你的動機和行為會混淆混亂。試想，如果有個曾經傷害你的人提出一個你喜歡的想法，你會希望用自己真正的感覺正面積極地看待這個想法，讓自己脫離受傷的情緒，與這個曾經傷害你的人對話。心律轉化法能讓你所有的情緒變得更清晰，你才能以最能幫助自己的方式來運用。

一種感覺通常是另一種感覺的掩護，舉例來說，憤怒可以掩護受

傷。我們感覺到憤怒，但在憤怒底下，其實感覺到的是受傷。在表達出憤怒的時候，我們會覺得很痛快，可是如果能表達出自己受傷的情緒，才是更誠實的做法。說「我很受傷」，而不是「你讓我生氣」，比較能夠在對方產生防禦反應的當下，打開他們的心房。

擴大自己掌握情緒的能力，便能與他人更寬廣的溝通。其結果之一就是能與另一半更親密，另一個結果則是發現更深刻真誠的友誼。

瑪莎心情非常沮喪，結果對所有的事都看不順眼，極度疲倦卻又失眠，連原本讚賞或渴望的事物，都讓她覺得悲觀或冷漠。她沒有抱怨，真的。她還希望自己能抱怨出口，因為這樣比較會有動力起身下床做些事情。她的心裡有某種說不清的不滿。這種沮喪其實不是一種情緒，而是缺乏情緒。她的丈夫鼓勵她練習冥想，她不感興趣，而且覺得他管東管西很煩。然而，她很快發現冥想一點也不討厭，也不需要花太多力氣。此外，在練習心律轉化法的時候，她發現自己的呼吸帶有一點點情緒，好像是她很久以前遺忘的一段回憶。在更多練習之後，她覺察到一種非常強烈的情緒被困在名為恐懼的沉重地板底下。她發現這種隱匿的情緒和她對這種情緒的抗拒之間的掙扎，正是她對生活完全失去感覺的原因。繼續冥想下去，這股源頭深層的情緒開始變強，但她對這個情緒的恐懼也加深，所以這種情緒一直被掩蓋在她的覺察底下。她開始找到一些自己無法產生感覺的線索：雖然可能有許多人羨慕她的生活，但她其實對於生活有著深沉的不滿，同時渴求別種事物。冥想帶著她來到感覺中心最讓

她不舒服的地方，她聽到了內心在尖叫，她這才知道她真正害怕的
是去面對自己的改變。

　　若沒有冥想，我們幾乎無法得到這麼多關於內在狀態的資訊。
在太多的例子中，陷入沮喪，代表苦惱的求助沒有得回應，而這樣
的狀態有時候還可能持續好幾十年，最後讓身體變差，引發疾病。
然而，透過心律轉化法，我們可以深刻地感受到恐懼，以及這份恐
懼所控制的渴望，因此絕對可以得到自然的解決方案。就像已經熟
知對方的兩名戰士，他們相互尊敬，甚至相互崇拜，恐懼看得見渴
望的力量，而渴望也聽得見恐懼對於生命脆弱的警告。最後兩者結
盟，釋放了原本所造成的情緒阻塞。

閱讀他人（水）

　　有些人會使用複雜的邏輯智慧和語言包裝來隱藏自己的感覺，甚
至騙過自己。一般人通常不知道自己的感覺，即使知道，也很少告
訴別人。如果能夠感覺到別人沒有覺察的他們自己的情緒，你就可
以幫助他們。透過語言的溝通，他們也許只會微微顯露一些感覺，
但你有別的方法用非語言的方式直接閱讀他們的情緒。

● 首先，覺察自己的感覺，手放在心上，將你的呼吸與注意力引導
　集中在胸部中央。
● 然後，在心律轉化法以心為中心的階段，讓自己接收對方的一

切，不要抵抗也不要評斷。你會發現對方的情緒在你的心中湧現，就好像是你自己的情緒一樣。

● 與對方分享他們讓你的內在湧現怎樣的感覺，好驗證自己的體驗。注意對方是否和你有相同的感覺。

　　要能閱讀他人的情緒，先決條件是擁有感覺自己精微情緒的能力，對情緒的範圍與種類了解甚廣，而且非常熟悉。如果我們跟著鋼琴唱歌，只有和唱出的音符相對應的琴弦才會產生共振。你的反應可以變得和樂器一樣精細，讓他人的情緒振動與你的內在產生共振。

　　你工作的醫院發生了火災，戴夫是最後一個出現在起火點的人，大家因此指責他，認為他要對失火負責。你和戴夫的私交很好。他堅決表示自己與火災無關，希望你能幫忙說點話，因為這樣的指控會毀了他的工作。你和他見面的時候，接收了他的感覺，但驚訝的發現自己竟產生這樣的情緒：你覺得很內疚，好像是你引發了火災一樣。戴夫表現得很坦白真摯，而且你對他接下來可能的遭遇感到遺憾，但你必須說動他為自己的行為負責，因為你知道他的內心其實深深地陷入懊悔。❸

　　你一直覺得蘿拉是個值得信賴的同事，而且是很要好的朋友。不過她剛剛做的一些事情讓你不禁懷疑起來。你很容易會認為她是為了自己的利益而故意攻擊你，也許還是為了幫助你的對手。你需要知道自己是否能夠繼續信任她，依賴她的支援，或是判斷她真的在

想辦法讓你出錯。你去找她，在她講話的時候睜著眼進入了冥想狀態。在冥想的狀態下，你只感覺到自己對於她的敬佩與忠誠，這可以判斷是反應在你內心中，蘿拉對你的感覺。所以你了解她還是那個好朋友，只是沒注意到自己的行為對你造成了怎樣的影響。

創造力和魅力（水）

磁場是個很好的範例，讓你了解在現實中看不到但感覺得到的部分，即使儀器、有些鳥類和其他動物，或是敏感的人也可以偵測得到磁場。人類、植物和動物都有某種磁場，他們會透過這些磁場互相交換能量。你應該知道所謂「這個人很有吸引力」是什麼意思。現在已經有一些初步的科學方法可以測量這種磁力。維持住內在的磁力，就會產生創造力，如果將磁力宣洩於外，就成了魅力。

基本上，別人會希望獲得你的磁力，因為你的磁力可以讓他們蓄電，充滿能量，就像發電機幫電池充電一樣。不管是生理、心理或情緒上疲倦的人，都需要你的磁力幫他們補充能量。磁力可以透過你的出現散發出來，所以大家都喜歡跟你在一起；可以透過你的眼睛散發出來，所以大家喜歡你注意他們；可以透過你的話語散發出來，所以大家喜歡聽你說話；透過你的微笑散發出來，所以大家都希望你開心。要讓工作夥伴發揮最大的潛力，你就必須給予他們磁力。而你則是從自己最深處的情緒重新充電，這其中最有效的方式就是冥想。

文生正在對客戶團隊簡報。他清楚流暢地解釋著，對自己充滿信心，然後客戶開始發問。有些問題他可以回答，有些則是出乎他的意料，迫使他必須好好想清楚。問題似乎一直問不完，總是有其他問題。文生的思考開始枯竭，講話也結巴起來，支離破碎，眼神飄忽不定。他覺得自己被強大的火力攻擊。客戶不管怎樣都不滿意，每個問題都像是另一波的攻擊。

然後文生想到，人們需要的是磁力，而不是答案。客戶是在試探他，想知道他的本源有多深。他們其實沒有要知道問題真正的答案，而是想從中獲得靈感與創意，讓自己能夠處理問題。文生停止去想反正無法讓客戶滿意的答案，他只是微笑地回答說：「我們可以一起想辦法解決。」他的笑容不是試探，也不是演戲，他深入自己的情緒，得到的回應是要以散發出肯定與承諾的笑容來面對客戶。客戶停下發問，不久後便滿意地收起筆電離開。其他同事對於文生能讓客戶不再攻擊，感到欣喜若狂。客戶需要鼓舞人心的能量，好讓他們找到具有創意方法來解決問題。文生透過探索情緒恢復了自己的磁力，客戶則得到了能量，並使用這股能量來自己解決問題。

周圍的人對你的需求很容易讓你枯竭。如果你不阻止他們，大家會把你所有的磁力都吸光。你會發現，如果跟別人在一起時給出太多磁力，會讓你覺得有點心情不好。我們可以在其他人想要吸光自己的時候，重新充電，恢復情緒能量，也就是創造力與魅力的本源。冥想是最快速的方法，你的身體會馬上感覺到冥想的效果，尤其是

在胸部的位置，其他人也都可以感覺到。

幸福（水）

然後是幸福的問題。我們會覺得，朋友對我們好，大家都支持我們，或是賺了很多錢，就是幸福。但這並不是讓我們變得幸福的方式，有時候反而正好相反。因為感受不到幸福會讓人想要責怪他人，覺得都是別人阻礙了我們變得幸福。其實並不是這樣。真正的幸福不是去爭取獲得，是探索發現而來。

人類之道就是幸福，所以我們會渴望幸福。幸福無法進入我們的生命，是因為我們關上了心門。心要活著，幸福才可能存在。有時候心會半死不活，同時期盼別人的心給予我們生命。但心真正的生命，是要憑藉自己的幸福獨立活著。這必須挖掘內心深處，透過精神來獲得。❹

的確，幸福來自我們的內心，而不是外界的事物。

克莉絲汀娜在開始學習心律轉化法之後，打從心底感到幸福。她把這樣的心情帶到工作上。順利的時候，她就和其他人一樣開心；不順利的時候，她也能抱持希望。她不是為了讓自己幸福而工作，她本來就很幸福。

一開始老闆以為她不在乎或者沒感覺到公司的問題。一段時間之後，他發現克莉絲汀娜其實對一切都能深入感覺。她的情緒能量非常豐富，失望並不會干擾到她。她是一位無法停下來的員工，靠的

是情緒，而不是意志力。有一天老闆問她：「是什麼讓妳這麼樂觀呢？」她回答：「樂觀是從心而來，而不是靠理智思考。」❺

大多數人會覺得要擁有這個或那個才能得到幸福，但其實不是這樣。

我們可以住在一個充滿娛樂、消遣、快樂與美好的社區，過二十年這樣的生活。但當你意識到自己內心深處的活動，就會覺得這二十年是一片空白。活著的心過一刻鐘，也比死掉的心過一百年要來得值得許多。

幸福是活著的心最自然的狀態。

有一種幸福，是理解到你不需要任何理由才能變得幸福。❻

宗教有時候會因為儀式與道德，特別不去強調個人的幸福。雖然心的道路就是幸福。但宗教也不需要擔心，因為這不是享樂主義。幸福，和歡愉不同，不是來自某種特定的感官或活動，甚至不是因為隨心所欲或獲得獎賞而來。幸福是一種生活與心之間的和諧，是真正的靈性體驗。幸福除了明顯能讓自己變好，也可以讓別人變好。如果你很幸福，就會產生同情心，就像你要覺得自己很豐盛，才會慷慨大方。此外，如果自己還有很多問題要處理，那就不可能想到別人。

心活了，人才活著。心要能夠同情，才會活著。沒有同情的心，比石頭還要糟糕。石頭畢竟有用，但沒有同情的心則會產生厭惡。❼

生命的目的是要獲得幸福。我是個佛教徒，對於這個目標來說，我發現人的心理狀態是最大的影響因素。為了改變我們外在的狀況，不管是環境或是人際關係，首先必須從我們的內在改變起。內在平靜正是關鍵。（達賴喇嘛）❽

幸福來自你的心，這是怎麼說呢？你的心會記得你的生命目標，透過你的興趣與熱情，引導你朝目標邁進。而朝著目標邁進的過程，就會產生幸福。

即使心臟離開了身體，心肌還是會繼續有韻律地收縮，心肌細胞天性如此，它們喜歡跳動。心肌在心智休息的時候，甚至你屏住呼吸的時候，還是會持續跳動。控制呼吸的肌肉有兩種，但心肌只有一種。心臟的一生一點都不無聊：因為它需要因應身體其他部位的需求而調整。有時候心臟會跳得非常快，突然加速；有時在守夜的時候則會跳得很慢。每個細胞都可以感受到心的回音。

心臟就是幸福的比喻：擇你所愛，全心去做，為了自己去做，不需要別人的注意。但是也要傾聽他人，調整自己以符合對方真正的需求。對於自己的影響範圍要有所覺察，無時無刻都要保持同樣的節奏。

專注（風）

專注是獲得成功的祕密，但很少人能夠完全專注。在運用心律轉化法的技巧時，專注的能力會大幅提高。練習專注於自己的心，可以馬上應用到其他需要專注的事情上。

在心律轉化法的課程中，有一群高階主管正在練習一個簡單的專注技巧，如果有人分心了，很容易可以看得出來。他們必須靜坐三十分鐘，大概有一半的學員可以做到，其他人會無意識地扭動，或是因為感覺到不適而移動身體。最後，每個人都很清楚自己屬於哪一種，所以我們也無須挑明他們是成功還是失敗。我們只是要求他們再次靜坐，並運用自己的心跳。第二次嘗試通常比第一次更容易失敗，因為累了，專注力下降。但是透過心律轉化法，他們便有辦法做到。原本需要很努力保持靜坐的人，發現第二次很輕鬆愉快，一點都不困難。其他人也很開心，因為自己一下子就克服了原本失敗的地方（這項練習的說明請見第五章）。

分心是內在與外在的感官所引起，不過我們發現進階的心律轉化法冥想者，甚至能夠在吵鬧與干擾眾多的環境中進入冥想。

在梅寧格精神診所，有三名不同程度的冥想者分別接上了腦波儀，

要來檢驗他們的冥想能力。在三人都呈現出進入冥想的腦波後，實驗室的門打開了，又大聲關上。根據腦波顯示，初學者馬上脫離冥想狀態，再也無法進入。進階者的腦波有幾秒鐘的擾動，然後慢慢回到專注的狀態。大師級的冥想者在干擾的狀況下，腦波一點都沒有改變，顯示他的專注力完全不受影響。

放鬆比想像中要困難，需要大量的專注力才能完全放鬆。我們的肌肉即使在靜止時也會保持一定的張力，這股張力可以維持上好幾年（測量肌肉組織中的電流，就能知道肌肉張力的數值）。經過練習，就能學會「深刻放鬆」，而且能夠輕鬆愉快地增加專注力。

有了專注力，你便能將自己的線性思考轉換成創意思考，反之亦然。左半腦優勢的人比較擅長邏輯與線性思考，右半腦優勢的人則是擅長概念性與創意思考。有種簡單的冥想能讓你監控自己的腦究竟屬於哪種優勢，並能隨時切換。總有一天這種技巧應該教給我們的下一代。在此同時，那些知道該如何將專注力集中在目前工作上的人，很顯然擁有優勢。祕訣在於心的左／右能量，掌控了腦部的右／左半球優勢。

蘇珊又在開一個永無止境的會議，想辦法整合她底下兩個銷售部門，但大家一直在討論一個接一個雞毛蒜皮的細節。她知道這種程度的細節討論，就是大家一次能處理的範圍極限。因此她運用了心律轉化法的呼吸，將自己的優勢腦轉換成右半腦，然後發現了兩個

部門在一個整體採購的經驗底下可以合作的方式。接著她從那個角度切入，帶著大家廣泛地檢視整體銷售概念。等到對於高階議題有了共識之後，細節討論就簡單多了。兩個部門合併成一個較大的部門，銷售單位也重新設計。新的銷售總額遠超過以前兩個部門的總和。

思考會跟隨心而調整。如果你想要直接控制你的思考，它很容易會溜到別的地方去。但你的思考會像竹筏隨著河水漂流一樣，跟著心的渴望走。

洞察力（風）

我們都住在同一個世界，但對世界的看法非常不同。冥想者發展出一種洞察力，可以穿透事情的表面。因為對波動相當熟悉敏感，所以能夠覺察事物的本質。

吉姆的工作是收購有機農產品。健康食物的理想對他來說非常重要，但是他注意到，因為有機蔬菜在市面上價格很好，吸引了一些比較不是那麼堅持理想的農人，所以他對於純有機農業的檢驗標準十分小心。有一次在探查農場時，他覺得農場主人似乎在隱瞞什麼。有一塊田剛施了肥，吉姆要求去看一下。他挖起一些田裡的地，農場主人向他保證，肥料是百分之百有機。但是吉姆覺得手中的感

覺很奇怪。他站在太陽下冥想了一會兒，雙眼盯著手中的土壤，然後他感覺到嘴巴裡泛出一絲輕微但很明顯的腐敗味道。吉姆告訴農場主人，他知道這不是有機肥料。農場主人只好承認他加了「一點點的化學肥料」，好讓產出更高一些。吉姆說：「我無法購買你的作物。」

洞察力也可以應用在自己身上，以便確實接收到能夠引導你與目前狀況協調的內在訊號，讓你採取最有效的行動。

對於別人的洞察，不只可以得知他們目前的力量，還能夠看到他們未來的樣貌。祕訣在於用心去看，而不是靠分析判斷的邏輯思考。不要只在意他人的話語和行為，要多理解他們的動機和欲望。

當查爾斯登廣告想找個特助，他知道自己想找的，是能夠在十年後接替自己位置的人。要怎麼在這麼多應徵者中找到對的人呢？他把應徵者聚集在一起，給每個人一張紙，要他們寫下姓名和履歷。寫完後，查爾斯要他們把紙揉成一團丟進廢紙簍裡，接著再問他們：「為什麼把你的紙丟了呢？」所有的人答案幾乎都一樣：「你要我丟的。」只有愛麗絲回答：「因為我想丟。」最後查爾斯選擇愛麗絲做為他的助理。

直覺（風）

一九八七年十月的那個黑色星期一，是有史以來紐約股市在一天之內跌幅最大的日子，證券交易所有很多人得到工作，也有很多人丟了飯碗，端視你有沒有看出這樣的曲線走勢。有些人很清楚地看出來了，他們把錢從股市收回，發布消息告訴他們的朋友。那些「知道」的人並不是因為自己的洞見是靈視力或超能力，他們看的是經濟指標及「直覺」。我們經常會有直覺，但它也會受到我們其他心理活動的「噪音」干擾。

我不相信算命，但有些塑造未來的因素，現在已經可以看到了。冥想讓心智得以用這樣的方式運作，將許多邏輯上不相關的因素整合成單一的現實。藉由冥想，你應該可以分辨可靠的直覺與不可靠的幻想和希望。久而久之，直覺會越來越常出現，聲音也會越來越大。最後，你對於未來趨勢的感知能力應該可以大幅增強。

凱撒曾說：「好的執政者必須看得遠。」你的工作會需要你預見在未來中逐漸成形的阻礙並將之導正，避免自己和底下的團隊遭遇危險。你所知道的比你相信自己知道的要多很多，冥想會幫助你精煉出所需要的知識。

直覺的另一項用途，是可以看到現在別的地方正發生什麼事情。你可以與不在場的同事連結，直接分享他們的體驗。

約翰最近將有一次重要的業務拜訪。他以前見過鮑伯，但不知道鮑伯對他的印象究竟是好是壞，所以，約翰不知道該保守一點表現他

的計畫，以預防麻煩並對所有的問題都做好準備，還是要將之視為大好機會，表現得積極進取。約翰進入冥想狀態，與鮑伯連結，發現鮑伯對他頗有好感，願意和他一起向前，分享他的興奮熱情，而不是將注意力放在可能的阻礙上。所以約翰朝著友善合作的方向準備，也的確獲得了這位客戶。

南西要在海牙負責帶領一組從未合作過的團隊。她只見過經理幾次，有一些粗淺的認識。每個禮拜她都會收到經理的報告，每個月則是會計師會送來月報，但她不覺得自己真的知道所有的狀況。經理只告訴她她想知道的事情嗎？他真的盡其所能想要發展新的事業嗎？在與對方見面的前一天，南西進行了常做的心律轉化法，專注地冥想著她的下屬，她感覺到深層的矛盾情緒。第二天，她便問經理為什麼感覺矛盾。對方卸下心防，告訴南西他發現公司的營運有些不太道德的地方，他很掙扎，不知道該怎麼處理。南西要他把知道的事情都說出來，然後和歐洲分公司的主管開了一次會，讓經理能夠公開地說出他的發現。於是，經理在自己和南西的關係中感受到了解和安全，從此以後便對南西知無不言、言無不盡。

自我掌控（地）

想要讓自己變得完整，第一步就是發展自我掌控的能力。無法掌控自我的人不值得信任——你的意圖可能是好的，但是一個差錯可能就毀了一切。要受到信任，就必須先能信任自己，知道自己擁有清楚的動機和良心。這樣一來，即使是無意識的動作，也會與自己

的目標保持一致。要讓別人覺得你是個負責任的人，就要對自己負起責任。

大家對傑克又敬又怕，他可以讓屬下覺得大家都是一家人，也可以讓他們覺得擔心害怕又生氣，總之完全看他的心情，而且沒有人知道他的心情究竟是怎樣，可能這一分鐘他不想聽任何事，下一分鐘他又會大吼：「怎麼沒人告訴我？」對於屬下，他說開除就開除。傑克覺得自己從不犯錯，而他的屬下老是犯錯。他做事明快，不管是做決定或是推翻決定都一樣迅速。他的決定好像是看誰最後和他說話。但有些時候，他又很頑固，堅守自己相信的那些觀念。在他身邊的人很兩極，尊敬他的人很多，但敵視他的人更多。雖然他的經驗非常豐富，也獲得很多非凡成就，但他無法受到信任，因為他的個性實在太失控了。

傑克透過學習心律轉化法來建立自我掌控的能力。在他心情「好」的時候，練習冥想很容易，但在心情「壞」的時候，根本就想不起來要冥想。但經過一段時間的練習，終於不管在心情好或壞的時候，都能產生效果。雖然他的脾氣還是很大，但他開始有辦法在盛怒之中想起要進行心律轉化法。最後，他終於學會控制呼吸，也控制情緒。他可以從自己的心跳感覺到心比較放鬆，他的屬下的心也因此放鬆了。

心律轉化法能夠增加自我掌控能力。這裡說的自我掌控，指的是

你能夠去做你想做的事情，而不是做出你不想做的事。舉例來說，如果有自我掌控能力，你就能：

● 掌控自己的欲望、衝動和癮頭（我們或多或少都對某些事情成癮）。
● 對於身體健康有著非常明顯正面的效果，尤其是心臟、神經系統和一些腺體。
● 對時間的運用很有紀律，能夠明確完成目標。
● 心口如一。
● 對旁人很有耐心

自我掌控能力即使只增加一點點，也能對你的成就與自我感受帶來實質的效益。自我掌控必須能夠控制心智。要控制自己的心智，首先必須能控制自己的身體。要控制自己的身體，最重要的是能控制神經系統。以冥想者來說，他們的自我掌控能力非常驚人，有些人可以控制自己的心跳、血壓、新陳代謝、體溫，甚至是傷口癒合的速度。

要成為你想成為的人，你需要最親密的戰友協助：你的身體，還有心智。如果你透過專注和節奏來訓練身體和心智，它們就會回應你的願望。

信任與值得信任（地）

信任的建立是透過行為與人際關係的持續與穩定，而不可預見的

狀況則會測試信任的可靠程度。

凱西的母親在她很小的時候就過世了，父親酗酒，因此無法在情感上與她有任何連結。凱西沒有人可以信任，只好學會自己承擔一切。這樣的生存機制讓她在成年後的人際關係處理上變得很晚熟。她很多疑，對於信任、穩定與親密多所挑剔，因為從小就對這些情感不熟悉。正是如此，她下意識地覺得自己會被拋棄，所以無法接受有人會愛她的事實。結婚後，她會下意識地測試丈夫的承諾，在他人面前藐視他，不管他做了什麼都看不順眼，而且在情感和親密關係上顯得疏離。即使丈夫不離不棄，凱西還是不滿足，因為她無法想像丈夫不會離開她。

凱西第一次嘗試冥想，走進心中深處時，覺得痛苦得難以忍受。還好，她的冥想導師幫助她了解自己會變成這樣，是為了不讓自己擁有一直渴求的內心體驗。

過了好幾年，心律轉化法終於讓凱西發展出一些信任的能力。這轉變來自於，當她每次要尋找心跳，它總是在那裡。對於一個從沒有這樣做過這件事，或是沒有信任議題的人來說，難以想像這個簡單的事實會產生這麼大的衝擊。這不是我們在健康檢查後可以記錄下的數據，而是一種親密的體驗，感覺到心在內裡不停地跳動著。凱西發現自己至少可以，也必須相信這個事實：她的心會在她活著的時候一直跳動，分分秒秒、歲歲年年，而她的無意識會讓心跳持續下去。

透過直接經驗到自己的心，凱西對愛敞開；透過心跳的持續跳動，

她釋放了自己信任的能力；而透過上面這兩件事實，凱西也開始接受丈夫的愛。持續深入的冥想練習，讓凱西最後發現她可以保有婚姻，覺得自己值得信任，超越了原本生存機制的限制。

練習冥想就像是探索一座城堡——心智的城堡。因為經常探索的結果，和一般尚未探索過內在的高度與深度的人相較，冥想者的心智比較不容易受到驚嚇，所以，比較能夠處理、面對各式各樣的意外事件。

信任需要誠實與互惠。我們不會相信一個不相信我們的人。但究竟該從哪裡起頭？首先要覺得自己內在有某些值得信任之處，然後你也可以在他人身上發現值得信任的地方。這樣的人通常比較「深刻」，能對事情深入的思考。而冥想可以發展出這樣的特質。

瑞士的冥想大師聖尼古拉（Nicholas of Flüe）就是一個值得信任的人。一八四一年，瑞士正處於內戰邊緣，法語派和德語派同時找上他。聖尼古拉建議他們組成聯邦，不但解決了衝突，後來許多政府也採用這個模式，包括美國。這是因為雙方都信任他，所以希望他出任公職。大家都知道聖尼古拉有智慧又公平，而且沒有私心。

現在有誰值得信任呢？在拉丁美洲，羅馬天主教的樞機主教有時候會負責調停和平談判，因為雙方都很尊重他們。在這個國家、這

種時代，需要怎樣的特質與資格才能廣受尊敬與信任呢？正直是這個世界評價最高的特質，想要變得正直的人必須願意捨棄自私的心態。簡而言之，要證明自己很公平，就要能夠做出違反個人利益的決定。

公司裡的每個人都希望別人覺得自己正直，但是沒有人願意讓別人佔便宜。這是一個崇高理想，就像神一樣，所有的員工都渴望變得如此。但是這個理想卻難以捉摸，因為沒有人知道怎麼定義正直，也沒有人知道該如何培養這項特質。但是大家都可以感覺到，也很容易知道誰不正直。擁有這項特質的人甚至會因此扮演起他人的知己和導師。

自我認知（地）

要對他人誠實，就必須對自己完全誠實。但自己是什麼？自我認知來自許多不同的本源：經驗、自我探究、人際關係、達成目標、面對挑戰等等。然而冥想提供了一種獲得自知的方法，非常迅速有效，和其他學習認識自我的方式相較，簡直是大躍進。

從冥想演化而來的其中一個自我模式，就是我們其實是由許多亞人格組織而成的一個組織，而這個組織是由自我來帶領。

你負責要執行一個計畫，有很多待辦事項，要與人會面，要協調各種事情。然而最困難的是整合你自己內在的專業團隊。喜歡寫作的你希望獲得成就感，覺得有個機會想要主導幾天；喜歡社交的你想要藉著這個計畫好好跟許多人聊聊；身為孩子的部分只想好好玩一下這個模式；你的身體也想獲得關注，可能會成功地讓你暫停工作吃個點心或運動一下；然而，負責金錢管理的部分平時都很膽小，只有在不得不的時候才會工作，所以明明是很重要的工作卻常常被忽略了。

　　所有的亞人格各有貢獻，但需要統合之後才能完成目標。如果身體與大腦不協調，就無法走路，即使所有的器官都功能健全。自我其實是負責統合協調整個團隊的功能，但我們通常一次只能認同我們能力的其中一部分。我們所認同的部分，就是當時負責掌控的那個部分，因此在寫作的時候，我們會說：「我是個作家。」

　　如果我們認同的是統合協調的自我，而非單一亞人格，就能夠維持身心整合並達成目標。身心不整合，是因為內在的各個部分方向不一，所以別人會覺得我們的行為缺乏一致性。自我要負責統合並引導所有亞人格團結合作，發揮完全的能力，目標一致，動機不相衝突等等。負責統合協調的自我，因為擁有自我掌控與自我認知的能力，既強壯又聰明，能讓所有的亞人格團結起來工作。

　　在冥想的時候，你能夠認同每一種內在的亞人格，並強化負責統合協調的真正自我。這種自我的概念相當古老，讓歷史上許多的偉

人理解到，自我不但需要尊敬，也需要控制。能在這兩者之間取得平衡，是真正的藝術，為了發揮我們全部的潛力成就真正的自己，我們需要這個藝術。

保持自然（所有元素）

成功有很多條路，對這個人有效，對另一個人不見得有效，只要遵循適合自己的方法，就能獲得成功。冥想的方法有很多種，每個人需要的方法不同，必須是適合自己的道路，並提供正確的挑戰。不管你是想追求事業或是個人發展，你的練習都要符合自己的類型及自我覺察目前的層次。

第三部分介紹的四種元素呼吸，可以讓你體會元素，增強你對自我的了解。每個人都擁有一項已經發展完全的元素，還有另一項正準備發展的元素。如果某種元素在你的行為、態度和能力中不太明顯，那可能是被另一項更突出的元素掩蓋了。如果想知道自己有怎樣的潛能，必須用非邏輯的方式探索，不然邏輯批判的心智會慣性地反應出來，壓制了自我正在成長的精微層面。這就是使用冥想探索自我的方便之處。

你可能想問，既然在我們複雜又豐富的心靈中這麼難察覺，為什麼發展中的特性會這麼重要？答案就是，正在成長的層面，不管是有意識或無意識，都會優先得到你的注意與興趣，因此在做選擇時會最強烈且具有影響力。那些已經表現出你還在發展的元素的人，會深深吸引你。你所做的選擇，會讓你處在需要發展想發展的元素的狀態下，好讓這些元素得以快速發展。

比爾是一家國際大公司的經理。我向他說明元素的內容時，他的火元素特質非常明顯。這家公司剛好很喜歡管理階層擁有火元素的特質：欣賞冒險、崇尚過人的幹勁、不允許不到位的超高標準。比爾發展出一套「打趴對方」的管理風格，要求底下的團隊要做到他的拚搏與衝勁。在冥想中，比爾重新發現自己其實有水元素的特質，只是在職場上被壓抑下來。其實這樣的特質對他來說，比目前的風格更為自然。我給他的建議是，管理的重點應該是採用真正符合自己本性的方式。他醒悟之後，發現適合自己水元素特質的管理風格，一樣能夠達到目的。比爾刻意改變自己管理團隊的方法，強調團隊合作、相互支援、關注並讚美他人、無過失解決方案，以及客戶滿意度。他的上司給他機會嘗試新的方法，看看是否能得到更好的結果。後來不只他的團隊變成公司裡最強的部門，比爾自己的工作滿意度也急遽上升。在這裡並不是要說水元素好，火元素不好。別的經理覺得火的呼吸比較有效，很歡樂、很刺激、很好玩，他們集中精神，運用火的呼吸產生的能量得到亮眼的成績。但有的時候，他們又會採用水元素的方法。比爾最後真正明白火元素的道理，不再只是策略性地使用，而是成為他內在火元素的自然流露。內在現實與外在現實相符的時候，就能獲得成功：行為表達出帶有感覺的理解。

你最後會在自己身上找到所有四個元素，但這個發展的過程與時間，每個人都不一樣。

心律轉化法的目標

現在你已經讀完了心律轉化法如何應用的所有故事,也記下了一些自己的反應,思考一下自己想要發展風火水地哪項元素,特別是這樣會給你什麼樣的幫助。如果你能給自己設立目標,而不是沒有特定的需求與期望,只是「試試看」的話,冥想會變得更容易。以下舉出幾種冥想的目標。

這些目標也是用風火水地四種元素來分類。你越清楚自己想要學習心律轉化法的理由,就會擁有越強烈的動機。看看下面這些可以用心律轉化法完成的目標,從中挑一個,或是照自己的需求修正,或是自己編寫一個。

洞察(風)

● 讓專注力集中而敏銳。
● 能夠在線性與全面思考之間隨時切換。
● 發現旁人的更多潛力。
● 善用內在訊號做出決定。
● 看出目前生活狀況的意義。
● 運用直覺推測未來趨勢。
● 對生命的目的發展出個人的洞察。

能量（火）

● 在更短的時間內消除壓力。

● 透過心的力量增加對壓力的耐受性。

● 減少睡眠，運用多出來的時間反省與計畫。

● 更有勇氣面對每天的狀況。

情緒（水）

● 運用精微感覺為「第六感」。

● 能夠與他人深入連結。

● 更能體會他人的情緒狀態。

● 更有創意。

● 成為更具有磁力的領導者。

完整（地）

● 增加自律與自控能力。

● 對於身體健康有明顯的正面效果。

● 時間管理有規律、有目標。

● 心口合一。

● 對他人更有耐心。

● 更信任他人也值得他人信任。

● 統合你的各種特質與能力，使用在同一個目標上。

注釋

1 www.hazrat-inayat-khan.org: Message: Githas: Meditation.

2 Khan, I (1989, 287).

3 我和維拉雅老師一起和戴夫見面，老師馬上感覺他深感愧疚。（普蘭）

4 www.hazrat-inayat-khan.org: Message: Vol b, The Alchemy of Happiness: The Aim of Life.

5 www.hazrat-inayat-khan.org: Message: Vol 10, Art: Yesterday, Today and Tomorrow: 11. Poetry

6 VilayatInayat Khan, a common expression.

7 www.hazrat-inayat-khan.org: Message: Vol 113, Gathas: Metaphysics: 3.2 Sympathy.

8 Epstein (1995).

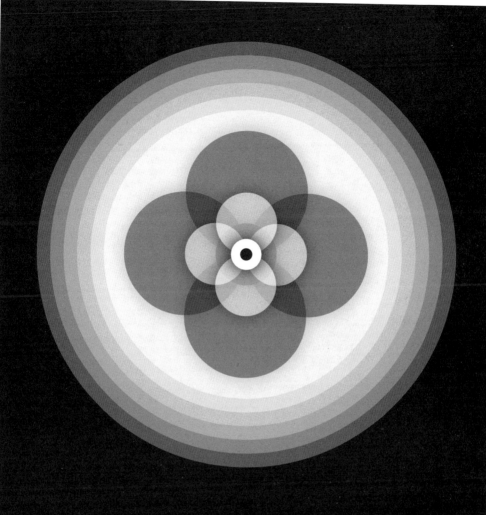

第二部
練習

第三章
姿勢與環境（準備）

　　第二部會從理論和技巧方面探討心律轉化法的七個步驟。學習冥想最簡單有效的方法，就是跟從導師，從中獲得持續的互動回饋。但閱讀書籍自學冥想，書本必須呈現更多背景資料，將老師面對面指導時的內容盡量包含進去。

　　在冥想時所可能遭遇的嚴重問題，往往是我們自己無法察覺的。舉例來說，我們可能不知道自己吐氣並不完全，可能不知道自己呼吸並不穩定，更不可能預期到自己會在過程中睡著。學會心律轉化法之後，在不受打擾的空間中獨自進行自然是最好的。不過，一開始我們都會需要一些指導，而且在學習過程中遇到某些固定的瓶頸時也會需要幫助。本書提供的一些技巧，可以自己一個人使用，也可以團體方式進行（見第十六章，獨自與團體練習的說明）。如果你一開始是獨自學習，最好能盡快找到同伴組成團體來練習。

　　冥想過程中，如果在任一步驟遇到任何問題，除了尋求指導外，還有另一個方法就是先略過這一步驟，進行下一步。學習冥想的過程並不一定要如書中所述完全按照順序。有時候下一個步驟會比前一個步驟來得簡單。嘗試去做比較困難的事情，自然而然就能讓你學會比較簡單的問題。未來可以處理現在。反過來說，在完成所有步驟之後，你可以再從頭開始演練，讓每一個步驟呈現出更有深度的嶄新風貌。等到這些練習幫助你找到你的心，讓你的心更為強健

之後，心的四種元素（見第三部）就能成為運作你的心的工具。

挺直

首先，放鬆身體，讓身體處在舒服的狀態，但不要癱在椅子上或躺下，因為冥想時身體的休息狀態和睡覺時並不相同。神祕學的訓練是要讓身體成為神的殿堂，不可以有所輕忽。

在冥想時，首先要關注身體的狀態，放鬆而舒適。椅子太軟會讓人懶散，太硬則會覺得不舒服。端坐時要保持適當的沉靜。房間不可以太熱或太冷。最好不要在太飢餓的狀況下冥想，也不要在吃太飽後進行，會不太容易進入狀況，而且會減損益處。❶

此外，最好不要躺著冥想，因為心臟電流的方向會不一樣，而且比較容易睡著，這樣就破壞了冥想的目的。❷

要傾聽自己的心跳，軀幹必須保持挺直，不可彎腰駝背。樣子沒精打采的話，就會壓迫到胸部與心臟。這股壓力會悶住心跳，變得很難感覺到它。只要坐姿挺直，拉開肩膀，就能紓解心臟的壓力，讓心跳聲在胸腔中迴響。如果覺得聽不見自己的心跳，第一個要考慮的問題就是姿勢。

保持坐姿挺直的第二個理由，在於這樣吸氣時橫膈膜能擁有最大的擴展空間。彎腰駝背會壓縮胃部區域，讓橫膈膜無法擴展（第六章會更詳細討論）。

第三個理由是，脊椎做為能量的通道，必須保持挺直才能發揮最大功效。研究指出，冥想時脊髓中會產生一種低頻的共振❸。要產

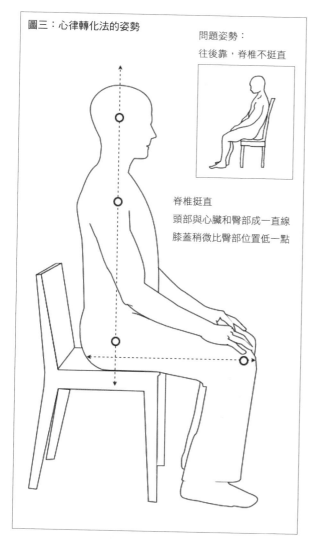

圖三：心律轉化法的姿勢

問題姿勢：
往後靠，脊椎不挺直

脊椎挺直
頭部與心臟和臀部成一直線
膝蓋稍微比臀部位置低一點

生這種共振，脊椎必須放鬆。脊椎就像一根震動的弦，如果過於緊繃，共振頻率就會升高。而放鬆脊椎的方法，就是保持挺直，任何的彎曲都會讓脊髓變得緊繃。彎腰、駝背、抬腿，都會造成脊髓緊繃，而提高了共振頻率，更難產生冥想時的低頻共振。

當然，脊椎有著自然的弧度，脊髓本來就可以適應。「挺直」的脊椎，指的是除了自然弧度外沒有其他任何彎曲。從科學的角度推測，脊髓中的低頻共振對人體好處多多。有可能冥想時產生的低頻腦波沿著脊椎傳送，將這股共振波擴散到整個身體；也有可能脊椎扮演了天線的角色，藉由低頻的共振汲取宇宙能量。脊柱在某些情況下就像電纜一樣，導引並轉換著能量。

坐姿

坐姿挺直，背部不可往後靠。大腿必須保持水平或是微微下斜，讓脊椎底部能夠垂直（大腿和軀幹如果呈銳角，脊椎底部便會捲曲）。要是肩膀能夠放鬆的話，脊椎就能挺得更直。

首先聳起肩膀，彷彿要碰到耳朵似的，接著一邊聳肩一邊將肩膀往後拉開，感覺兩個肩胛骨在背部中央相遇。然後保持肩膀拉開的姿勢，雙肩往下放，放鬆。這就是優雅尊貴的姿勢，挺胸但不過度用力。

雙手疊合放在腿上，或是兩手分別放在兩腿上。

請記住，保持靜止不動的話，肌肉（這裡指的是肩膀肌肉）會無法放鬆。先有緊繃才會放鬆。先伸展拉緊肌肉，然後才能讓肌肉比之前放鬆。

端正姿勢的目的是為了讓身體保持平衡，這樣才不會搖來晃去，或是需要多花力氣保持姿勢穩定。❹

要讓姿勢正確，最簡單的方法就是坐在一張普通的椅子上，雙腳著地，膝蓋和臀部呈現正確的角度。法老和國王的坐姿都是這樣優雅尊貴，你只要這麼坐，也會產生相同的感覺。

大部分椅子會讓臀部後傾，所以可能需要在坐骨下放一個小枕頭，確保膝蓋高度低於臀部，大腿保持水平或微微下斜。或者如圖三所示，坐在椅子的邊緣，不要靠背。背部要像天線塔一樣，連結

天與地。冥想的姿勢必須舒適、穩定，而且挺直。

　　在學會冥想之後，姿勢就沒那麼重要，但重要性也只降低那麼一點點而已。即使是已經有二十年經驗的冥想者還是覺得，基礎功打好最能集中精神，得到最好的效果。剛開始練習冥想時，好的姿勢能夠讓你事半功倍，所以千萬不要在冥想時忽略姿勢。與其姿勢不良、拚命努力集中精神，還不如花個幾分鐘調整到正確的姿勢，然後乘著之後產生的能量流翱翔。

靜止

　　開始冥想時也許覺得還算舒適，但如果不能從一般意識順利跳入冥想意識中，很快就會覺得不舒服了。身體天生愛動，原本就是要動，動才能將能量引進來，所以要讓身體保持靜止不動是很困難的。但如果能讓身體靜止下來，肌肉中蘊含的能量就能透過血管和神經擴散到全身，心智便會充滿閃耀的能量。

　　讓自己端坐靜止下來，很快就會感覺到一股想要動動身體的衝動。如果只是覺察著衝動不進行任何動作，這股力量就會變得緩和，然後會有更多的能量從身體流入心智。身體的重量和大地之間產生引力，讓身體穩定，沉入大地。人類的身體由大地構成，所以讓你的身體感覺像塊岩石，是塊非常密實有力的岩石，非常高興自己是岩石的岩石。

　　在此我要指出心律轉化法的一個重要概念：我們並不否定物理的現實。早期研究冥想的東方先賢，認為學習冥想最有效的方式就是否定自己的身體屬於自我（這稱為真正的自我否定，不了解冥想的

人常常有所誤解。自我否定的意思是，否定自己以為的那個自我）。在心律轉化法中，我們肯定身體和思想之間的連結，物理的身體是思想的創造物。反過來說，物理身體的狀況同樣會影響思想。

下面這兩段引文就是在說明思想與身體、內在與外在之間的互動。首先，十三世紀的蘇菲神祕主義詩人魯米（Rumi）指出生理的感官能夠喚醒我們，讓我們察覺內在的自我。

飽足的感覺降臨，

但通常要吃點麵包才有辦法。

美好圍繞著我們，

但通常要走入花園才能欣賞。

身體就像一塊簾幕，遮蓋並顯露些許

自我內在燃燒的光芒。

水、故事、身體，我們做的所有事情，

都是媒介，有時隱藏，有時又透露所隱藏的。

研究這些，享受這種被沖刷的狀態，

有時我們彷彿窺見其中的奧祕，有時又全然無知。❺

另一方面，我們需要內在的感官來啟動外在的知覺。

到處都是鈴鐺，

但我從來沒聽過鈴聲響，

沒有，根本從來沒聽過，

直到你出現在這裡。❻

吠陀與佛教的傳統常教導人「這不是我的身體」，或「我不是這個身體」，這樣的哲學對於往冥想更進一步是有幫助，但並不是真正有效。我們就是我們的身體。我們這個時代的人，完全沒有忽略身體的想法。即使只是身體一個小小細胞，對於其中蘊含的內在智慧，我們只有越來越著迷的份。我們知道思想會改變身體的物理組成，而身體會打造思想的「迴路」。我們認為基因密碼非常神奇，不但是人類生活經驗的累積，而且所有物種的生命都是如此。

我當然要說，自我所包含的內容，比起外在身體所呈現的要多上更多。但是我們所有非物理層面的存在，卻都是由外在的身體做為代表。

席拉是一位充滿智慧、有覺察力的美麗女性。她喜歡五顏六色的彩妝，喜歡香水、漂亮的衣服和珠寶。碧翠絲則討厭化妝，而且常常批評席拉虛榮又膚淺。「妳是個流行與廣告產業的無知受害者。」碧翠絲這麼告訴她。「那些人會去定義所謂的美，希望普世都能遵從，就是為了要讓妳浪費時間在打扮外表上。會對廣告產生共鳴，就代表妳對於真正的自我非常無知，所以妳需要外在的加工去掩蓋對於自己天生的美麗所缺乏的自信。」

「剛好相反。」席拉說：「我很清楚自己靈魂的樣貌，我的靈魂非常美麗。我所看到的這個現實世界中所有美麗事物，不管是調和的配色、對稱的形式、優美的線條，都比不過我在內心中感受到閃閃發亮的美麗。對我來說，想把感覺到的美表現出來，是很自然的事。」

「妳是被世俗的文化所迷惑，覺得自己要打扮得漂亮才會有魅力。事實上，只有看得到美的人才會變得漂亮。」碧翠絲說。

「我同意。」席拉說：「能夠展現美的人比較容易讓他人看到美。」

「但妳天生就已經很美了，不需要再多加修飾。」碧翠絲反駁道。

「我還是需要。詩人也許具有美好的洞察力，但需要用詩歌更漂亮地表達；攝影師會找尋最正確的拍攝角度，讓風景更美麗地呈現；我同樣希望自己能夠如此，對神給予的美好有所貢獻。藝術的目的就是為了讓自然更美。」席拉說。「我努力讓自己的個性、周圍的環境、我的孩子變得更美好，那為什麼不能讓我自己看起來更漂亮呢？」

「妳不該鼓勵人們看重事情的表面。」碧翠絲辯解道：「我們應該要學習看得更深更遠，珍惜內在本質。」

「如果是這樣，」席拉說：「那我們就不該把花擺在桌上，而應該直接放種子了。」

在心的道路上，最終目標是要合一。合一的經驗到處可見：不只是心靈層面，物質層面也是。透過心律轉化法，你會體驗到自己的心、靈魂、思想和身體合而為一。專注於自己的心，便能讓自我穩固在肉體的核心，卻又不受肉體的限制。你同時成為物質、能量、光與波，全部都包含在心中，並向外擴展至無限。

皮膚擁有感受壓力、溫度和疼痛的能力。透過皮膚對壓力的感測，你會知道自己目前是坐著還是站著，雙手放在腿上的哪個位置。但是同樣的感覺若維持過久，知覺就會疲勞麻痺。因此保持靜

止不動的話，感受身體姿勢的能力就會鈍化。不過，只要稍微動一下，壓力改變了，身體的感官馬上就會恢復能力。

首先我們會將意識置於身體中心，保持不動。一開始會覺得非常沉重，接著就會產生一種分不出你我的合一感覺。如果能夠維持靜止狀態二十分鐘，你所感受的不會是麻痺，而是「單一體感」。在這樣的感覺中，還是可以覺察到自己的手腳，不過無法辨別手腳是否相互碰觸，反而會覺得手腳都融合在一起了。哪裡是手？哪裡是腿？很難分辨清楚。因為手的皮膚無法感覺放在腿上產生的壓力，腿的皮膚也無法感覺手的重量。原本應該可以感覺到自己的掌心是朝上還是朝下，究竟是放在腿上的哪個位置，現在卻無法靠感覺來覺察，必須用眼睛看才知道正確位置在哪。但如果稍微動一動，馬上就能再次感受雙手的位置了。

坐著保持完全靜止不動，身體的感官就會產生極大的改變。大概只要二十分鐘，對於壓力的感覺就會關閉，但你還是可以覺察到自己的身體，尤其是內在。身體會產生一種單一體感，也就是沒有分化的整體感。如果光靠感覺而沒有張開眼睛看，就無法知道手在哪裡、坐姿是怎樣。

發生這種狀況的時候，你已經脫離生理感官的限制。心智彷彿充飽了電一樣，平常我們的專注力必須集中在感官上，現在卻可以完全投入創意思考中。不過只要身體有任何一絲動作，這個狀態馬上就會被破壞了。

只靠不動，很難達到靜止的狀態。但如果配合專注呼吸，「向內尋

求」，就會容易許多。

　　究竟要靜止到怎樣的程度呢？你可以呼吸，可以吞嚥。如果眼睛是張開的，盡量不要眨眼，可以看著面前的牆，找一個點當作眼神的焦點（眼睛最好還是閉上或半閉）。

　　我們比較習慣的是醒著活動或是睡著不動。醒著但靜止不動，其實是很不尋常的狀態。保持靜止不動二十分鐘後，就會比較輕鬆，因為想要活動的生理衝動慢慢消失了。你知道自己可以隨意活動身體，只是你不想。可是一開始的二十分鐘卻非常困難，因為要抵擋身體一直想動的需求。保持靜止就像是在和自己角力一樣。這股衝動常常會偷偷溜進你的意識與意志中，結果造成身體已經動了我們才發現。控制這股衝動的能力，代表堅強意志與自制力，是獲取成功必備的特質。

　　在冥想的道路上，單一體感是第一重要的證據，告訴我們「某些事情正在改變」！你的意識受到感官知覺轉移的引領，整合了自我生理與非生理的層面，但還是保留了以身體為中心的狀態。這還沒進入冥想的階段，只是專注而已，不過仍是很值得慶祝的里程碑。對心律轉化法來說，能夠端坐不動，不但是進入下一階段的必須條件，同時這個狀態也擁有自己的力量。

　　在一九六〇年代晚期，我讀賓州大學研究所的時候，曾去聽一場大型演講。那天我早早到了會場想搶個好位子，發現講者已經到了。

他站在會議廳講臺上，面對所有聽眾，旁邊擺了一張實驗桌。講者就這樣站著，動作並不僵直，但是完全靜止不動。我們平常很少看見誰會靜止不動，尤其是站在一大群聽眾前面。身體靜止不動，眼光直視聽眾，讓所有人都靜了下來，注意力完全集中在他身上。講者還沒開口說任何一個字，我就已經與他同步，準備好要接受他說出的任何內容。我知道他是自己身體與思想的主宰。

普蘭

因此神祕主義者會擇定某些姿勢讓身體穩定下來。身體的穩定會反應在思想上，讓思想也能穩定。思想與身體互相影響。所以能夠主宰自我的人，便能藉由控制自己的身體與思想來獲得平衡與智慧。智慧來自穩定，而洞察力來自智慧。❼

如果能夠控制自己的身體，便較有可能控制思想。這就像在嘗試騎馬跳過柵欄之前，要先學會怎樣騎馬一樣。

 靜坐不動二十分鐘，或直到產生「單一體感」。

向內尋求

關上感官的大門，最好能雙眼半閉或全閉。房間不要太亮也不要太暗。但想要隔絕其他干擾，還是要靠自制力。選擇安靜的場所會比

較好，尤其是剛開始進入冥想的時候。**❽**

視覺感官的力量很強大，會將我們的覺察從自己身上帶走。在冥想的時候，我們選擇暫時把注意力從視野和聲音本身，轉移到視野和聲音的理解上。這麼做是為了讓我們再度張開眼睛時，能夠看到世界真實的樣貌，是一個包含了不同面相的完整體，擁有無限的潛力。怎麼知道自己的眼光變得更真實了呢？如果能夠正確地觀察世界，就能更有效地處理現實問題，也更有能力完成我們希望完成的事情，變成我們希望變成的樣貌。

> 閉上雙眼，這樣可以將你的注意力快速地從周圍的事物轉移到內在。一開始，周圍的世界會持續占有你的注意力，只是這不是周圍世界呈現的樣貌，而是你的思考模式所創造出來的世界。

「將自己包圍在寂靜領域之中。」這是佛陀的教導。冥想所需要的寂靜必須自己創造，無法外求。運用寂靜領域創造出一個比任何地方都要來得安靜祥和的所在。你只需要將注意力從聲音本身轉移到對聲音的分析上，感覺耳朵是如何對波動反應，觀察心智如何將波動與思考連結起來。

一旦了解這種運作方式，你也許會問自己，為什麼還繼續讓你的思緒被這些聲波所干擾宰制呢？現實世界中有更多的事情在發生，遠超出耳朵所能察覺的狹窄波頻。耳朵雖然重要，但真的值得將所有的思緒都集中在周圍環境即時產生的聲波上嗎？為什麼不是從太

空深處放射到你頭上的宇宙射線呢？又為什麼不是身體的其他感官及其所激發出的思緒呢？

雖然你總是被周圍環境的聲音所干擾，但還是能將注意力從外在世界轉移到內在。只要你開始轉移注意力，就會發現原本影響強大的聲音，現在幾乎無法干擾你的思緒。

久而久之，世界變得模糊，在你的內在自我周圍形成地平線，你的思緒變得更加私密。最後，「內在」的核心會充滿所有「內在」與「外在」的本質。內在的旅程並不會讓你成為孤單的個體，而是會發現最個人、最私密的事物，同樣也是宇宙普遍的真理。

我在法國阿爾卑斯山的洞穴中冥想，這次靈性僻靜為期二十八天。我從洞口往外看著整個霞慕尼河谷和歐洲最高的白朗峰。白朗峰感覺好像只比我的所在地稍微高一點而已。在遠高於林線與大部分的雲朵之處，我看到了無與倫比的美麗天堂，實在無法想像還有哪個實際存在的地方比這裡更適合冥想，然後我很快地回到自己內在心智的冥想之地。但這裡還是不夠安靜：飛機和直升機的聲響、土撥鼠的尖叫、水滴的聲音、偶爾打雷。這裡也不夠舒適：天氣很冷、石頭很硬、蒼蠅會停在我的臉上。這個地方的美景、雜音和艱苦的環境，都會打斷冥想，讓我分心。我常常面朝洞穴裡坐著，免得被白朗峰的壯麗所迷惑。我必須創造出自己的寂靜領域。

到最後，這個地點最能幫助我的地方，是因為離我的導師維拉亞．音那雅．康（Pir Vilayat Inayat Khan）非常近，又有令人振奮的山脈能量，再加上同樣在這個洞穴中冥想的前人所留下的氣息。

端坐靜止不動，觀注於你的內在，你會發現，「聽覺的生理活動」和「思緒與聲音連結後產生的心靈活動」之間的差異。

飲食

這趟追尋靈性與完整的旅程，我們從生理的層次開始，往內進入心靈與情緒的層次。旅程中每一項要素都不可或缺。冥想不只是心靈的練習，也牽涉到生理，需要藉由良好的健康與均衡的飲食協助。

從某個方面來說，其實不需要遵循齋戒，因為耶穌基督說：

> 豈不曉得凡從外面進入的，不能污穢人，因為不是入他的心，乃是入他的肚腹，又落到茅廁裡。這是說，各樣的食物都是潔淨的；又說：從人裡面出來的，那才能污穢人。❾

然而，摩西與穆罕默德提出的飲食戒律必須參考。這兩位先知禁止的食物有很多相同之處，尤其是豬肉。

我們認為，以心為中心的飲食應該是：觀察每種食物如何影響你的生理、心靈和情緒，然後選擇需要的食物來達成目標。每種食物都有優點，許多食物也都有缺點。如果你能覺察到每種食物對你的影響，就能夠透過食物來達成目標。

這種做法的缺點在於，某些食物會降低我們的敏感度，以至於讓我們無法感受到其他食物的效果。在觀察食物對自己產生什麼影響的這段期間，有必要戒除以下項目：菸草、紅肉、豬肉，還有發酵

的食物，包括醋和酒精。要消除這些食物的降敏效果，至少需要一週的時間，甚至更久，身體才有辦法察覺到其他食物產生的影響。

一次只嘗試一樣食物，能感受到的影響最為明顯。先從那些最容易發生問題的食物開始：巧克力、牛奶、小麥、酵母、玉米、貝類、咖啡、蛋。每一種都吃到一定分量，然後進入冥想。當你閉上雙眼端坐不動的時候，試著感知自我內在狀態的蛛絲馬跡。如果覺得頭昏眼花、愛睏、煩躁、焦慮、恐懼或憤怒，還是臉部潮紅或發癢，或者胃痛噁心、舌頭發麻，一直想清喉嚨、吞嚥發生困難等等，就把這項食物列入「嫌疑」清單。嘗試別的，幾天後再回來重新試驗嫌疑清單上的食物。最後，嘗試之前戒除攝取的具有降敏效果的食物，看看這些食物對你產生怎樣的影響。

你也許會發現，會讓大多數人降低敏感度的食物，像是醋，對你來說免疫，沒有什麼負面影響。但也很可能對其他人無害的食物，例如乳製品或小麥，卻對你造成很大的傷害。

舉例來說，如果你觀察到肉類和酒精在你身上的作用，就會知道怎樣的情況適合攝取這些食物，你便能在適當的時機取用。我們對任何事物都沒有偏見，每一樣事物都會在某些時候對某些人產生某種價值。有些時候敏感度降低是件好事，可以讓你在採取行動時不需要顧慮後果。一般來說，最好是選擇不會傷害你的覺察又能提供營養與能量的食物。但聖馬可認為，只要具有足夠的精神力量，即使毒藥我們也能夠消化。❿

肉類是大量穀物和蔬菜濃縮而成的形式，因此擁有相當強大的接地效果。有些人的飲食必須有肉，尤其是先天體質羸弱或因為疾病與虐待導致健康狀況變差的人，他們生理或心靈的穩定性不是那麼

好。但很不幸，肉中的荷爾蒙與藥物又會造成不自然的生理與心靈變化。有些人內化了動物被宰殺時的恐懼與驚慌，以及畜舍嚴苛生活中的絕望，這些感覺流入他們自己的情緒狀態，以沮喪或焦慮這種沉默的形式繼續散布下去。我們同樣可以透過吃下動物和鳥禽，內化牠們所擁有的美好天性，尤其是那些以人道方法養殖的動物。然而，從環保的角度來看，花費可以養活許多人的穀物與蔬菜，將一隻動物養到可以吃，其實非常不經濟，即使是富裕的國家也很難負擔。

蘇菲主義者對於日常生活非常小心，很在意飲食。酒精飲料和發酵水果製成的飲料本來就會讓口氣不好，吸菸也會造成口氣不佳。遵從祕教規範的人甚至會小心到避開所有肉類，蛋也包括在內。白肉當然比紅肉好，因為紅肉的分子會阻塞呼吸的通道，這就是這就是本尼以色列人（印度猶太人）禁吃豬肉的原因。當然，對純潔的人來說，所有的事物都是純潔的。但為了變得潔淨，就必須遵從潔淨的規範。

我們不能從一個人的飲食判斷他靈性提升的程度，因為飲食和人的進化無關。印度教的大神希瓦會吃魚，而紅酒在基督教中被視為聖餐，沒有人有權利從飲食的內容去評斷另一個人的價值。但如果你要走向追求靈性的道路，最好遵從奧祕的規範（Mystical law），這樣的確可以讓你的進度快一點。我們必須牢記，首先要嚴守的是靈性的理想，飲食的禁忌是其次。關於這點，不須有任何爭論。**⓫**

睡眠

對於容易緊張的人來說，最需要的就是長時間的睡眠。即使無法入眠，光是躺在床上幫助就很大了。因為休息可以讓身體的循環和心跳的韻律恢復正常，和練習瑜伽的效果非常類似。

有需要也有時間休息的人，在吃過午餐後可以小睡半小時到一個半小時。

還在學習冥想的人，沒有必要勉強自己在冥想時保持清醒。如果冥想可以讓他們入眠，那非常好，因為即使睡著了，在潛意識中也會繼續冥想。如果練習生在晚上睡前冥想，因此睡著了，這比起讓他在冥想與睡眠之間翻來覆去進行各種不同的活動，要好上一百倍。

練習生必須在早上醒來還沒起床之前馬上練習冥想，還有上床睡覺前也是。這個習慣的重要性在於，能夠將所有的練習都刻印在心智的潛意識中，因為那是心靈現象的藏身之處。❷

冥想和睡眠非常不同，但冥想可以讓你擁有良好的睡眠。入睡是讓意識產生突然的轉換，冥想也是。還有第三種巨大的轉換，就是死亡。這三種轉換當中，需要強烈意圖的是冥想，最讓人意外的則是死亡。我們可以不去冥想，但很難長時間不睡。我們可以按照自己的意願進入冥想狀態，入睡則很難控制。練習冥想可以讓意識的轉換更為容易，因此冥想者對於入睡的狀態比較有控制力。

睡眠是生活中的樂事之一，睡眠失調是可怕的剝奪與痛苦。能夠改善我們的睡眠時間與品質是非常好的事。下列幾點可以幫助你睡得更好：

1. 晚上，上床前或上床後，回想自己目前的生活目標。

2. 睡著前冥想幾分鐘。在床上採取坐姿，枕頭坐在臀下，進行風

的呼吸（詳見第十四章）。如果還沒學會這個技巧，傾聽自己的心跳聲就好。

3. 冥想完後，馬上躺下往右側臥。這會讓你用左側鼻孔呼吸，使得腦部右半球成為優勢腦，呈現出最適合入睡的完全接納狀態。

4. 半夜翻身到左側，透過右側鼻孔呼吸，讓腦部左半球成為優勢腦，促進心智集中，為即將到來的第二天做好準備。

5. 如果半夜醒來睡不著，可以再試試看右側臥。沒有效的話，換成左側臥。再不行就坐起來冥想，從步驟2重新開始，也許可以冥想長一點。如果完全睡不著，那就好好享受自己心跳的感覺吧。

6. 除非第二天的行程很重要，不然不要用鬧鐘叫自己起床。最好是能讓無意識來喚醒你（如果你需要鬧鐘，可能就是睡眠不足。這個問題的解決方法是將鬧鐘設定成上床時響起，而不是起床時間）。只要你感覺自己醒了，就坐起來。醒來時起身，代表著你能掌控自我。在一天的開始就掌控自我是非常重要的事。

7. 起床後，趁著還在轉換到白天的意識時，馬上冥想幾分鐘。和心跳與呼吸的韻律保持連結，繼續冥想到你感覺完全清醒為止。

8. 起身更衣。我會在這個時候開始日常冥想練習，花上大概半小時。冥想結束時，我會再度思考生活的目標，以及今天可以做些什麼讓我距離目標更近。

注釋

1　Khan, I（1989, 223-4）.

2　Khan, I（1989, 287）.

3　Bentov（1977, 42）.

4 Khan, I （1989, 233）.

5 Barks （1995）.

6 "Till There was You", song.

7 www.hazrat-inayat-khan.org: Message: Vol 13, Gathas: Insight: 1.10 Different Qualities of Mind.

8 Khan, I （1989, 223-4）.

9 〈馬可福音〉7:18-20。

10 〈馬可福音〉16:18。

11 www.hazrat-inayat-khan.org: Message: Vol 13, Gathas: Everyday Life: Inner Ablutions.

12 Hazrat Inayat Khan, Sangatha 2, Riyazat, Exoteric papers （unpublished）.

第四章
有意識的呼吸（以心為焦點）

呼吸是第一課，也是最後一課。❶

呼吸是什麼？

呼吸是所有存在的生命根源，呼吸的力量讓身體所有的分子能夠聚合在一起。如果這股力量減弱，意志便會失去對身體的掌控。就像太陽的力量主宰著所有星球，呼吸的力量則主宰了每個器官。除此之外，藉由帶進新鮮的生命、排出所有必須廢棄的氣體，呼吸淨化了身體。透過從空間吸取我們必需的精神與物質，呼吸能夠滋養身體，這比我們攝取的任何食物都重要。❷

所謂呼吸，有一部分指的是通過口鼻、進出肺部的流動空氣。呼吸這個詞，還可以指稱由血液輸送持續循環整個身體的空氣之流。呼吸是身體與世界互動的主要機制。吸進、呼出，我們與周圍的環境交換呼吸。呼吸讓我們能與這個世界，尤其是與其他人，交換能量。

呼吸同樣可以指涉自己與他人或自然之間的能量流動，這些能量都是「乘載」於氣流之中。能量的交換與空氣的交換同步進行。

透過呼吸，個體與另一個個體產生連結，一旦建立了呼吸的連結，空間距離就不會造成任何影響。只要彼此的心能夠互相同理，溝通就能明確清晰。電流作用與呼吸作用的機制相當類似。等到我們有能力弄清楚呼吸中隱藏的電，科學與神祕主義就能冶於一爐。相信這一天不會太遠。❸

吸氣真的就是將某個空間的空氣與氛圍，深深帶入你身體內部那個脆弱的粉紅色組織中，讓血液吸收，循環至身體的每個細胞。呼氣則是將所有細胞工作後產生的廢氣融入血液，集中聚集到肺部，然後往外排到世界，由植物和周圍的其他生物迅速吸收。呼吸是非常親密的交換。你和別人處於同一個房間時，會透過你的肺部循環，不斷吸收別人排出的空氣。我們其實互相吸收彼此的呼吸。

據說嗅覺的敏銳度是味覺的一萬倍。像是乙硫醇（腐肉會發出的味道）這種廣為人知的臭味，人類能夠感知的閾值大約落在每公升空氣含四億分之一毫克的範圍。❹

人類不僅嗅覺如此靈敏，即使是無法有意識察覺的化學物質，都會對我們產生影響。大腦細胞受到化學物質的觸發，在呼吸之時會分泌出其他化學物質。這些思想的化學物質進入血流中，傳輸到肺部，藉由呼吸排出體外後，被其他人的鼻腔內膜與肺部所吸收。我們血液中的化學物質，便如此透過呼吸作用以及呼吸系統，延續到他人的血液中。這樣的交換造成了我們與他人共處時所體驗到的多采多姿。

我們的認知所產生的化學物質進入血液中,透過以空氣為介質的呼吸,傳遞到他人的血流中。這樣的傳播方式不會破壞或扭曲這些化學物質,因此呼吸連結了我們每個人的血流,形成一個大循環系統。

呼吸就是生命,呼吸的功用便是將人的內在狀態帶到外界,將外在狀態帶入人的內在。吐氣的時候,會帶出靈魂的和諧或者不和諧,首先會影響到我們的心智,然後我們的情緒與念頭再影響了身體,接著則影響周圍的環境。吸氣的時候,外界和諧或不和諧的狀態,加上外界的思想與情緒,會通通被帶入身體裡,然後進入心智,最後進入靈魂,讓靈魂變得寧靜下來,或是受到波動干擾。**❺**

空氣有其組成成分,所以吸氣時會將這些成分帶進來,然後在呼氣的時候又多加一些成分再排出去。這個過程其實沒什麼人會注意,因為大部分情況下,這樣的交換很不明顯。不過有時候會發生一群人同時吸入了某種東西,然後每個人都受到影響,產生各自不同的反應。有人變得聰明,有人洞察力變強,有人回想起一首歌,有人發現某個問題的解答等等。在這樣的氛圍中,心智似乎閃閃發光。也許「吸氣」(inspire)這個詞指出了一個道理:「靈感」(inspiration)就是我們吸進來的東西。

in·spire \ in-'sp_+(e)r \ vb in·spired; in·spir-ing
【中古英文 inspiren,源於中古法文和拉丁文;中古法文 inspirer,源於拉丁文 inspirare,來自 in-+spirare,呼吸。更多解釋請參照 spirit】及物

動詞（14世紀）

1　a：聖靈或超自然啟發的影響、改變或指引

　　b：發揮影響，啟動、激發或提升（例句：尤其是受到浪漫主義者「啟發」）

　　c：鼓舞：驅使、刺激（例句：威脅其實不能「驅使」人們工作）

　　d：感染（例句：再次看到這間老屋子，讓他「感到」懷念起來）

2　a：古義：吸入或吹進

　　b：古義：用呼吸注入（例如生命）

3　a：以超自然的方式與媒介溝通

　　b：帶出或引出（例句：他在參觀教堂後「激發」出一些想法）

4　吸氣 ❻

　　除了攜帶空氣的成分，呼吸還促進人與人之間的另一種交換。呼吸充斥在所有事物之間，成為其彼此的介質。如果我們是魚，就會稱呼海洋為「呼吸」，我們會對這種無所不在的液體非常敏感，壓力只要有一點點改變就能察覺。氣壓低的話會讓我們感到沮喪，氣壓高的話則會精神振奮。任何會讓周圍空氣擾動的事物，就是在改變與我們交流的空氣。我們可以透過氣壓感覺到與他人的連結，這情形類似與他人一起躺在水床上所感受到的狀況，但更為微妙。這種氣壓的細微變化，就像我們能夠感覺到有人接近背後，能夠欣賞舞者優雅的舞姿，也能夠察覺別人攻擊的動作。就像會產生壓力變化的聲波，呼吸的壓力變化也可以輕易地穿越空間而來。呼吸的波長其實就像是非常強烈、非常低頻的聲音。

　　我們的呼吸通常很平和，因此對於周圍環境的氣壓影響也很輕

微，而且多半時間呼吸都是無意識的，會隨著他人的呼吸起伏，就像海上漂著的軟木塞一樣。然而，有些突然或強烈的呼吸，具有與他人產生心電感應的效果。打哈欠、嘆息、驚嚇的抽氣和大笑都是非常有渲染力的呼吸，讓他人也輪番效法。

呼吸做為人與人之間溝通的介質，還能夠產生另一種更微妙的影響：改變身體的磁場。生理的身體擁有實質的磁場，主要是由神經系統與肌肉的電流所產生。和所有的肌肉一樣，心臟肌肉是由電流觸發而運作，產生的磁場非常強大，在人處於靜止狀態時，心臟就是磁場的中心。磁場會隨著心率搏動，也會隨著吸氣與呼氣擴張、收縮。人類的身體對於磁場相當敏感，我們會在第九章實驗。

與呼吸相關的最後一點，比起前面討論的生理特性都要來得重要。在拉丁文中，「呼吸」寫做 spiritus，有「精神」的意思，這表示人們知道呼吸是一股將生命帶入所有生物的精神流動，連結並供養所有的有機體。

讓無意識變成有意識

正常的呼吸通常是在無意識中進行，因此呼吸所使用到的平滑肌是被無意識的心智所控制，呈現出自動的呼吸韻律。但呼吸是身體所有功能中唯一可由兩組肌肉來控制的動作，一組是平滑肌，另一組是橫紋肌。冥想時，我們將呼吸的控制由無意識的心智轉移到有意識的心智，由橫紋肌控制。如此一來，無意識心智管控呼吸的部分就空了出來，可以負責執行別的功能。這個部分變成了有意識與無意識心智之間的門戶，思緒在此進出傳送。到最後，有些原本

屬於無意識的部分變成有意識，而有意識的思想照亮了無意識的心智。

心臟的肌肉是由無意識的心智所控制。以結果論，有意識的心智無法像控制呼吸那樣去控制心跳。舉例來說，你可以故意讓呼吸變得很快或很慢，也可以自行決定在某個時間暫停呼吸，當然不能太久。但你無法像這樣去控制心跳，雖然還是有些間接的方式可以做到。如果想要讓心跳加快，可以回想一些焦慮的事情或是想像一個會刺激情緒的故事，這些感覺便會讓你的心率加速。如果想要心跳變慢，可以採用放鬆的技巧，例如心律轉化法，讓情緒平和下來，這樣的感覺便讓你的心率降低。

因此，雖然你無法控制心臟肌肉的收縮，但可以影響自己的心率控制機制。進行心律轉化法時，即使不特意改變心率，對於心率的覺察仍然會造成一些影響。此外，神經系統也會改變，因為控制心跳的信號改變了路徑，轉而行走另外一條更有效率、有意識的通道。這是心律轉化法讓無意識變成有意識的第二種方式。

讓無意識變成有意識，最實際的好處是生活的經驗可以處理得更快速、更有效率，讓我們對生命更加了解，比較不會累積無法排解的情緒，進而心變得澄澈，智慧滋長。大部分的人，雖然擁有許多人生經驗，但都沒有成長到應該有的智慧，因為我們沒有從經驗中汲取教訓。有時候是我們抗拒生命給予任何教導，有時候是我們以為自己已經學到了生命所給的所有教訓。我們常常覺得生命的教訓讓我們痛苦，需要做出艱難的轉變，對我們拋出令人不舒服的問題。要改變看事情的角度實在不簡單，但就是這些改變讓我們變得更有智慧。

一天當中，有些你看到或經驗的事情，對你當前的心智結構與世界觀而言，並不容易輕易適應。電視播放的災難景象、車禍的現場、朋友的痛苦、可怕的遭遇，你也許無法承認或接受這些事情，因為它們無法支撐你對自己與世界的理解，所以你不是將感覺壓抑下來，就是反覆思考它們，以便用自己的模式去解釋，又或者你調整自己的模式來適應。

　　第一次遇見我的導師時，我不知道該怎麼與他相處，因為我幾乎沒有遇過任何像他這樣的人。在我自己的現實模式中，不知道該把他分到哪一類。他和我的父親或任何熟悉的朋友都不一樣，也不像學校老師，更不像我心目中的耶穌形象。我對精神導師的理解就是耶穌。既然我的認知都與他不符，我便將他投射到幾種我已經建構好的不同類型上。我發現不管我對他有怎樣的想像，他都能夠符合，不管用哪種形象都可以，這實在很神奇。一段時間後，我建構出新的精神導師形象，其中一個特質就是他的心像是鏡子一樣，會變成學生需要的樣貌。但老實說，即使我認為已經完全了解我的導師了，他總是會跳出我為他建構的框架，展現出另一種我從來沒見過的他。

普蘭

　　有意識地呼吸時，無意識的心智很容易便將影像投射在有意識的心智上。無意識的心智可以運用這項能力，快速地將尚未解決的經

驗搜尋一遍，然後一一儲存起來。在整合之後，清晰的洞見便會從印象、記憶和暗流的混沌之中浮現。

將新的經驗融入原有的世界觀，需要大量的努力，但的確會因此成長。你所看到、所做的事情，若是與自己目前的世界觀相符，那生活就會變得有點無聊，因為所有的事情都符合預期。對於所有生命來說，生命目標之一是汲取越來越多現實中匪夷所思的複雜狀況，將之整合成一以貫之的領會，如此一來，困惑就變得簡單。要是我們不斷壓抑現實中豐厚的經驗，反而會延遲智慧的萌發，而智慧才是我們的目標。

如果你不想理解，那你就不會理解。

不想理解合一（unity）觀念的人，總有一天會被合一吸收。❼

分類與建檔，是由無意識負責的工作，它將認知、情緒與詮釋嵌入我們的領悟（realization）之中。事物一旦被領悟之後，就超越了質疑、爭論與信念。身體的每個細胞都知道，這就是現實。

領悟永無止境，直到：

我們更深入生命的現象，

來到一個存在的所有本質都一覽無遺的地方。

這時候我們才能夠說：

「除了神之外，一切都不存在。」

（哈茲若・音那雅・康）❽

以第三章所描述的姿勢端坐好，開始「注意自己的呼吸」。每一次吸氣和吐氣，都要非常專注，這會讓神經系統產生精微且重要的轉變。不要故意改變自己的呼吸方式，只需要注意呼吸原本的狀態，這時的節奏是由無意識所控制。

不用硬想將腦袋清空，你的思想會持續作用，像平常一樣產生意象與記憶。不要對抗你的思考，而是注意你的思考走向。只要繼續注意呼吸，就會發現思考本質發生改變。你的思考會慢慢脫離目前的環境，如果你想要的話，還是可以繼續覺察四周的動靜。

這時浮現的記憶可能會讓你驚訝，思想會利用這個時候，透過篩選、分類來「清掃桌面」。在思想決定丟棄或重新分類一段還沒處理過的經驗記憶之前，這段記憶必須先呈現在思想的螢幕上，讓你看見。專注的呼吸能讓你保持清醒，但浮現的影像卻很類似做夢。這還不算是冥想狀態，不過很有幫助，也深具療癒效果。

呼吸韻律

呼吸通常由無意識自動執行。情緒、肌肉需要氧氣、消化、睡意等等，都會影響呼吸的韻律。不要在吃完飯後立即冥想，倒是可以選擇在睡前進行。靜坐一段時間後，呼吸韻律幾乎完全由情緒狀態所控制，因此呼吸變成了情緒的氣壓計。透過觀察呼吸韻律，你會發現很多和自己感覺相關的事情。每一種情緒都有自己的呼吸。

繼續這個練習，觀察呼吸的四個階段：

● 吸氣時呼吸向上提起。

● 觀察自己是否在吸氣到極致時摒住呼吸。

● 呼氣時呼吸向下降落。

● 觀察自己是否在完全吐氣之時摒住呼吸。

另外觀察呼吸的三個特點：

● 長度，每個階段所需的時間。

● 深度，在吸氣或呼氣時流動的空氣量。

● 方向，通過鼻子或嘴巴。

藉由呼吸的韻律，無意識的心智將龐大的資訊傳達給有意識的心智。我們所有的思想、態度和無意間的行為都建立在無意識之上。我們通常會在我們的夢中看到無意識，因此我們可以稍微了解自己的欲望、需求、未解決的矛盾和創傷。呼吸是另一個立即且意識清楚的無意識入口，呼吸韻律的複雜形式包含了來自於無意識的訊號。此外，有意識的心智可以透過刻意以某種特定韻律進行呼吸，將訊號送給無意識，因此呼吸能夠在意識和無意識之間雙向傳遞訊息，只要你學會這種編碼語言就行了。

持續察覺呼吸，可以防止睡意並促進深層放鬆。有意識的呼吸也可以喚醒無意識，帶來心理上的益處。

持續觀察自己的呼吸，注意呼吸作用四個階段的相對長度。以下提供一些可能的狀況：

● 在完全吸氣或呼氣之後暫停的時間較長（如果發現自己在呼氣後摒住呼吸，就必須很小心。這個動作很危險，請不要嘗試）。

● 吸氣和呼氣都很急促，中間沒有暫停。

● 呼吸很平均，吸氣和呼氣的時間差不多長。

● 用嘴巴吸氣，長度比呼氣短，或是反過來。

● 完全用嘴巴呼吸。

● 呼吸循環不規則。

● 聽不到（輕）或聽得到（重）呼吸聲。

嘗試將自己的呼吸韻律分類，可以幫助你在呼吸上更專注。再次強調，不要故意改變你的呼吸模式，只需要觀察呼吸的特性。這是呈現出無意識心智狀態的訊號。

坐著的時候，呼吸會改變。如果需要多一點空氣，就會從嘴巴吸氣。用嘴巴呼吸會讓能量往上提高一個層次，就像電子跳到更高的殼層一樣。有時候你會嘆氣，讓呼吸從嘴巴出來。嘆氣代表更為放鬆的狀態，放掉抗拒，安穩地進入冥想之中。用嘴巴呼吸會加速變化，用鼻子呼吸則會逐漸穩定。

驚訝時倒抽一口氣是突然的吸氣，大笑是一連串短的呼氣，打哈欠則是強烈而持續地從嘴巴吸氣，跟著是較短的呼氣，警告的叫喊是又短又急的呼氣，驚慌的呼吸是急速的吸氣與呼氣，興奮的呼吸是一連串強烈的吸氣，嘆息是強烈的呼氣；每一種呼吸都會對空間裡的空氣產生影響，將氣壓改變的波動散播到四面八方。呼吸越短，對周圍的空氣影響越大，如同短促的聲波具有相當大範圍的基

礎頻率。其他人接收了呼吸的波動，便會產生類似的呼吸。

當兩個人相遇的時候，原本有各自獨特的呼吸韻律，其中一人的呼吸可能很興奮，另一人則是穩定而平和。在兩人互動的過程中，呼吸韻律會交互影響而改變，最後變得一致，也許兩個人都變得興奮起來，又或者兩人都變得很謹慎。如果對自己的呼吸較有意識，影響力就會較大，因而勝出；而另一個人無意識的呼吸，會開始配合有意識的呼吸。

 培養注意自己呼吸並分辨其韻律的能力。

關注你的心智，感覺你的情緒

> 盡可能冷靜地觀察自己的呼吸。有意識的呼吸讓一股思緒從你的內心深處浮出，並呈現在心智的表面。

有些思緒很有趣，甚至力量強大。然而，如果你將注意力特別集中在某個思緒上，這股靈感便會被打斷。在這個階段，你可以順著整個思緒的流動，或是汲取其中的一小滴。當你專注於這股思緒流動的其中一個意象、記憶、想法或經驗時，便會打斷這股流動，進入當時的情緒，然後呼吸會與該情緒的韻律同步，於是情緒漸漸加深而淹沒了你。許多沒有處理的情緒經驗都需要你的關注。在碰觸到這種經驗的時候，情緒便會進入意識的心智。將受到壓抑的記憶再次帶入意識中，就能讓問題離解決的方向更靠近一步。

要處理心律轉化法產生的充滿情緒的想法和記憶，可以運用下面兩個方法：

第一個方法是暫時停下練習，認真進入那段記憶中，重新體驗過去曾有的感覺，觀察你當時所處的情勢與自己的狀況。可以透過書寫、夢境監控和心理治療，更進一步探索這些情緒。如果採取這種方法，心律轉化法能大幅提高你的能力，讓你重新面對這些沒有處理的經驗與困擾。但是這樣運用的話，心律轉化法很快就會成為不受歡迎的工作。你每次在進行練習時會變得小心提防強烈的情緒波動，在還沒能療癒好心的傷口前，就無法繼續下去。

第二個方法，是尋找這些情緒和想法背後隱藏的主要問題。主要問題通常不太明顯，需要洞察力和練習才有辦法找到。幸運的是，洞察力是由練習而來，而第二個方法的練習方式，情緒上會比第一個方法的波動小一點，不會那麼疲累。當充滿情緒的思緒第一次湧現的時候，你會發現自己進入情緒，如同第一個方法一樣。當你注意到出現這樣的狀況時，必須馬上再次進行心律轉化法。另一個思緒很快就會出現，然後產生和第一個思緒一樣的情緒，如此你便可以抓到一個主題來加以處理了。

> 湧現的思緒可能非常強烈，以致主導了你正在進行的心律轉化法。這個想法可能是過去的殘留，或是未來的焦慮，或是現在的矛盾。想法如果壓過了你的練習，呼吸就會轉變。呼吸的韻律會應和產生這個想法的情緒。
>
> 發生這種情況的時候，不要因為自己無法將所有思緒淨空而感到失

望。這種強烈的想法，是無意識之中一個未解決的經驗浮出表層，等待著再次被體驗，以便整合。讓思緒浮現並進入你意識的心智，你的情感和理智都能因此變得更健康。

使用心律轉化法盡可能接觸各式各樣的這類經驗，但切莫單獨沉溺於某一經驗中。你可能會注意到這些經驗是帶著「一個主題」而來。舉例來說：

- 你的父母，你的孩子
- 你的生活目標
- 你的恐懼
- 超出你所能理解的創傷事件
- 你的遺憾、怨恨與罪惡
- 低落的自我形象

你可以繼續運用心律轉化法來觀察這些引起情緒的想法，把它們視為具有連續性，由同一個主題串連起來的點。你無法改變造成這種思緒的事件，但是可以解決這個主題，以阻止更多事件發生。

法蘭克的父親在他很小的時候就過世了。十年前，法蘭克被開除了。被開除這件事，會讓很多人因此失去自信，法蘭克也一樣。不僅如此，這更加強了他被拋棄的感覺。過了很久之後，法蘭克了解，自己無法和其他人一樣，那麼容易拋開被拒絕的難過，而且想到自己曾經被開除還是覺得非常痛苦，根源都出於這個主題。他在練習心律轉化法的時候，常常發現被拋棄這個主題與情緒等著他去

解決。不過現在他能夠在有意識的狀態下經驗這樣的情緒，而每一次經驗過後，都讓他獲得一些療癒。

希臘神話中，通往地獄的大門——象徵心中無意識的深淵——是由一隻可怕的雙頭看門犬賽貝洛斯看守。這隻狗代表過往未解決的回憶，例如傷痛，以及這些回憶在現今所造成的焦慮。如果要更深入自己的心，就必須找到通過這座大門的方法，要能夠與看門犬和平相處。而唯一的另一種選擇，是遠離自己的心，讓心變得死硬苦澀，無法從中汲取力量。要與看門犬和平相處，就必須知道牠的名字。

究竟是什麼造成你的焦慮？不要只是哀嘆自己焦慮，而是要發現焦慮的源頭，並為此感到高興。但是我們無法運用思想來理解這個源頭。想知道自己的心曾經受到怎樣的傷害，要讓心本身來指引。傾聽自己的心跳，你的心就會告訴你。

我在二十多歲剛開始練習冥想的時候，沒有老師指導，也沒有同學可討論。我驚訝地發現，要平息每次靜坐時油然生出的焦慮有多麼困難。慢慢地我能夠從自己排山倒海的焦慮中追溯到同一件事情：我無法親近我的小女兒，因為她現在由她的母親監護。我的各種焦慮並未明白地顯示這件事情就是源頭，反而看起來只是百萬種各式各樣不同的理由與抱怨。舉例來說，我對於我媽在我的婚禮上做的一點小事有些生氣。這事根本沒什麼，但因為是發生在我的婚禮

上，所以和我的婚姻，還有我的女兒產生了關聯，於是我產生了強烈的情緒。我嘗試各種方法要跟母親和解，看起來好像改善很多，但最後我發現自己犯下自以為是的錯誤判斷。我氣的不是我媽，我是想念女兒。在我發現這個主要問題之後，我知道除非先將深埋絕望底下的愛坦白表露出來，否則我的心無法獲得平靜、無法同情他人、無法徹底敞開。我將一半收入給了她們母女，這讓我覺得好過些。我搭便車穿越一千公里的路程去看女兒，這讓我的心好過很多。我持續和女兒保持聯絡，幫助她的母親，冥想自己的心，同時試著幫助他人。一段時間之後，我的心開始癒合並敞開。我越來越能與自己的心連結，我的心就對我的生活造成越多影響。然後冥想的時候我的心不再攻擊我了，我的心反而振奮了我，將我帶進心所創造的力量之流。接著心律轉化法更讓我解決了另一個焦慮的源頭。二十多年後，這個過程還沒結束，但是更深入了。我現在隨時都保持著平靜的心，這比我當初所體驗過最寧靜安詳的時刻還要美好。

普蘭

想將平靜的能量帶入練習之中，就必須保持細緻的呼吸：無聲，持續，動作輕柔，沒有劇烈起伏。細緻的呼吸不會受情緒影響，因為這種呼吸本身便來自最強而有力的情緒——平靜。平靜帶來細緻的呼吸，細緻的呼吸可以創造平靜。

有時候記憶會突然從無意識中脫逃出來，重新產生出困住這些記憶

的情緒狀態。在這種時候，透過接受與原諒，可以讓我們保持平靜。心律轉化法可以強化這些屬於心的天生特質。

用細緻的呼吸安撫情緒，讓你能繼續專注於心律轉化法至少二十分鐘。

快樂的經驗比焦慮的經驗來得容易整合，所以在注意自己的呼吸時，比較不會有愉快情緒浮現。不過目前看起來不幸的狀況，最後可能變成很幸運的事情。

我們必須能夠看到快樂中的痛苦，以及痛苦中的快樂；看到失去中的獲得，以及獲得中的失去。❾

我們對於究竟什麼對自己是好的，其實沒有判斷能力。我們只知道自己想要或期待什麼，或是一件事情對我們的資產淨值會有怎樣的短期效益。但是我們想要的東西會改變。你是否曾經想要一樣無法得到的事物，現在卻很高興當初沒有得到？或者曾經想要得到也已經獲得的事物，現在卻很難過居然得到了？

曾經有什麼人在過去對你做過一些看來不可原諒的事嗎？不需要為了原諒那個傷害你的人而接受曾經發生過的事情。就像一滴墨水滴進海洋，生命經驗的海洋會吸收掉我們所有的失望與悔恨。因為那件

事情你吸入了多少憤怒、仇恨或羞辱？而在這之前與之後，你吸入的愛、歡笑、平靜和美麗又有多少呢？

你還無法原諒嗎？傷害你的人是故意的嗎？還是你只是剛好出現在那裡，便承受了他們的怨氣？在事情發生之後帶來什麼好事嗎？不管是之後的生活，或是內在的發展，或是讓你的個性變得更堅強？正是你所經歷過的一切，將你的靈性成長帶到當下的狀態，讓你的雙眼能夠展望圓滿的極限。也許你過去的生活實在讓人很不滿意，但是你已經來到現在這個時間點，你還能對載你過來的司機有這麼多抱怨嗎？到底誰是那個司機？難道不就正是你所尋找的那個唯一的存有嗎？

這個時候，你可以選擇要怎麼繼續這條道路。你可以選擇慢一點、快一點、安全一點、刺激一點、獨自一人或有著許多同伴等等不同的道路。難道你沒注意到是你的態度讓你做出選擇嗎？你現在的選擇，會影響接下來你的生命旅程中所遇到的問題種類。

重要的是，要能在洞察力、自我掌控、愛與平靜的能力上有所精進。人生遇到的問題都是能夠促進這些特質發展的練習。人生的成就之所以珍貴，是因為能夠讓我們的內在成長，除此之外成就就別無價值。你就是自己生命的產物，你就是自己成就的證明。如果你不喜歡自己的樣子，現在就可以決定如何調整自己的態度，這會讓你改變，就像馬車必然要跟隨馬匹一樣。

你傷害過別人嗎？那麼你必須彌補這樣的傷害。現在就做出決定，在冥想結束後馬上去進行，聯絡那個你傷害了的人，請求他們的原諒。不管是寫信或是親自拜訪，都要非常誠懇地請求對方原諒你自己剛剛回憶起的那件錯事。不管過了多少年，還是有可能找到對方。如

果對方已經過世，或是真的找不到，你可以用別的方法去彌補曾經遭受過類似傷害的人。如果你的決心很堅定、很清楚、很誠懇，那麼你的良心就會讓你將情緒與記憶放下，重新獲得冥想的平靜，甚至進入更深的境界。

你無法瞞過自己的無意識，你必須處理冥想引領出的情緒，不然就是停止冥想。在這方面所獲得的任何進展，都會帶來持久的益處。你可以從處理輕微的傷害、罪惡與悔恨開始，慢慢建立面對自己與對自己的生命負責的能力。他人自有他自己的良心要面對，但如果你覺得自己是他人的受害者，你就給了他們掌控自己生命的權力，而自憐、無力感和悲慘的自我意象會讓傷害持續下去。

不管是冥想中或是生活中，只要發生困難，可以透過這種特別具有撫慰作用的冥想，來撫平自己易感的情緒：

吸氣和呼氣的時候，將精神集中在胃部區域，也就是胸腔以下，剛好在掌管肺部擴張收縮的橫膈膜肌肉底下，一直延伸到肚臍的部位。

吸氣時，讓這塊胃部區域充滿空氣。呼氣時，讓呼吸深深地陷下。吸氣時，意識到身體在這個區域產生的反應。呼氣時動作和緩，讓所有的擔心和焦慮溶解於滿足的池塘。

就是這麼簡單，只要專注地將呼吸送到胃部區域。

這個練習是個小小的珍寶。即使你不再深入進行任何冥想，也能夠從這種腹式呼吸得到許多好處。有些人覺得這樣的呼吸，是令人

感動的深刻情緒體驗，因此流下眼淚。這種感覺並不悲傷，但是很深刻，就像是被母親抱著的孩子一樣。我們都需要撫慰，這個簡單的練習能生起一種受到安撫的深刻感覺。喜歡的話隨時都可以做。

既然腹式呼吸安撫了心的疼痛，接下來就可以回到細緻的呼吸來療癒心的創傷。

> 回到呼吸。嘆一口氣，排出所有會干擾你內在平靜的事物。這種嘆息式呼吸能夠移走心中的負擔，讓你的心變得輕盈無比。這種輕鬆的感覺實質上就是平靜的狀態。現在呼吸變得細緻了，無聲而緩慢，動作輕柔，溫和地從吸到呼，再從呼到吸。一點都不吃力、不粗重、不匆忙，也不會突然改變。

蘇菲教派把呼吸分成厚重和細緻兩種。厚重的呼吸吵雜而吃力，加重神經與肺部的負擔。厚重呼吸的練習對於鍛鍊肌肉很有幫助，還有控制神經的功能，對於肺部和身體健康也很有助益。但是從靈性成長的角度來看，只有細緻的呼吸能夠穿透身體內部重要的架構，並且深入一個人生命中最內裡的部分。

對於蘇菲主義者來說，呼吸是自己與神之間的橋樑，就像一條從天上垂下來的繩子，讓人與天堂連結。蘇菲主義者藉由這條繩子的幫助往上攀爬。❿

臣服於呼吸

不管有沒有在冥想，注意自己的呼吸都很重要。透過關注呼吸，可以習得控制自我。從實際的角度來看，還能夠增強行動的效率。

冥想的時候要專注於自己的呼吸韻律，直到心智完全平靜下來。如果心智無法平靜，繼續注意自己呼吸的韻律，一段時間後，應該會發現呼吸變得越來越細緻。接著你會覺得觀察呼吸變得有點困難，但這時候因為已經進入真正的寂靜狀態，其實就不需要再觀察呼吸了。❶
我們進入寂靜的狀態，寂靜便進入了我們。我們和宇宙合一，宇宙便示現在我們的內裡。不管我們走在怎樣的道路上或是受過怎樣的訓練，都會是如此。我們最後都會抵達自己的終點。這就是所有生命的寂靜，裡面什麼都沒有，但也可以說裡面什麼都有。❷

在觀察呼吸的時候，呼吸會有所變化。在觀察心智的時候，心智會有所變化。這些狀況全都遵循一種普遍的法則：

觀察會改變被觀察的事物。❸

因此，我們無法同時既完全任由呼吸進行卻又察覺到呼吸。觀察呼吸的意識會影響控制呼吸的無意識。這並無妨礙，我們反而可以比觀察更好好運用冥想的時間。能夠了解反映在呼吸韻律中的無意識運作固然很有用，但能夠引導無意識卻更有價值。我們要如何才能做到呢？

在受到靈感啟發的狀態下，詩人寫出詩，音樂家譜出音樂，建築師設計出建物，情人則得到所愛，所以我們一定有辦法根據自己的興趣或欲望來操控無意識。

> 在心律轉化法的這個階段，不要嘗試改變呼吸，也不要嘗試扭轉思考的方向。無意識的欲望會引導我們在冥想中所浮現的思緒。
>
> 請記得，處於冥想狀態的時刻極為珍貴，現在連結天與地、意識與無意識的大門已經打開，你想怎麼運用這段時間？你是為了什麼而冥想？
>
> 記住你想要的是：
> ● 療癒心中的傷口
> ● 整合生命的各個部分
> ● 在理解和力量上更進一步，讓自己能夠完全發揮潛能。

 臣服於呼吸，讓自己被呼吸，同時又保持極度的清醒。

注釋

1　www.hazrat-inayat-khan.org: Message: Vol 13, Gathas: Breath: 1.3 Prana.

2　www.hazrat-inayat-khan.org: Message: Vol 13, Gathas: Breath: 1.1 The Power of Breath.

3　www.hazrat-inayat-khan.org: Message: Vol 13, Gathas: Breath: 2.10 Communieation Through Breath.

4　"Smell", Encyclopedia Britannica, www.eb.com

5　Khan, I. Gatha 1, Astrar ul-Ansar 6, Esoteric Papers.

6　Webster's Ninth Collegiate Dictioncry.

7　www.hazrat-inayat-khan.org: Message: Sayings: Vadan: Boulas.

8　www.hazrat-inayat-khan.org: Message: Sayings: Nirtan: Aphorisms

9   www.hazrat-inayat-khan.org: Message: Sayings: Aphorisms..

10 www.hazrat-inayat-khan.org: Message: Healing papers: 2,1 Breath: Lesson 7.

11 Khan, I.（1989, 283）.

12 Khan, I.（1989, 287）.

13 這個法則跟海森堡（Heisenberg）在物理學上所提出的測不準原理類似。

第五章
有節奏的呼吸（引導心的能量）

出版者的話

一直改變呼吸的人，既無法冥想，也無法發揮其他能力。❶

呼吸可以分成三種不同的節奏：第一種是細緻的呼吸，吸氣與呼氣緊密相連而難以區辨的節奏；第二種是有覺知的呼吸，藉由吸氣與呼氣截然不同的擺動來區辨的節奏；第三種是有節奏的呼吸，是一種非常平均、勻和的呼吸節奏。

無法掌控自己呼吸的人，這三種節奏會影響到他們的健康、心情和生活狀態。但是能夠掌控呼吸的人可以在這三種節奏中隨時切換。一旦擁有了掌控呼吸的能力，治療師便擁有了上緊所有時鐘發條的鑰匙。

（哈茲若・音那雅・康）❷

有意識的被動呼吸是一種美麗而自我表露的呼吸，能夠讓無意識向我們吐露。在發現這種呼吸的喜悅之後，現在我們可以邁向有節奏的呼吸，讓呼吸再多加一點控制。這樣一來，我們便會發展出內在的對話，不但能傾聽無意識，也能向無意識說話。

專注

在缺乏專注的狀況下，這個世界上沒有任何一件事情能夠徹底實現，不管是事業或是專業，還是靈性的工作。在事業和專業上無法成功的人，其實是用錯了自己的專注力。許多在生活中成功的人，事實上都要歸功於他們正確的專注力。只要擁有專注力，藝術家可以創造出偉大的作品，科學家可以完成偉大的成就，詩人信手拈來就是美麗的篇章，神祕主義者也很容易就讓神祕的靈感流動起來。但是如果沒有專注力，就算一個人的能力再強，也沒有辦法徹底發揮能力，甚至我們會看不出他的能力。

（哈茲若‧音那雅‧康）❸

在這個階段，我們要專注於呼吸，之後還會用同樣的方法專注於心跳。呼吸很容易觀察，心跳比較難找到。專注需要努力，但又會產生放鬆的感覺，而且比沒有特別集中精神、僅僅安靜坐著的人還要來得放鬆。也許這個結論讓人感到驚訝，不過只要比較心智與生理的運作，就可以理解了。

該如何放鬆思想？放鬆思想的方法，首先就是讓思想疲憊。不知道該怎麼讓思想疲憊的人，永遠無法放鬆思想。專注是思想最強烈的活動，因為這時候思想完全集中在某一件事物上。之後自然就會放鬆，而放鬆的時候思想便能獲得所有的力量。

（哈茲若‧音那雅‧康）❹

要讓思想運作起來，必須從專注開始。也許你的思想看起來已經太滿、太忙、太累了，無法集中，因為有一大堆的事情需要注意。你會覺得自己想要的是思想能夠放鬆一會兒，得到平靜的喜悅以及大宇宙的愛，而不是又要繼續努力。這些的確都可以得到，但首先必須集中精神。為什麼？因為緊張過後，放鬆才會到來。

放鬆手臂的方法，首先要盡可能用力緊繃，每一塊相對的肌肉都要使力，讓手臂硬得如鋼似鐵。然後突然放鬆，手臂便會翻轉成深刻放鬆的狀態。思想也是一樣的運作方式。

「可是我已經專心一整天了。」你可能會這麼說，「難道這樣不行嗎？」也許你是稍微專心了一下，自然會伴隨一點點的放鬆。但這些還不夠。你可以學習如何讓思想更為專注，然後運用在工作上，接下來便可獲得更為深刻的放鬆。冥想的練習會讓專注力成長、增強。一旦擁有更強的思想力量與清楚頭腦，許多原本讓你感覺到壓力的事情，就不再是壓力了。這和任何一種自我成長並無二致：跑步會讓你覺得累，但等到你培養起體能後就不會了，往後跑步反而還能讓你充滿活力。

> 在這個練習中，我們要比以前更加專注於呼吸。呼吸會因為我們的專注而形成節奏，而有節奏的呼吸能讓思緒保持集中，使我們更容易保持極度的專注。我們似乎只需要呼吸，然後呼吸就會讓一切水到渠成。
>
> 有時候，因為我們非常投入於思想的狀態，在這一刻，生理的身體對我們而言不再存在。
>
> （哈茲若‧音那雅‧康）❺

缺乏有節奏的呼吸，專注會變得非常困難。而在有節奏的呼吸幫助下，專注變得非常簡單。這就是為什麼聽著穩定節奏的音樂可以加速學習，讓工作更有效率。如果節奏一直改變，一點都不穩定，便會產生渾沌與混亂。如果韻律逐漸加快，像拉威爾的樂曲《波麗露》一般，便會帶著聽眾著陷入瘋狂狀態。心的韻律也是如此。

在冥想中，思想的控制是透過呼吸與心智來執行。保持呼吸的節奏與細緻，呼吸就會因為意識的專注而變得更加細緻，人類的內在之光便會顯現在呼吸之上。如果呼吸沒有保持韻律，我們便會開始胡思亂想。而對抗胡思亂想的戰爭，尤其是對抗自我的思緒，是每一位聖徒與賢者持續進行的戰役。在這個時候，我們還需要意志力的幫助。

（哈茲若・音那雅・康）**❻**

不受干擾

努力保持呼吸的節奏，傾聽心跳，好讓思緒維持集中，便會產生立即的效果：從我們自己製造的障礙中解放出來。

放任的道路通往禁錮，紀律的道路才會通往自由。

（哈茲若・音那雅・康）**❼**

呼吸的循環變得非常強烈，就像遠洋郵輪在生命的大海上乘風破浪一樣，而非隨波載浮載沉的浮標，也像壓路機壓過凹凸不平的表

面。穩定的呼吸產生了自身的慣性，成為前進的力量，即使遇到障礙，還是會朝著已經選擇的方向前進。當你拓寬並鋪平這條道路之後，抵抗便被拋在後頭，只有跟隨的份。原本會妨礙或阻止你追求目標的事情，只要你不再受其影響，自由便應運而生了。

> 此外，要注意自己的心跳，這可以讓你集中精神，不會受到周圍環境的干擾，專注於存在你胸腔中只有你自己能察覺的跳動。當你覺得自己消除疑慮並重新獲得能量，就可以再次將專注力移往外在環境，同時注意自己看到的事物與看待的角度有怎樣的改變。

我們如果任由自己受到打擾，表示不夠專注；專注力不夠，表示意志力也不足。因此，要保護自己不受干擾的最佳方法，就是鍛鍊專注力，讓意志力隨之自然成長，我們就能承受群居生活中的各種干擾。

解救分心的最佳良藥，是自然的專注力，也就是不要強迫思緒。我們必須先讓思緒自然運作，思考它想要思考的事物。為什麼它必須思考自己沒興趣的事情呢？這一點都不自然，就像如果我們吃了不喜歡的食物，其實無法消化，也不能從中受益。我們要思考的應該是我們喜歡的事物，然後才有辦法學習專注。

（哈茲若·音那雅·康）❽

不要試圖將環境隔絕於外。只要專注於呼吸，然後是心跳，帶著極大的興趣與熱忱。呼吸可以告訴我們很多事情，你不會想錯過任何一小部分。我們也可能會受到周圍其他人的影響，因為我們又不

是石頭。有趣的是他們怎麼影響你，而你受到什麼影響。觀察自己呼吸模式的細微改變，可以讓你知道受到干擾的程度。一旦你用這種方法觀察自己，你的反應程度就會降低，如此一來，我們便可以同時既敏銳又平靜。

 要鍛鍊出在吵雜擁擠的環境中練習心律轉化法的能力。

生命的節奏

深思熟慮之後，很快便會了解，所有的生命都包含了變化的循環。將生命視為整體的人最能充分體驗人生，他們會重視生命中兩種不同的節奏。第一種是起─伏的節奏：聚集與分散，獲得與去除，成就與放棄，行動與規劃。第二種是獲得與分享的節奏：買與賣，教與學，愛與被愛。這兩種韻律在不同時期的交互作用，造成了生命的多樣與多元。

所有這些生命循環都能夠讓我們獲得益處。我們可以在某段時間從事與生命節奏相合的活動，又或者是改變生命的節奏來配合當下的目標，以得到成功。向上冥想能夠幫助我們找尋生命的韻律，向下冥想則是改變生命節奏的工具。

我們都會注意到自己的情緒起伏，有時候就是沒有心情去做應該或必須做的事，但是我們很少好好運用這種怠惰的情緒。一直不斷活動其實很不自然，我們需要內省的時間。如果缺乏這部分的生命循環，可能會變得憤世嫉俗、自我厭惡、孤僻疏離，或是導致疾病。同樣地，一直把自己關起來內省也不自然，我們必須要有主動出擊

的時候。如果缺乏這部分的生命循環，就可能變得心胸狹窄、嫉妒羨慕、憎惡悔恨，或是反骨叛逆。

生命不可能永遠積極建設，總是會有頹唐毀壞的時候，但是建造起來的不見得就要被拆除。上升之後下降，獲得之後失去，會將真與假、重要的與不重要的分開。我們會記得成功教給我們的事情，但可能會失去建立起來的成就。覺知的呼吸便是一再重複的教訓：生命是一種循環。往前一步之後會後退一步，挫敗之後就會成功。捨不得呼氣或是想要憋住氣不放，其實很不明智，因為接下來我們會再次吸氣。我們在吸氣的時候為什麼要盼望著呼氣呢？在呼氣的時候為什麼卻想著吸氣呢？做任何動作都要專注當下，不要分心。

有一次國王將他的智囊集合起來，告訴他們說：「我發現有時候我會很憂鬱，感覺整個世界都不對勁，但有時候我又覺得很開心，因為高興過頭就做錯事情。我希望你們能調製一種藥，讓我在難過的時候能夠高興起來，高興的時候依然有所警覺。」智者們努力了很久，最後給了國王一只「魔戒」，當國王太興奮或太沮喪的時候，便低頭看看這戒指，那上面刻著：「一切都會過去。」

有些人會因為覺知的呼吸而焦慮起來，焦慮是來自擔心呼吸的循環會停止，害怕自己在某些時候無法得到足夠的空氣。

觀察自己呼吸的起起伏伏，是一種建立信心的療法。生命中有無數的波浪，潮起潮落。有些事情是浪潮無法撼動，有些事情則會隨

著浪潮而去。

冥想者一樣無法迴避生命的循環，不過他們對自身比較有所覺察，比較能好好運用生命的韻律。不管生命能量是凝聚還是消散，只要適當地應對，都能獲得成功。

有些節奏是每天循環，所以早上和晚上適合進行不同的活動。有些節奏的循環甚至很短，一天之內會發生好幾次，像是大腦會從占優勢的左半腦轉換成右半腦占優勢，然後再轉換回來。還有其他比較慢的節奏，會與目前面臨的挑戰和長期發展循環相關。冥想者對於這些不同的韻律都非常了解，因為他們擁有很簡單的監測方法。觀察一整天的呼吸與心跳的節奏，長期下來便可以發現反映在你體內的生命節奏。

（透過呼吸練習）蘇菲祕士將自己的呼吸調節成適當的節奏。在每天練習養成習慣後，蘇菲祕士的生活就會變得非常規律而井然有序，因為時間的節奏變成了呼吸的習慣。不管是醒是睡，呼吸都有著韻律，也讓心跳這個身體健康的關鍵所在能夠保持一定的節奏。呼吸產生的節奏還能讓我們的思緒變得有條理，意志變得強大，記憶變得清晰，感覺變得正常，因此生活中的所有事物都會很有秩序、完美無瑕。

（哈茲若・音那雅・康）❾

進入更高深的狀態時，你可以將生命的節奏調整成適合當下目標的節奏，而不是配合節奏改變自己的行為。實際上這就像耶穌讓風暴平靜下來的神蹟一樣。第一步便是學習如何與生命節奏的起落調和，像是右腳和左腳合作一樣，妥善運用這兩種循環，一步一步朝

著目標前進。這種協調和一般的工作方式形成對比，我們通常會先發展出一種工作型態，然後將它一律套用在生活中的各種狀況。

彼得是個大膽又有創意的人，有一次發想了一種對於許多人都會非常有用的產品。在耗費許多心力之後，他籌到足夠的錢，可以開設一家公司實現來他的想法。然而，公司還沒營運多久，他的生命節奏突然有了轉變，從主動建造的狀態轉換成內省拆解的狀態。這個轉變影響了他整個生活，不僅是事業，還讓他重新審慎地評估自己的信念。他的能量從向外變成向內。在此同時，公司的研發進入沒有邏輯、全憑直覺的模式，在很短的時間內產生許多重大的發現。設計出來的產品非常實用且創新，但公司卻經營不下去，因為資金不足，無法讓產品上市。在這個下降的循環中，研發可能非常成功，就像受精卵發展成胚胎，但對於出生來說卻不是最好的時機。做生意也好，生活也好，時機就是一切。

彼得沒有注意到生命的節奏，在同樣的下降循環階段又開了另一家公司。他再一次在研發新產品上獲得成功，但這次他的韻律轉入建造階段，產品上市了，叫好又叫座。如果我們堅持一再使用同一種方法，生命的韻律總有一天可以搭配上，成功就隨之而來。比堅持更好的做法，是對於自己自然的節奏有所覺察，在適當的時間選擇使用適當的方法。

如果彼得在開第一家公司的時候覺察到自己的節奏，他可以放掉虛張聲勢的表面，捨棄貪婪的驅力，採用低成本的方法繼續研發。等到自己的能量再次循環往上的時候，應該就有能力駕馭這個機會。

他的公司會失敗，是因為公司和自己的循環週期無法配合。

在《人生的四季》（*Seasons of a Man's Life*）這本書中，心理學者丹尼爾・賴文森（Daniel Levinson）記錄了人生長期的韻律，從童年到老年可以明顯區分成幾個階段。至於短期的韻律，中醫師能夠診察到心跳所產生的五種搏動，並賦予每一種搏動獨特的意義與影響。

許多文化的冥想者都發現，他們的內在狀態和生活狀態會互相呼應，並仔細地研究了兩者之間的關係。有些內在狀態可以透過心跳來度量，有些則是透過呼吸速率或者內分泌和神經系統來度量。將人生的各個階段視為個人內在狀態的展露，並了解到個人的內在境界會投射在人生各個階段上，會讓人感到喜悅。

一開始我們可能會覺得，生命中的各種事件與處境會影響我們的內在狀態，勝過內在狀態對事件與處境的影響。工作上升官、孩子突破困境、高速公路上車子壞掉，或是被朋友拒絕，這些事件對情緒、心理與生理產生的效果，我們都可以輕易察覺。我們很清楚生活中的事件對自己產生的影響。但對神祕主義者來說，反向的影響其實更強烈，甚至強烈到居於主導地位。我們的內在狀態會塑造生活。彼得的故事中，每一件事情發生之前，他的內在都會產生一種改變，這改變可能便導致了那些事件。

呼吸頻率會影響身體的新陳代謝，新陳代謝接著以同樣的方式影響我們生理和心理的節奏。呼吸頻率是我們體內的兩個時鐘之一，另一個時鐘便是心跳。

觀察呼吸與心跳，就能夠覺察自己的內在狀態。許多人不明白自己產生了什麼樣的情緒，直到發現情緒所造成的後果才明瞭。他們會否認自己很憂鬱，不知道自己處於疏離狀態，甚至享受起孤獨寂寞。但沒有情緒的生活其實是心生病了。

 　　養成習慣去觀察呼吸的節奏，就能覺察自己在一天之中情緒與能量的轉變。

運用呼吸節奏

　　受呼吸擺布的人，是生活的奴隸。能夠控制呼吸的人，是生活的主人。所謂的「受呼吸擺布」，指的是我們生活中的所有事情都受制於呼吸的速率以及呼吸所化成不同元素或改換不同方向的變化。昧於這個事實的人們，會被呼吸所主宰，從而將生活中的遭遇視為偶然。因此生命不是他的王國，而是他的牢獄。

　　當人們明白這個道理之後，就會希望能夠掌控自己的思想、感覺、情緒、熱情和自身事務。

（哈茲若・音那雅・康）❿

　　我們要明瞭，我們參與在自己生活中的所有狀況，而我們的參與改變了所有事件的結果。不是事情發生「在」我們身上，而是事情「因為」我們而發生。我們充分地參與其中，每一次呼吸，尤其是呼吸的方式，是決定事情走向的主要力量之一。保持呼吸平穩，方能撫平焦

慮、無力和恐懼的感覺。

你可能同時過度敏感又過度遲鈍。生命是一股流動，像河流一樣，一定有匯合與分支。這個循環在流入和流出相等時運作得最順暢。思考一下，呼吸的哪個部分，吸氣（流入）還是呼氣（流出），對你來說比較容易。如果老是想著其中一個動作，忽略另一個，就會造成壓力。

你能夠傾聽並了解別人的付出而不去掌控一切嗎？你會因別人的意見或行為而感到苦惱，甚至無法發揮自己的創意嗎？

將胸腔中的空氣向前呼出，給予他人無聲而不為人知的靈感（inspiration）。直接將空氣吸入胸腔，讓發自他人心中的呼吸所承載的一切融入自己。

擺盪呼吸

關於節奏的運行模式，可以想像一下鐘擺，尤其是那擺盪的形式。如果你推著別人盪鞦韆，就要精準地在正確的時刻推一把。推得太快，就是在向上盪起的時候阻住，反而會讓擺盪慢下來。推得太遲，擺盪已經開始往下掉。在正確的時刻規律地輕輕推上一把，擺盪就能夠繼續下去。

想像自己面前有個鞦韆。呼氣的時候，鞦韆會隨著盪出去。吸氣的時候，鞦韆會隨著拉回來。藉由這種擺盪，我們可以和自己的無意識

溝通。

　　呼氣的時候，讓自己的疑問跟著呼吸的鞦韆盪出去。跟著擺盪出去的問題會傳達到無意識那兒。鞦韆帶著你的思緒出去，消失在擺盪弧線另一端的迷霧中。吸氣的時候，鞦韆會回來，最後終究會把無意識的回答跟著帶回來，這時就可以將這答案吸納進入自己意識的心智中。

　　你可以藉由反覆的動作，將訊息從意識傳送到無意識。所以訊息必須完全相同，每一次呼氣都要傳遞出去。

　　無意識將回答傳送給意識的情況，通常無法預期。訊息會出現在自然浮現的思緒中，非常有力、非常清晰。不用想像，也不需推敲，回來的答案總會讓我們感到驚訝。無意識的思考和邏輯思考非常不同，可能會肯定或是否定邏輯思考的答案。但即使和邏輯思考相同，出發的角度也會不同。

　　如何辨認無意識的訊息呢？訊息會突然出現，而且角度會很不一樣。有時沒有任何前兆，在你將呼吸送出去，不斷重複自己的問題時，答案就出現了。不要試圖尋找答案，這會讓你的思緒去想像答案可能會是什麼。只要用平穩的節奏傳送出去，專注於自己呼出的問題。答案出現時，會強烈地吸引你的注意，你絕對不可能錯過。答案不會是來自外面的聲音，而是出現在你心裡。就像是突然想到的念頭，但更為有力。不管答案是什麼，接受這個答案，讓呼吸深深地將答案刻劃在記憶裡。

你可以進一步將這個練習應用於與他人的溝通：

> 呼氣的時候，附上想要傳達給全世界的思緒一起擺盪出去。
>
> 讓每次的擺盪越來越遠，直到呼氣的擺盪帶著訊息傳達到地平線之外，透過呼吸的擺盪與全世界溝通。
>
> 呼吸能傳達的距離是無遠弗屆的。如果你知道有更遠的地方，呼吸也可以傳達到那裡。只要你送出去，呼吸就會走得更遠。

這個練習看起來很基礎，但其實不然。大師們會運用呼吸將祝福與啟發傳遞給他們的弟子。你可以藉由這個練習與遠方的朋友溝通，不管你們是實際相隔兩地或彼此情感疏離，只要你覺得內在與他們緊密連結即可。

只要運用一點點的控制，就能夠指揮呼吸的強大力量。就像希臘神話中的大力士海克力士搬運了整條河來清洗奧格亞斯國王的牛棚；只要簡單的專注力，我們就可以指揮強大而貫穿我們的呼吸之流。

 透過呼吸與無意識溝通──送出問題，收到答案──這證明了無意識知道許多意識不知道的事。

注釋

1　Khan, I（1989, 229）.

2　www.hazrat-inayat-khan.org: Message: Githas: Healing: 4, Rhythm.

3　www.hazrat-inayat-khan.org: Message:Vol 4, Mental Purification: 12. Mystic Rexalation（1）.

4　參同前（2）.

5　www.hazrat-inayat-khan.org: Message: Githas: Esotericism.

6　khan, I.（1989, 227）

7　www.hazrat-inayat-khan.org: Message: Sayings: Gayan:Talas.

8　www.hazrat-inayat-khan.org: Message:Vol 4, Mental Purification: 12. Mystic Relaxation（2）.

9　www.hazrat-inayat-khan.org: Message: Githas: Esotericism: 2, Rhythm in Fikr.

10　參同前。

第六章
全然的呼氣（完成目標）

有些（學生）肺活量不夠，無法深呼吸，有些則是呼吸器官受到感染。在這樣的情況下，呼吸節奏一定會改變。當然，對這些呼吸不順或是呼吸器官狀況不佳的人來說，呼吸的練習非常重要，但練習的時候必須非常緩慢，而且一開始必須先呼吸幾次。

（哈茲若・音那雅・康）❶

面對恐懼

我們的呼吸通常很淺，大部分的肺活量都閒置著。會呼吸得這麼淺，部分原因是這樣比較輕鬆：全然的呼吸必須花一些額外的力氣。但還有一個原因，即出於無意識的恐懼。持續一直呼氣會讓我們暫時處於脆弱的狀態。如果接下來吸不到空氣，身體馬上就會缺氧。因為這種可能吸不到空氣的恐懼，讓我們儲備空氣做為「緩衝」，但體內的空氣卻因而變得不新鮮。正是這種恐懼導致某些人非常難以改變呼吸模式。然而，面對並克服這恐懼，便能讓我們釋放出力量，用以達成生活的目標。

「呼氣」的英文 expire 有著「死亡」和「吐出空氣」兩種意思。

ex·pire \ ik-'sp_+(e)r，vi 3（不及物動詞第三種解釋）和 vt 2（及物動

詞第二種解釋）通常唸做 ek-\ 動詞變化 ex·pired；ex·pir·ing

【ME（中古英文）*expiren*，源自 MF（中古法文）或 L（拉丁文）；MF（中古法文）*expirer*，源自 L（拉丁文）*exspirare*，源自 *ex-* + *spirare* 呼吸—更多可參見 spirit】vi（十五世紀）

1：呼吸最後一口氣：DIE（死亡）

2：結束

3：吐氣

~vt

1（廢語）：結論

2：呼氣出去，或是從肺部出去 ❷

　　有些學生無法按照指示持續呼氣以清空肺部，他們非常抗拒呼出超過定量的空氣。一開始，這樣的學生可能覺得自己已經符合指示，完全排空了，但其實可能還保留了百分之二十五到百分之五十的空氣。

　　對呼吸循環的底部感到恐懼，正代表著對死亡的恐懼。在呼吸的週期中，吐盡所有空氣時，呈現出的是死亡的一個主要特徵——沒有了氣息。呼吸代表生命。當身體死亡了，就保不住最後一口氣。要說全然的呼氣類似於（非常短暫的）死亡，一點也不算誇張。

　　這個練習是對於恐懼死亡的預防針，目的在於能更完整地活著。除非我們有過吐出最後一口氣的經驗，否則我們無法理解我們的生命受到死亡恐懼多大的束縛與局限。

　　許多冥想者在這裡就停住了，要不是退回去練習愉快而輕鬆的韻律呼吸，不去嘗試全然的呼氣，便是乾脆不再練習冥想。如果有的

話，只有很少人會承認恐懼是他們停止冥想練習的原因，通常都會說因為沒有時間，不然就是還有很多其他的事要忙。心中有恐懼，腦袋就會盡快想一些別的事情、找一些別的理由，讓自己遠離恐懼。

只有完全了解這樣的恐懼，冥想才真正展開。唯有充分呼氣才能充分吸氣。我們需要全然的呼吸，才能讓意識躍入真正的冥想狀態。透過充分吸氣，冥想會產生轉化生命的力量。

在這個階段的心律轉化法，還沒有辦法消除對死亡的恐懼。唯有當個人自我融入宇宙之心的經驗累積得夠多，才會有辦法。但體驗沒有氣息的狀態還是非常重要，克服恐懼的過程必須由此開始，並藉此培養呼吸的力量，以便達到冥想宇宙之心的狀態。

第一種干預

所謂的第一種干預，是指將空氣完全呼出。到目前為止，我們已經可以強烈意識到自己的呼吸，但並未干預呼吸的節奏。現在是第一次要刻意改變自己呼吸的方式。這需要練習，因為接下來要重新訓練呼吸。

讓呼吸如常進行到最後的呼氣階段，然後延長呼氣的時間三秒鐘，用這三秒來清空肺部。干預的時間只限於這幾秒鐘，每一次呼吸都做一次，呼吸週期的其他部分則保持不變。千萬不要在呼氣的最後摒住呼吸。

你可以輕易地比平常呼出更多的氣（可能需要一些幫助，因為會保

留氣息的人通常不知道自己有這習慣），但是不要太過用力，免得讓呼吸變得很大聲或是太緊張。

你可以躺著練習（冥想通常不建議躺著練習，因為很容易睡著，但這個呼吸練習是一項準備工作，不在此列）。仰躺著，將一隻手輕放在胃部，感覺手隨著吸氣和呼氣上下起伏。呼氣的時候，應該要感覺到手下沉到低於胸腔的位置；吸氣的時候，手的位置應該要高於胸腔。就好像那個部位有個氣球，一下子充氣，一下子洩氣。

要更了解狀況的話，可以觀察嬰兒或小孩睡著時的呼吸。你會看到，橫膈膜移動的範圍非常大。

現在坐起身來，運用全然的呼氣讓呼吸變得有節奏。單單這個在呼氣最後幾秒的干預動作，就能產生足夠的力量讓呼吸持續循環，如同騎單車時腳踏下去讓輪子轉動，或者蒸氣活塞讓火車頭的輪子轉動，也如同汽車引擎中的爆炸驅動活塞轉動曲柄一般。

以這樣的方式呼吸，次數限制在十次左右。在冥想的時候，學習持續呼氣的確很重要，但這也只是整個程序的一部分。搭配下一章介紹的第二種干預，全然的呼氣才算周全。目前，只要練習幾次全然的呼氣就行了。

能量衝擊

吸氣能夠帶來能量，在神經系統中產生「衝擊」，你可以從情緒上感覺得到。inspire（激發）一詞也有「吸入」的意思。跟隨在充

分呼氣之後的吸氣特別具有力量。吸氣感覺讓我們上升，和呼氣似乎讓我們下降的感覺剛好相反。

> 一旦呼氣完成之後便要立即開始吸氣。呼氣之後，不要在下降到「底部」時停下呼吸的動作，這會讓你衰竭。讓吸氣自然地上升而完成呼吸，不需要加快或放慢速度，然後吸氣就會和緩地變成呼氣。呼吸必須永遠保持平順無聲。
>
> 如果吸氣產生了強烈的能量衝擊，你就知道自己的呼氣做對了。這就像潛入游泳池，在呼氣的最後碰觸到池底，然後從底部彈升，隨著吸氣迅速上升。不要停留在底部，只要碰觸到即可，然後讓吸氣帶著你從底部彈升。

這樣的呼吸讓人精神充沛、神清氣爽，我們會覺得一切都變得嶄新而新鮮。全然的呼吸能夠帶來全盛的生命力，而淺層呼吸則只能讓我們擁有一半的生命。全然呼氣與全然吸氣能帶來正向而有力的影響，即使你的冥想練習最終只能來到這個階段，還是可以從中獲得巨大益處。生命的轉化將變得令人愉快，而改變已無可避免。

> 運用腹部肌肉來開始每一次的呼吸，然後在最後幾秒鐘運用胸部肌肉。每一次的吸氣，應該可以看到肚子突出來。為了盡可能吸氣，就需要擴張胸腔。呼氣同樣也是由橫膈肌開始，只有到呼氣的最後，才稍微壓縮一下胸腔。
>
> 讓呼吸保持這樣的節奏，伴隨有意識地全然呼氣，在冥想時就不會

想睡覺，呼吸的能量會讓你保持清醒。睡眠需要的是不會觸及「底部」的呼吸。如果觸及到了底部，隨後而來的吸氣就會把你喚醒。

冥想是讓我們能夠有意識呼吸的一種方式，另一種方式是運動，運動的好處在於使我們注意到自己的呼吸。因此，運動會帶來冥想的某些好處，尤其是去擾動無意識，讓還沒解決的問題浮現在意識的光照中。只是運動的鍛鍊會從生理上控制呼吸，所以效果有限。

我以前常想，為什麼我從運動健身獲得許多樂趣，但是除草卻讓我覺得好累。我喜歡健身房，很討厭除草機，但為什麼這些感覺會對我的精力與耐力影響這麼大？有一天我覺察到自己在除草時的呼吸。我呼氣，然後停了很長一段時間後才又吸氣。所以我在運動和除草時的呼吸模式，有兩處差異。第一，我在除草時的呼吸是無意識的，而我在運動時的呼吸會配合動作，不但有意識還有韻律。第二，因為我很討厭除草，所以無意識地採取了「死亡呼吸」，不管是誰都會因此覺得筋疲力竭。「死亡呼吸」是在呼氣之後，停了一會兒才再次吸氣。

呼氣又稱為疲憊（exhaustion），沒辦法呼吸會讓人衰竭。這是類似於死亡的狀態，因為呼吸停止了。停留在這樣的狀態會讓我們失去生命。在發現這件事之後，我改變了呼吸，呼氣完之後馬上就再吸氣，完全沒有暫停。之後除草便成了我的運動，而不是苦差事。

普蘭

伴隨著動作的全然的節奏呼吸

另一種練習充分呼吸的方式，是用動作搭配呼吸，讓呼吸變得有意識而且有節奏。普蘭的兒子，阿薩塔爾·貝爾博士（Dr. Asatar Bair），詳細研究了節奏呼吸與動作。接下來就讓他與我們分享兩種動作的經驗：行走和跑步。

行走呼吸練習

阿薩塔爾·貝爾博士：歷史上所有的靈修人士都花很多時間步行，也發展出許多可以在行走時進行冥想的方法。將心律轉化法運用在行走時，你可以讓步伐的韻律搭配呼吸，藉此讓呼吸變得有意識。也許你在行走時已經很自然地做到了這件事，但自己卻沒有意識到。不過這個方法會採用較緩慢的呼吸節奏，讓我們充分而深深地呼吸。在無意識的狀態下，我們的呼吸平均只會使用到百分之十到二十的肺活量。但延長呼吸的時間後，能夠更有效率地運用吸進來的氧氣。較長的呼吸也具有鎮靜的功效，同時提供很多能量。為了全然的呼吸，你必須使用腹部肌肉去擠壓橫膈膜。如果你在走路的時候，發現自己比平常運用到更多的腹部肌肉，不必太驚訝，這代表你做對了！

另外，你要讓吸氣和呼氣的時間等長。通常我們無意識的呼吸都很不平均，不是吸氣就是呼氣太長，讓接下來的呼或吸變得更激烈。藉由呼、吸相稱，可以穩定因為無意識習慣而累積下來的能量失衡。

所以，在行走的時候，先將空氣全部呼出，吸氣時，從右腳開始出發數八步。第八步會是你的左腳，而踏出第九步時吐氣，一樣持續八

步（8-8）。你會發現，如果在平坦的地面，以中等的速度來行走，比較容易做得到。如果你覺得這個韻律不適合，試試看四步吸氣，四步呼氣，但還是盡可能提升到 8-8。如果你走得非常慢，4-4 應該是很不錯的節奏，但你會發現 8-8 還是比較適合大部分活動中的行走。最重要的是，有沒有時間讓你把肺部全部清空，然後再全部吸滿。練習用這種韻律走路一段時間，接著看看能不能在爬坡度和緩的山丘時保持 8-8 的狀態。這比較困難，但是可以增加對呼吸的控制力，因為能夠鍛鍊腹部肌肉，也能讓你在維持核心肌群張力的狀態下放鬆橫膈膜，並且鬆開胸腔周圍的肌肉。

另外，也試著在平地維持 10-10 甚至 12-12 的節奏。

練習的時候最好從鼻子吸氣和呼氣。如果發現無法保持用鼻子呼吸，也許是你走得太快了。休息一下，調整成可以負荷的速度。

一旦熟練了呼吸的韻律，便可以加上想像；想像呼吸是一股能量流，在吸氣的時候進入心中，呼氣的時候流出心外。感覺呼吸在吸氣的時候從背後進入你的心，像一股強力的水流一樣沖刷過全身，然後在呼氣的時候從你的胸膛湧出而去，推著你向前邁進。

開始的時候，你要進入專注的階段：將注意力集中在呼吸，好配合你的步伐。等到習慣之後，一切就變得自然而然，然後你會進入沉思階段。你會有一種流動的感覺，你的呼吸驅動你向前，並移動你的雙腳。繼續練習下去，可能就會進入冥想狀態，感覺到呼吸是一股無限的能量流，穿過你的身體。現在不是我們自己在走路，而是宇宙之心用無窮的能量毫不費力地給予我們移動的力量。

下次散步的時候試試看心律轉化法。你可以在任何時候練習，不

管是早上在住家附近走走也好，或者去停車場取車之時。我相信你會發現這樣的練習讓行走有了新的意義，將溫和的運動與冥想結合在一起。

 以八步吸氣、八步呼氣的呼吸節奏，行走一點六公里或二十分鐘。

曾經有一名蘇菲祕士進城裡去，回來的時候說：「喔，我現在充滿了喜悅。城市充滿了歡樂。」他的學生心想：「太好了！我一定要去看看！」於是他也進城去，但回來的時候卻說：「太可怕了！這個世界好恐怖啊！每個人都好像要掐死對方一樣。我看到的景象就是這樣。我感受到的只有沮喪，好像我整個人被撕成了碎片。」「沒錯。」蘇菲祕士回答，「你說得對。」「但請告訴我，」學生說，「為什麼您會充滿喜悅，而我卻被撕成碎片呢？」蘇菲祕士回答：「因為你沒有採用我行走在城市裡的那種節奏。」❸

跑步呼吸練習

阿薩塔爾・貝爾博士：在熟練心律轉化法的行走呼吸練習之後，便可以開始跑步呼吸練習。如上所述，從行走變成跑步，會明顯改變你的節奏。步伐的節奏比較快，呼吸的節奏比較快，當然對肺部和肌肉

組織的要求也比較多。

　　然而，跑步呼吸練習和之前的行走呼吸練習基本上差不多，還是保持八步吸氣、八步呼氣的節奏。我會建議先在完全平坦、沒有障礙物的地面開始練習，例如空地或是跑道上。深吸一口氣，然後踏出右腳時開始呼氣，持續八步的時間。接著在右腳跨出第九步的時候吸氣，接下來八步的時間持續吸氣，在左腳跨出第十六步的時候結束吸氣。

用一般速度走路的時候，步伐的節奏大約是每十秒可以走上十五到十八步。而跑步的時候則會加快，大約是每十秒可以跑上二十五到三十步。若要維持相同模式的呼吸與步伐，代表跑步時每分鐘的呼吸次數會比行走時多，但還是會比一般的跑者頻率慢上許多，跑者大約是兩步吸氣、兩步呼氣。和相同速度的一般跑者相較，你的呼吸次數只有他們的四分之一。

既然呼吸次數較少，似乎根本不可能跑步，但我們要知道，肺部需要時間來吸收空氣中的氧。如果只是加快呼吸速度，並不會讓我們多吸收一些氧氣，因為呼吸用的肌肉也需要能量，而急促的呼吸會造成生理壓力反應，刺激腎上腺素與壓力荷爾蒙分泌，造成另一種能量耗損。一般跑者每分鐘可以呼吸四十五次，或者每一點三三秒便呼吸一次。以這樣的頻率，肺部沒有足夠的時間來吸收氧氣，因此跑者結果是把大部分的氧氣又呼出來，顯然毫無效率。

我們的目的是重新訓練肺部，好讓我們跑步時肺部能更有效地運作，每分鐘不須呼吸太多次（大約十一到十四次），但每次呼吸都可以從中吸收更多的氧氣與能量。

我用這樣的呼吸韻律測試過各種地形、各種速度、各種距離。我爬過舊金山最陡峭的坡，用賽跑的速度在跑道上測試過兩百公尺到一點六公里不等的距離，努力維持 8-8 的呼吸節奏。我發現這樣的模式能給我更多的力量，讓我更能保持警覺，同時下一段跑步之前的恢復時間也減少。至於在精神層面上，我覺得這種跑步方式強化了我的自信，因為這會持續逼迫我經歷缺乏呼吸的狀態，考驗我維持這個呼吸節奏的能力，尤其在我想縮短頻率時。我發現，每次在我覺得「我真的撐不下去了！」，並且讓呼吸變得快速、不再受控的時候，我並不會覺得狀況好轉，反而覺得更糟。整體來說，跑步呼吸練習讓我的呼吸、專注與決心變得更強健。

（阿薩塔爾・貝爾博士）

 以八步吸氣、八步呼氣的韻律跑步一點六公里。

完成目標

不只是要克制思緒，還要提升心的音高（pitch）。雖然說戰勝自己的想法、成為自己心智的主人，是最困難的事，但我們必須面對這項挑戰。進入睡眠、做夢或冥想狀態時，思緒是放鬆的，但這種放鬆並不恰當。這是在逃避挑戰，以為自己已經贏了。我們可以覺得自己已經獲得勝利，但究竟得到了什麼呢？只要在冥想之後，看看自己完成的那些偉大目標，就可以很清楚地知道了：冥想是正面積極的行動，不只是放鬆而已。

（哈茲若・音那雅・康）❹

全然呼氣的能力和完成生活目標的能力，兩者間其實有著一種連結。

身為冥想導師，我發現每個人全然呼氣的能力各有不同，也漸漸習慣大家在呼氣方面有所困難的狀況，對於缺乏氣息這件事，即使只是一瞬間，他們也會感到恐懼。我去公司企業教導冥想的時候，以為這些主管也會出現同樣的問題。不料卻發現，對於自己的工作有著責任心，又對冥想很有興趣的人，都沒有這種現象。這群主管知道自己必須承擔風險並面對恐懼，他們全力以赴，沒有保留，因此他們做得到全然呼吸。但年紀比較大的主管卻是另一回事：冒險犯難是年輕時候的事，現在他們的態度已趨於保守，著重守成而非攻城掠地。所以保留空氣的傾向又在他們身上冒出來，他們也對冥想比較沒有興趣。

普蘭

全然呼氣是不可或缺的，但如果想要完成自己的願望，光這樣還不夠。想要完成任何事情，你在某些時候的付出會比原本計畫的還要多，你必須擴展自己的能力。如果你對每次呼氣最後存留的力量很熟悉的話，就能做到。能夠覺察到存留的力量，將之釋放到工作上，就能夠做出一番大事業。

事後回想時，實現目標所付出的努力，總是看起來多過實際成果所需要的。在完成之前，成果看起來值得付出那樣的努力，但完成之後，卻覺得好像付出太多。然而藉由完成自己的願望，我們的

收穫比預定的目標、地位和認可還要多。這種無形但珍貴無比的收穫，就是完成目標的能力，也就是自我掌控，這是藉由每一次的成功點滴累積而來的。自我掌控可以帶來自信，神祕主義者將之定義為信心。

喜劇演員說：「你知道無神論者的定義嗎？就是沒有任何無形支持的那些人。」

完全將空氣呼出的時候，我們付出了所有，毫無保留地支出所有的資源。為什麼這樣的努力能讓我們獲得成果？這些成果是從哪裡來的？成果的到來，是因為我們往外推出的鐘擺盪回到了我們身邊。

全心信任神，請求神的支持，

看著祂隱藏的手操縱著萬物的根源。

付出你的所有，收下一切降臨於你的。

（哈茲若‧音那雅‧康）❺

> 將這種呼吸當做投入生活的模式：完全接受，不要抗拒；給出所有，毫無保留。讓流動達到極致，增加投入程度。

簡單來說，吸氣會影響內在世界，也就是我們本身；呼氣影響的是外在世界，也就是我們所處的狀況與環境。呼吸是內外兩個世界之間的交換。理解這一點後，你就會明白為什麼完成目標需要充分的呼氣了。

呼氣最強大的部分在於完結之時，也就是達到完整的那一刻。但

大多數人不會運用呼吸的這個部分，除非是生氣尖叫的時候。尖叫會讓肺部清空，呼氣得以完全執行，並使得尖叫背後的情緒完整表達出來——達成了目標。尖叫的人會形成一種體驗：「一直到我大吼大叫了，事情才會做好！」的確，某些事情的確是因為全然呼氣才得以完成，而不是因為情緒。全然呼氣將內在的願望帶出來，投射在這個世界上。

豪爾想做個溫柔的父親，卻埋怨妻子和小孩總是不讓他完成這個心願。妻子扮演了那個和善溫柔的角色，因此豪爾覺得自己不得不在事情出錯時扮演強硬的角色。

「我不喜歡生氣。」他說：「但是我不生氣的話，事情不會改變。要等到我大吼大叫了，事情才會做好。我不知道還有什麼方法能讓事情動起來。」問題在於，他不知道除了尖叫之外，還有什麼其他方法可以全然呼氣。他的全然呼氣是這麼強烈，即使發怒帶來許多負面反應，依然奏效。他的力量和影響來自他的呼吸，而不是他的憤怒。

豪爾參加了冥想班，訴說了自己的故事。除了對於自己呼吸的力量一無所知之外，他還必須克服自己的行為習慣，捨棄運用強烈情緒所帶來的稱心如意。但為了孩子，他承諾願意努力改善，因為孩子們被爸爸的暴怒嚇壞了。「就跟你說的一樣，奏效了。」豪爾後來告訴我，「的確是呼吸讓一切動起來。」

蘇珊娜

習慣於全然的呼氣，讓自己可以毫不費力連續十次呼吸都能毫不保留氣息。

產生改變

　　有人說沒有人會真正改變；有人說變化無可避免，因此沒有人能真正保持不變；還有人說：「事情改變得越多，反而越一成不變。」要避免教條的理由之一是，如果希望真實可以維持下去，就必須允許真實能夠改變。

　　一個有趣的問題是：「我可以改變嗎？」上面所有的說法都可以適用於這個問題。你可以改變你的行為嗎？我們可以學習做出不同反應，但如果基本的態度與認同不變，還是無法在任何情況下都維持新的反應。

　　一名女士養了一隻狗，她幫狗穿上衣服，用對待人類的態度來對待這隻狗。她甚至教會狗坐在椅子上，優雅地吃著桌上餐盤裡的食物。她告訴所有人，她的狗其實是一位王子，只是困在狗的形體裡，所以應該要像對待王子那樣對待牠，而不是視之為動物。一名蘇菲祕士知道了這件事，想去探看究竟。在前往這名女士住家的途中，一隻貓尾隨著他。到了目的地之後，貓一起待在門邊。門一打開，狗看到貓就立刻從椅子上跳起來撲向貓，追著貓一路跑到街上。蘇菲祕士對這名女士說：「不好意思，我正在找一隻內在本質是王子的狗，不過我發現妳的王子內在本質是一隻狗。」

就算是狗也可以被教導得像紳士一樣，但一碰上貓就維持不住了。

反過來說，變化無可避免，所有的生命一直在變化。我們沒有辦法維持不變。

一名老師在課堂拿出一把號稱是華盛頓的斧頭。「這把斧頭真的是華盛頓總統的嗎？」學生懷疑地問。「當然。」老師說，「儘管我必須承認，這把斧頭歷來已經換過三次新的斧刃和四次新的斧柄。」

「可是既然這把斧頭沒有一樣東西和華盛頓當時擁有的一樣，就不能叫做華盛頓的斧頭。」學生說。「為什麼不行？」老師說，「你身上現在的細胞也沒有任何一個是你出生時的細胞。當時的細胞早就死光光了，由新生的細胞代替，但你還是同樣的那個人啊。」

變化不斷持續的時候，就擁有一種持續性。你真正渴望的改變，是變得更像你一直以來的那個樣子。等到你了解這其實是你的基本人格時，就會願意，甚至迫不及待地改變其他所有的事情。

一名猶太拉比驕傲地宣稱，猶太教堂裡的永恆火焰已經持續照亮了兩百一十五年。他的學生問道：「可是你定期添新的油，火焰屬於

油燃燒後的一部分，那麼火焰就不是原來的火焰了，不是嗎？而且一百年前用的油和現在不會一樣，所以甚至火焰的種類也不一樣，還有你換過油燈好幾次，基台也不是同一個，所以永恆火焰到底有哪個部分是不變的呢？」

「火焰的光。」猶太拉比回答。

在你了解自身光的本質後，你就會很樂於改變自己任何地方，只要能夠讓你更明亮。讓人高興的是，不管你現在如何健康受損、受傷或身體功能失常，都還是可以變成你心儀的那個快樂而散發能量的人，因為這是你一直以來的樣子。只要你能夠憶起或是想像，就可以變成這樣的形象，因為記憶與影像是來自內在的現實。我們對於自己想要成為的那個理想形象，有各自的看法，這是因為我們對於理想形象的塑造，正傳達了自己真實的存在。

「大師，」學生脫口而出，「我看到自己變成一名靈性導師。」

「安靜！」正在冥想的老師說。老師命令的語氣讓學生暫停呼吸，他完全說不出話來。這名學生是個智慧飽滿、能言善道的人，常常對著數百位民眾講課，他的話語讓聽眾無不充滿歡喜。然而突然之間，他覺得自己沒有必要說話了，從此變得沉默無語。他的心靈及話語的力量在他體內苗壯，而且因為蓄積保留所以變得強大無與倫比。他還是繼續與民眾接觸，但現在不再講課，而是注視著他們。大家都說，他的目光比他的話語更讓他們受用。他的目光成為一種

精神力量，成千上萬的民眾前來沐浴在他的目光下，好藉此看清楚
自己。

改變既可以是有意識也可以是無意識。有意識的改變，需要先有
一個自己心儀的形象，以及一個使改變發生的催化劑。改變的催化
劑便是充分的呼氣，毫不保留的呼吸方式。想要激發、鼓舞或引起
自身的變化，那麼就將空氣完全呼出。全然呼氣之後的吸氣，力量
非常強大，足以產生你想要的任何變化。理想形象和呼氣這兩個必
要條件，在上述的故事中已經說明得很清楚。

我們身上有保護機制來防止改變，也有適應機制會激發改變。
當你覺得受到威脅，就會採取保護機制，以保持穩定並生存下去。
當你覺得安全的時候，就會採取適應的機制讓自己更進步（也有可
能相反：在壓力的狀況下去適應，在沒有受到威脅的狀況下講求穩
定）。

有意識的心跳和有意識的呼吸，也就是心律轉化法，能夠產生有
意識的改變。這種改變不是像風那樣無法掌握，也不像季節那樣定
時變換。你所選擇的改變是一種有目標的改變，朝著某個特定的方
向，讓你能夠變得更接近自己想要的樣子，實踐自我的內在形象，
那是你永恆靈魂的顯現。

注釋

1   Khan, I. (1989, 229)

2   Webster's Ninth Collegiate Dictionary

3   www.hazrat-inayat-khan.org: Message: Vol. 2, The Cosmic Language: 9 Reason.

4   Khan, I. Sangatha Z, Riyazat. Esoteric Papers.

5   Khan, I. (1989, 227)

第七章
保留呼吸（儲存能量）

第二種干預

　　吸氣就像湧出的能量之泉，呼氣就像下衝的瀑布。在兩者之間，呼吸存在著「底部」和「頂部」。呼吸的頂部是在吸氣之後，呼氣之前。如圖四所示，一般的呼吸像是一個橢圓，第一種干預會讓呼吸變成比較長的橢圓。

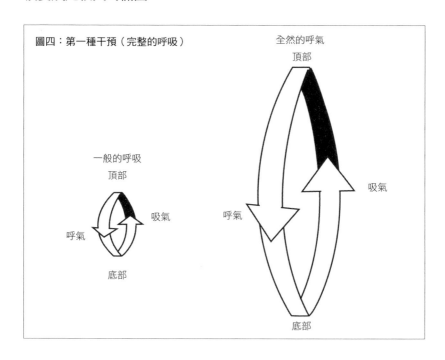

圖四：第一種干預（完整的呼吸）

全然的呼氣
頂部

一般的呼吸
頂部

吸氣

呼氣

底部

呼氣

吸氣

底部

現在我們要用另一種方式來干預呼吸的韻律：在循環的頂部摒住呼吸。實際的理由是為了避免過度換氣，因為用力吸氣的時候，有太多氧氣進入體內，就會引發這樣的狀況。全然的呼氣會讓我們從肺部深處開始吸氣，一次吸入的氧氣量，可能是平常呼吸兩、三次合起來的量。一開始，大腦和神經系統可以好好運用多餘的氧氣，但是過一段時間後，即使在覺察與活力較為高階的狀態下，都不再需要那麼多氧氣。

摒住呼吸就可以平衡供需，不需要回復到淺層的呼吸，受到諸多限制。

現在，呼吸的圖形如圖五所示，呈現出一個頂部平坦的橢圓。三角形左右兩邊代表了呼與吸兩個部分的長度。不要在底部──也就是呼氣之後──摒住呼吸，永遠在頂部──也就是吸氣之後──摒住呼吸。

圖五：第二種干預
伴隨在吸氣的頂部摒住呼吸的全然呼吸

摒住
頂部　　　　　　頂部
呼氣　　　　　　吸氣
底部

充分吸飽氣之後，摒住呼吸一會兒，不要太勉強。呼氣的時間越長，摒氣的時間就能越長。

摒住吸氣會讓呼吸的循環變慢，避免過度換氣。將空氣完全呼出去，以及摒住吸氣，兩者結合起來就能夠讓呼吸永無止境地重複下

去。

　一開始，如果你因為需要呼吸而感到焦慮的話，摒住呼吸可能會造成迫切緊急的感覺，而非帶來平靜。你可以試著將呼氣的時間延長一點，這樣摒氣的時候會比較輕鬆。練習可以讓你越來越能察覺到摒住的氣息。

 運用全然呼氣和吸氣後摒住氣息，建立穩定的呼吸。讓自己在摒住呼吸的時候能夠越來越自在，最後這個動作就變成平靜的時刻。

儲存能量

　摒住呼吸的效果，是阻止所有的表達並暫停所有活動，也因此，所有的能量都蓄積了下來。蓄積的第一步是身體要達到靜止狀態，第二步是停止呼吸的動作。內在運作依然繼續，但所有活動以及與外在世界的互動都暫停下來。內在的力量會快速累積起來，不會因為接下來的呼氣而耗盡，這就像是電池在充電一樣。

需要吸引力或渴望吸引力的時候，最好的方法莫過於透過冥想來獲得。因為在冥想的時候，就像讓自身的電池重新充電，補充因為思考、說話和動作所耗費的能量。

（哈茲若・音那雅・康）❶

冥想時的暫停呼吸與睡眠時的呼吸並不一樣。睡眠時，暫停會發生在呼吸的底部，而不是頂部。這種呼吸的功效不同，也說明了睡眠就像牛反芻的第二次消化那樣，主要是對於心智活動進行再次處理，而非儲存能量。透過暫停呼吸而快速累積強大能量並儲存起來，這只有在冥想中才能辦到。沒有嘗試過全然呼氣之後吸氣然後暫停的冥想者，會驚訝於這個簡單技巧所擁有的力量。

不管我們做任何事、思考或想像，都會消耗能量。能量的消耗會讓我們老化衰弱。相反地，冥想本身則能夠治癒人類各式各樣的缺失。
精純而有節奏的呼吸，能夠儲存原本會浪費或消耗掉的吸引力，將之融合於個人的氛圍之中。這為我們帶來許多活力……藉由讓思緒沉靜而無聲，我們便可以從空間中汲取無限的資源。

（哈茲若・音那雅・康）❷

> 讓這種呼吸變成生活的模式：除非你能夠儲存能量，不然就很難堅持下去，花了時間也成功不了，無法繼續成長，也不能持續擴展能量。儲存能量的方法就是保留呼吸。

時間靜止

吸氣的力量讓我們有機會體驗靜止呼吸所呈現的無時間感。摒住呼吸感覺會讓時間的流逝慢下來，如此你開始感覺到自己的另一個層面，一個不會改變，或改變極少的層面。

呼吸的頻率會影響身體的新陳代謝，也因此會影響身體和心理的

節奏。呼吸頻率是身體裡的兩個時鐘之一，另一個時鐘是心率。呼吸緩慢的時候，對於時間的認知也會慢下來，同時採用長期的角度來展望。

摒住呼吸的經驗顯示了，我們對於自己和世界的看法，如何受到我們對於時間流逝的認知所影響。愛因斯坦想像自己乘著光子以光的速度前進，於是發現了相對論。

我們移動的時候，其他同樣在移動的事物看起來像是靜止；我們靜止的時候，其他所有的事物看起來都像在移動；我們完全不動的時候，便可以感覺到太陽的運動、樹木的成長、花朵的舞蹈，甚至是岩石的演變。

片刻短暫，當呼吸快速輪替；
過去早已過去，明天的命運未知。
透過緩慢異常的呼吸，現在變得廣闊，
現在留住過去，未來從屬於現在。

乘著小筏往下，不會知道河流有多長。
離開時間的河流，讓水流經
我們站著的橋底下，目睹流動的現在。

過去的每一滴水，變成了未來的每一滴水，
我們看著所有水滴，於是稱這些水滴叫做河流。

但我們要怎麼看見，時間之河的長度？

站在片刻之橋上，視野範圍如此狹窄。

橋看不見，在那河流水滴來自之處，

地球礦石的色彩，為水滴的過往上了何等顏色！

橋看不見，水滴蒸發在陽光之中，

水滴不見蹤影，雖然橋細數了每一滴。

什麼能看見並知曉河流的本質？

河床與河堤，那環抱河流的大地臂彎。

靜止而永恆，從山腳延伸而出，

帶著河流一哩一哩地走，來到大海的終點站。

是河床與河堤形成了河流，水滴不過是填滿其間的渠道。

無窮盡的時間之河底下，

是永恆的大地，河流的永恆知音。

　　冥想者晉階的時候，人格也會開始改變。首先他們會呈現出動物的純粹特質，然後加入植物特質而豐富起來，再來是岩石，最後是太陽和月亮。

　　鹿在森林中靜靜的矗立。牠的眼睛演化成善於察覺風吹草動，當牠停止不動時，最能夠看清可能的獵食者（移動時，則看得清靜止的物體）。鹿站在那兒，因為靜止不動而變成了森林的一部分，很少有動物能夠用鹿這樣的方式去看自身所處的環境，人類就更少能夠如此。但是樹對於森林甚至可以看得更清楚，因為樹和其他樹一起成長，立在同一塊地方，根部彼此交纏數十年，歷經許多鹿的一

生。鹿看到的是森林的現在，樹則是看盡了森林的發展。

岩石比鹿和樹木更不會移動。岩石看著森林來來去去。岩石的生命是用地理學的角度，以千年為單位來計算。

一個人知道的越多，就越少開口。

岩石的沉默讓我們無法察覺其中包含的智慧，但每一塊石頭其實都是整個地球的化身，記載了地球從誕生到現在的所有發展。要了解其中的知識，就必須進入岩石的時間尺度之中。岩石輕聲細語，完全不浪費能量，將經驗儲存在分子的構成中，改變自己的成分、共振頻率與透明度。隨著時光流逝，岩石演化成純淨透明的水晶，擁有單一的振動頻率，整體的存在結晶化。

> 摒住呼吸，讓自己進入緩慢的時間尺度，如同樹木或岩石。
>
> 每一次呼吸都讓時間的流逝越來越緩慢，最後感覺到時光似乎完全靜止，然後你便能覺察到自己內在永恆的部分。

加強記憶

我們不認為時間是一個單一的連續體，也就是說，有些分鐘會比其他分鐘來得長。而記憶對於生命中發生的事件，也不是用同一標準來分配，有些時刻我們會記得很清楚，而某些天我們可能完全不記得。覺察的程度會加強我們的記憶。意識增強之後，原本只發生片刻的事件，會在記憶中占據較大的空間，好像用慢動作記錄下來一樣。在完全靜止的時候，時間過得非常緩慢，因此認知與思想就會在記憶中放大，讓我們能夠記得許多細節。

這就是為什麼半個小時的冥想可以影響我們一整天。冥想時刻的清醒程度，讓我們的記憶覺得時間變得比較長。冥想狀態的節奏深深地刻印在我們的無意識中，讓我們一整天都回響著相同的節奏。

冥想對於記憶的增強，加上一群人一同進行心律轉化法所產生的親密感，讓冥想者體認到冥想團體的重要性。冥想中獲得的經驗極為深刻，再加上冥想對於記憶的加乘效果，於是這些經驗就變成了生活中的重大事件。

上升

> 透過耐心對待周圍的干擾事物，我們可以訓練自我。每一種對於靈魂的干擾，都會惹怒自我。我們將這種煩躁感覺表現出來的時候，就等於在培養一種令人不悅的個性。當我們可以控制，不表現出來，自我便會在心中潰散。我們所要做的就是提升自我，超越所有的煩躁。
>
> （哈茲若‧音那雅‧康）❸

保留呼吸讓我們在冥想中保持一種由上升的吸氣所產生的「高度」感。要維持在這種高度，就必須充分地呼氣，因為呼氣的長度能夠延長呼吸暫停的時間。透過停留在藉由吸氣達到上升而純淨的狀態，第二種干預讓我們獲得吸氣所有的益處。

現在我們知道了「提升、超越」真正的意義，因為我們了解到吸氣是一種「上升」，摒住吸氣其實就是「維持高度」，這就是為什麼天堂總是隱喻性地畫成「在高處」或是向上。重力把所有事物往下拉，因此「掉下來」是正常的狀況。「掉下來」不花任何力氣，

也不引人注意。重力會吸引所有的物質，唯一不受重力影響的，是精神的輕快，而且精神朝向相反的方向，也就是上升。

我們會更進一步發現，「高」於任何事物，正是我們在呼吸達到高處所會產生的感覺。這就像從飛機上看著這個世界一樣：在地表上重要的事物，現在變得不重要了；在地表上不重要的事物，現在很不可思議地，變得非常重要。上升讓我們看到什麼才是真正重要、什麼其實不重要，看到怎樣的需求吸引你的投入，要如何妥當涉入，以及如何才對他人最有幫助。因此，要真正幫助別人，需要非常深刻的洞察力。要看透一座湖，就必須在湖的上方，而不是在岸邊。從高處向下望，可以讓我們看進最深處。

經歷了高處的體驗，我們接著跟隨呼氣向下落入實質、特別與切身的狀態，我們從永恆的時間，重新進入了嚴格要求時序的狀態。

對於時間運用的優先順序安排，在干擾纏身時記得什麼才是重點，以及貫徹自己的洞察力，這些能力都是在考驗你對於他人的關懷，並證明你的責任感。進入永恆的體驗會大大增強我們管理與掌控自己時間的能力。如果沒有體驗過高度是什麼，你的生活就會顯得單調，所有的事情都沒什麼重要性的分別，你目前所處的狀況會在你的現實中占有強烈的主導地位。從高處往下望，你可以看到自己過去的習慣如何影響你的現在，並帶領你的未來通往最終的結果。你所渴望的未來，只有在重新導正自己之後才能實現。

一個沒有體驗過心的高度的人，很難判斷事情究竟重不重要。舉例來說，一間大公司花了半小時討論要不要在總公司外頭裝設自行車

架，但對於要不要收購新的子公司，卻幾乎沒有討論就通過了。以公司發展、立即成本、公司聲譽或其他任何標準來說，收購公司應該要比自行車架重要得多。

另一個例子，我們認識的一個朋友，花了相當多的時間和注意力在安排自己的優先待辦事項清單，上面通常列了至少三十件事情。他對於明天要做的事情會非常焦慮，常常重新安排優先順序。比較好的方法，是花個幾分鐘進行心律轉化法，讓自己擁有清晰的觀點，分辨重要、不重要和緊急的事項，這樣他才能更專注於那些真正能幫助他達成目標的工作。

　　和之前一樣，吸氣時將氣息往上提。讓你的意識中心藉助上升的呼吸而提高，就像放在噴泉上方的橡膠球一樣。摒住呼吸，感覺你的心往上、往四方擴展。呼氣時，讓心的能量維持在高點，以這樣的狀態將氣呼出去。

　　在你達到這種擴展的狀態，個人世界已經從意識中消失之後，引導你的注意力往下。從你藉由呼吸提升到的高度，往下「看」存在於生活處境中的自己。從這個最高點想想你目前的生活狀況，看看你的人生如何自然演變成現在這個樣子，以及為什麼完成人生目標所需的特質與能力，會需要經過目前這個階段才能發展。

　　這樣的體驗會自然地帶著你重新規劃自己的方向與優先順序，於是你對現在的專注，便滋養著你渴望的未來。

注意：如果這個練習讓你產生噁心、驚嚇或任何厭惡的情況，可

以停下練習，或是想像自己呼吸的是光而不是空氣。光是非常安全的能量形式。我們需要足夠的經驗，才能處理以一般形式呈現出的內在能量。

 讓摒住吸氣的經驗成為一種向上提升，進入心的永恆高度，從這裡往「下」看，可以對你的人生獲得深刻的洞察。

注釋

1　Khan, I. (1989, 231)

2　參同前，227。

3　www.hazrat-inayat-khan.org: Message: Vol. 13, Gathas: Morals.

第八章
呼吸和心跳（平靜）

高度人為與專業智識所帶來的生活，產生了不必要的擔心與憂慮，破壞了心跳的節奏，變得難以將人格特質的重心放置在原本所屬的地方。睡眠最多只能給予部分紓解，冥想才能夠消除自我意識這個破壞平靜安穩的最大阻礙。

（哈茲若‧音那雅‧康）❶

在保留吸氣時找尋自己的心跳

冥想讓我們脫離低階心智的控制，能夠處身於心中。只有在心的意識覺醒時，靈魂才能獲得自由。所謂的「心」，不只是心臟這個器官，還有所有與心臟連結的組織，同時還包括所有較高階的情緒、純粹的思想與深層的直覺。這些通通都屬於心的一部分。

（哈茲若‧音那雅‧康）❷

吸氣之後，摒住呼吸，在身體各處尋找心跳的感覺。呼吸暫停越久，心跳就會越清晰。如果你無法感覺到心跳，可以暫停呼吸再久一點。想要讓呼吸暫停久一點，就要呼氣久一點，然後再吸氣（千萬不要在呼氣之後摒住呼吸）。

> 一旦找到心跳，下次就比較簡單了。只要知道感覺起來是怎樣、應該在哪裡尋找，此外便無他。透過覺察自己的心跳，就更能感受到自己的心，以及「心」所代表的一切。

心中的生命，會在意識集中於感覺時降臨。

（哈茲若・音那雅・康）❸

我們認識一位醫師，透過讓病人傾聽自己心跳來治療心臟疾病。他讓病人使用聽診器傾聽病人自己的心跳。這個理論在於：意識心智的專注力，能夠穩定並強化無意識心智控制心跳的動作。他告訴我們，這樣做成效不錯。我們告訴他，幾千年來，冥想者為了靈性的成長和身體的健康與體力，會有意識地注意自己的心跳，但他們不需要聽診器。他問說那要怎麼聽到心跳呢？我們回答，如果運用感覺，心跳會非常清晰，不管是「噗」還是「通」。他認為我們只是以為自己聽到了心跳，不然就是在說某種和他的病人無關的超能力。不過我們還是向他解釋，感覺心跳的能力其實很容易獲得，只要練習呼吸的兩種干預即可，也就是全然呼氣與暫停呼吸。

第一次找到自己心跳的時候，可能會感覺到有些焦慮。第一，發現心跳可能會讓你吃驚。在冥想的狀態下，覺察是如此敏銳，突然明顯出現的心跳感覺在胸腔中自行搏動，的確頗為嚇人。第二，發

現心臟正在運作，充滿活力地輸送血液好維持自己的生命，其實也是一件令人害怕的事。不會冥想的人，有時候會擔心心臟突然停止跳動，但不一會兒就會忘了這件事。可是如果你正在進行心律轉化法，就不可能忘記對於心的任何感覺，以及心其實很脆弱的事實。不過，就像我們剛剛學會的全然呼氣，建立在相信空氣在下次吸氣時就會進來，因此我們也可以學習覺察自己的心跳，並且相信心跳會持續下去不中斷。

> 如果這個練習讓你產生焦慮，不要有任何怪罪自己的想法，而是試著發現更多關於這種焦慮的狀況。繼續練習。任何方面的進步都能讓你增強自信，並削弱恐懼。透過練習，對於心跳的覺察便能讓你安慰與放心。

心律轉化法透過讓意識確認心臟正在跳動，而且會持續下去不會停住，從而讓我們建立了自信。偶爾才與自己的心接觸，可能會讓你覺得不踏實，但是持續接觸可以讓你與自己的心建立起熟悉度。原本對於心是否能持續跳動的焦慮，就變成了相信自己的心會長長久久地持續地跳動。這樣的自信不是建立在理論性的機率計算上，而是建立在日復一日與自己的心實際的直接接觸上。

信心是由兩個部分組成，「自信」與「預期的確定性」。世界上的偉人，最偉大的人，大多是憑藉著信心而非其他事物，來成就其偉大，因為大部分的偉人都充滿冒險心，而在冒險心背後支撐的，正是信心。

（哈茲若・音那雅・康）❹

注意你在身體的何處感覺到心跳。心跳可能會出現在任何地方：手、耳朵、胃部。這其中包含一些情報：無意識正在導引意識將注意力集中在需要關注的地方。好好思考身體的那個部位可能要傳達什麼訊息給你。為什麼這裡需要你的關注？那裡儲存了怎樣的過往意念？它給了你什麼建議，讓你可以將這個身體部位運用得更好，以便達成你的目標？

讓心跳持續不間斷

身體的整個構造都以相同的韻律在運作，脈搏、心臟、頭腦、血液循環、飢餓口渴反應，都顯現了同一個節奏。所謂的疾病，就是這個節奏被打亂的現象。

（哈茲若・音那雅・康）**⑤**

摒住吸氣而找到心跳之後，會發現呼氣的時候心跳又不見了。吸氣和呼氣的動作會掩蓋掉心跳，但是回到呼吸頂端時，心跳就會出現。

在感覺到心跳時抓住心跳的節奏，然後在呼氣和吸氣時順便計數。計數可以幫助你在再次摒住呼吸之前，找到掩蓋在呼吸動作之下的心跳。

呼吸要非常輕柔緩慢，這樣在整個呼吸循環期間就都能察覺到自己的心跳。雖然呼吸很輕，結束時的呼氣依然要充分吐氣。

透過練習，心跳會變得異常清晰而且與你常相左右，隨時都很容

易找到。

心律轉化法包含了兩種相當不同卻又互相連結的經驗：精巧脆弱又敏感的心帶領我們進入最深的感覺，以及強大的能量灌注而散發到我們周圍的空間。第一種經驗通常伴隨著微微的心痛；在第二種經驗裡，心跳的力量會讓身體輕微搖晃。這兩種都是心律轉化法的標誌性經驗。

至少在摒住吸氣時，能感覺到胸腔中的心跳。

以心跳計數呼吸

可以運用在冥想中的任何專注方式，首先一定要能夠觀察心跳、感覺心跳，並與心跳趨於和諧，以便進入心的韻律。

（哈茲若·音那雅·康）❻

以心跳來為呼吸計時，便能讓身體的兩個時鐘得以同步。

> 將心跳當做計時器，計算呼氣時的心跳次數。記得呼氣要延長至盡頭，可以在計數最後幾次心跳時將呼氣完成。
> 在呼吸的底部時，吸氣的時候從頭開始計數心跳。
> 在呼吸的頂部時，摒住呼吸時一樣從頭開始計數心跳。
> 現在我們有三個數字，分別代表呼吸的三個部分各自的長度。每一次呼吸都要持續計數。

鑽石呼吸韻律

關於冥想，首先我們要了解的是，這是一種調音的行為，也就是與神和聲。因此，我們必須放鬆，必須控制思想與身體的情緒和功能，然而同時卻必須提升所謂心的音高，這樣才能達成調音。

（哈茲若‧音那雅‧康）❼

這裡我們要介紹第三種，也是最後一種對於呼吸節奏的干預，將呼吸調整成能與心和諧共鳴的頻率。這個動作具體實現了上述引句所陳述的內容，讓我們更了解其中的抽象內涵。透過到目前為止的冥想練習，你已經發展出對於呼吸與心跳韻律的覺察。你已體驗到呼吸如何反映內在狀態，也知道心跳是由無意識單獨掌控。將這兩種韻律統合起來，便能協調有意識與無意識的心智。體驗過冥想中的放鬆狀態之後，你知道冥想不只是能夠讓人放鬆而已，還能夠平衡感覺與思考、沉思與行動。使這項協調工作得以完成的最後一步，是提升意識中心跳的頻率，也就是強度的層次。

（在呼吸練習中）最重要的就是節奏，因為呼吸必須取得平衡。吸氣和呼氣在節奏中必須均等，但摒住呼吸的時間不需要與吸氣和呼氣的節奏相同，因為這樣會形成節奏均等的三個小節，但三個小節的樂句聽起來很奇怪。所以為了均等，必須變成四個小節，因此暫停的時間必須一分為二，每一等份分別和吸氣與呼氣等長，讓整個循環變成四段。

（哈茲若‧音那雅‧康）❽

第三種干預是將分成三個部分的呼吸循環，調整成分為四段的節奏，這裡稱為鑽石呼吸。

呼吸循環是以呼氣的長度為基準，做為矩形四個等邊的其中之一。吸氣要和呼氣一樣長，成為鑽石形的另外一個邊。然後在吸氣之後，呼吸暫停的時間是呼氣的兩倍長，也就是矩形剩下的兩個邊，如圖六所示。

這樣的呼吸分別從兩個角度看都是平衡的：吸氣和呼氣一樣長，氣息的流動也和氣息的暫停一樣長。鑽石呼吸不只內部平衡，也和心跳同步，因為計數的基準就是心跳。如果呼氣是六下心跳，那麼鑽石邊長就是六下，而整個呼吸循環的長度是六乘以四，也就是二十四下心跳，因此心的頻率便與呼吸頻率的第二十四個諧波相等。身體的兩個主要時鐘現在變成互相與對方同步。鑽石呼吸也可以用較長的循環做為基礎，重要的是矩形的形狀，而不是邊長的長度。❾

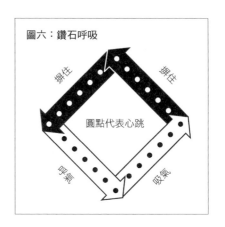

圖六：鑽石呼吸

摒住　摒住

圖點代表心跳

呼氣　吸氣

鑽石呼吸：將呼氣的長度設定成六下心跳，利用最後三下心跳充分吐氣。吸氣也是數六下心跳，然後摒住呼吸達到十二下心跳。

如果覺得呼吸太長，呼氣和吸氣可以分別設定成四下心跳，摒住呼吸則是八下心跳。如果覺得六下心跳讓呼吸循環變得太短，則可將呼

氣設定成八下心跳，其他部分的長度則按相同比例。短的呼吸是四下心跳，一般的呼吸是六下，相對長的呼吸則是八下。

不需要從頭到尾一直吸氣。大部分需要的空氣在一開始幾下的心跳就吸進來了，但即使只是感覺，還是要持續讓呼吸持續到心跳數應有的長度。吸氣數完之後才可以開始摒住呼吸。呼氣的時候也一樣，大部分的空氣在最初幾下心跳就會呼出去了，但是把心跳次數數完非常重要。

呼吸要有規律。若要改變長度，必須慢慢循序漸進。呼吸也要很平順，不要突然改變、抽氣或是用力呼吸；保持呼吸無聲。

 練習鑽石呼吸十五分鐘。

控制心跳

我們要讓自己習慣掌控或是影響自己的循環與脈搏，可以透過思考及意志力，搭配呼吸來達成。藉由意志力，我們可以讓身體處於某種特定的狀態，因此循環便會依照某種特定韻律來運作；也可以隨著自己的意志來增減。同樣地，意志力也可以調節我們的脈搏。

因此，所謂的放鬆並不只是安靜地坐在那裡，而是要能消除身體、循環系統、脈搏以及神經與肌肉系統的緊張。

（哈茲若・音那雅・康）❿

心跳和呼吸產生節奏後，身體的緊張就會開始消散，你會籠罩在

強烈的平靜之中。這種平靜不只是情緒而已，還是一股力量，其中一種效用便是減緩我們的心跳。心跳慢下來之後，就會需要調整呼吸。

持續鑽石呼吸，就會發現，已經和心跳連結起來的呼吸，似乎有點太短。在放鬆的情況下，我們不需要太多的呼吸，所以會希望自己的呼吸變得再長一點。因此，你會開始增加每次呼吸所包含的心跳次數。如果呼氣的時候是八下心跳，那麼可以延長到十下。十下心跳的呼吸很長，因為整個循環會是四十下心跳。如果你的呼吸已經是十下心跳了，那麼就延長到十二下。

只在必要的時候，慢慢增加呼吸的長度。我們希望能夠在沒有壓力的狀態下維持新的呼吸速度。心率和呼吸速率延長之後，對於一分鐘的時間感也會因此延長。

意志一旦掌控了身體的循環與脈搏之後，冥想就能持續好幾個小時。所以聖賢都可以持續冥想很久的時間，因為他們能夠掌控自己的身體循環，可以按照自己的意志，讓呼吸變慢或變快。神經或肌肉系統完全不緊張的狀態下，我們便能獲得即使是十天的睡眠也無法帶來的歇息。

（哈茲若·音那雅·康）⓫

向外四射的平靜

當自身與心的節奏調和之後，平靜便會降臨到我們身上。有兩種方式可以達到這樣的狀況。在無聲的冥想中，所有波動都停了下來，進入心的生命之流。在音樂裡，和聲與韻律導入並穿過心中，讓心產生適當的搏動。

（哈茲若・音那雅・康）**⑫**

讓心與呼吸的節奏同步，便會散發出強烈的平靜光輝。平靜隨著心的搏動散發到我們的周圍，不但影響了整個空間，甚至距離很遠都會有所感覺（第十一章會討論心的磁場）。

> 鑽石呼吸的呼氣讓我們內在經驗到的協調節奏向外擴展，使周圍的空間充滿平靜的氣氛。這種平靜是一股強烈而穩定的震波，讓所有接觸到的事物都會產生同樣的韻律。
>
> 這是在我們內裡發生的波動，當心跳的節奏與呼吸的頻率相互協調時，會以單一脈波的形式，創造出一種傳遍全身的平靜之波，然後很輕鬆自然地再向外擴展，無需將呼吸往外「推」出去。
>
> 接觸到這種平靜呼吸的每個人，內在都會變得更為和諧，因為這股平靜的本源就是節奏。藉由將每一個人帶入井然循序或協調的狀態，平靜便擁有讓別人也平靜下來的力量。

我們在第四章曾經提過，兩個人相遇時，彼此呼吸會變得協調。強者，也就是意識較強的那個人，他的呼吸會成為節奏的基調，而

另一個人的呼吸則會與之配合。鑽石呼吸是所有呼吸中最強的一種，能讓其他的呼吸順隨其節奏，而其節奏便是平靜。這其中並無奧祕之處，就和樂團是由鼓來建立節奏，或清亮的聲音會成為合唱團的基調一樣。鑽石呼吸之所以是最強的呼吸，是因為其呼吸節奏非常穩定。由於鑽石呼吸的節奏與心率連結，而心率在冥想時會保持得非常穩定。

呼吸會送出壓力波，和極低頻率的聲波完全一樣，充滿在周遭的空間，同時隨著心跳也會送出磁力波。這兩種節奏彼此協調，在不知不覺中感染了所有人。

如果要產生影響力，呼吸傳遞的能量必須是大家能夠接收的頻率，若是像驚喘那樣的快速呼吸，無法發揮影響力。你若喘著氣，旁人不會有興趣。快速呼吸的能量，除非重複多次，譬如大笑或歌唱（笑聲可以傳播給一整群人，像是在對心智搔癢一樣，引發更多的笑聲），不然沒有辦法和他人的呼吸結合在一起。

最慢的節奏，擁有的影響力最大。舉例來說，打哈欠就是非常具有感染力的呼吸。即使只是一個哈欠，也可以將本身的節奏複製到其他人的呼吸。

這些例子可以說明，為什麼鑽石呼吸對其他人具有那麼大的影響力。這是所有呼吸中，屬於單一低頻的重複呼吸，比其他類型的呼吸要更緩慢而穩定，產生的效果是讓其他人的呼吸也可以緩慢而穩定。最後大家都能產生與這種呼吸相對應的情緒與經驗，也就是平靜。

體驗超凡的平靜，不僅在你自身中體驗到，並且向外放送，如同一種力量，擴及你周遭的空間。

注釋

1 　Khan, I. (1989, 305-3)

2 　參同前，303。

3 　參同前，309-10。

4 　www.hazrat-inayat-khan.org: Message: Vol. 13, Gathas: Metaphysics: 1-2 Faith.

5 　www.hazrat-inayat-khan.org: Message: Vol. 2, The Mysticism of Sound: 6. Rhythm.

6 　Khan, I. (1989, 307-8)

7 　Khan, I. (1989, 225)

8 　Khan, I. Githaz, Ryazat. Esoteric Papers.

9 　吠陀哲學傳統中也有另一種矩形呼吸的練習，有時候在瑜伽呼吸課程中會使用。在這種練習中，會有兩次的摒住呼吸，每一次都一樣長。舉例來說，吸氣六下、摒住六下、呼氣六下、摒住六下。這種練習並不是用心跳計數，而是在心中默數。

　　我們不建議大家練習這種呼吸，因為這不是心律轉化法的呼吸，方法和充分的呼吸不一樣。在充分的呼氣後，你會發現不可能接著摒住呼吸，因為肺部沒有空氣。心理的反射機制不會讓我們在肺部真正排空時暫停呼吸。

　　在呼氣後摒住呼吸會讓身心都變弱。吠陀矩形呼吸很明顯不是讓人長期練習使用，而是一種學習控制呼吸的入門練習法。吠陀的練習是為了讓意識脫離身體，藉此促使人們了解意識並不受制於身體。這是個值得努力的目標，不過我們認為要達到這個目標，較好的方法是去了解其實你的心包含了整個宇宙。心律轉化法的鑽石呼吸，能夠透過盈滿而充分的呼吸，增強心的活力與能量。

10 www.hazrat-inayat-khan.org: Message: Vol. 4, Mental Purification: 11. Mystic Relaxation.

11 參同前。

12 Khan, I. (1989, 307-8)

第九章
導引的呼吸（療癒）

脈搏無處不在

　　每次心臟一收縮，就會打出一波血液送入動脈循環到全身。這種收縮就像一座微型的造波機一樣，將通過靜脈流入心臟的平緩血流轉換成波動。血液的波動透過樹狀動脈流遍全身，推入越來越細小的血管通道，最後來到微血管。微血管非常狹窄，一次只有一個血球可以通過。血液的波動抵達緊縮的微血管時，就像海浪撞上防波堤，碎裂開來。這種衝擊會對微血管周圍的組織造成一種壓力差，所以，只要將注意力集中在身體的任何部位，就可以感覺到脈搏。

　　進行鑽石呼吸的時候，將注意力集中在指尖。在專注的情況下，我們可以讓指尖的壓力感應器變得非常敏感，因此能運用指尖感覺心臟的搏動。

　　一開始你可能會在胃部、耳朵或大腿感覺到心跳。每個人情況不一。將注意力集中在腳上，感覺腳上的脈搏，找到之後，再感覺太陽穴的脈搏。這可能有點像頭痛，但卻沒有痛感，只有抽動。你會很驚訝地發現，這裡的脈搏很強，而且瞬即消失。不管你在哪個部位找到脈搏，都很有幫助，不過還是要時時回頭尋求胸腔裡的心跳本源。

現在同時專注於你的胸部和指尖，尋找胸腔中的心跳，以及指尖的脈搏。重複練習之後，你會發現指尖的脈搏比心跳稍微要晚，差距只有一秒的些微部分。

最後，試著在同一時間感覺全身的脈搏。當你做得到這點之後，你會感覺身體的所有部位好像同時在跳動，尤其是軀體和頭部，而雙手和雙腳會稍微慢上一點。

 在你的手、腳和太陽穴感覺得到心跳。

將氣息導引進來

呼吸和循環系統互為表裡，循環系統透過血液循環，接手呼吸系統開始的工作。呼吸是與外在環境的交換過程，而循環則是內在的交換過程；鑽石呼吸運用心跳，將這兩個系統同步為單一節奏。

血流的作用是將氣息傳遍全身，呼氣的時候，會感覺到氣息的波動從胸腔向外擴展，並掃過全身。我們可以運用專注力來導引這股波動，甚至經由雙手感受到呼吸。

冥想所帶來的突破之一，是讓我們體驗到透過身體的某個部位來吸氣或呼氣。當然，空氣還是從嘴巴或鼻子進出，但我們可以感覺到氣息的能量從身體的某個部位進出，例如胸部或雙手。

疾病主要是因為呼吸無法進入受到感染的身體部位而造成。將注意力集中在體內或皮膚的某個點，就可以從那個點來吸氣或呼氣。你會感覺到一種能量的流動。這種自然的感覺，不會造成異樣或不

適，而是真切的讓你覺得呼吸正在經過專注力集中的部位。

生物磁場

　　人體具有可以測量的磁場，雖然比能夠轉動羅盤指針的地球磁場要弱，但若以人體與地球的尺寸相較，人體磁場的力量可說是相當巨大。地球磁場，如圖七所示，大約是 10^{-4} 特士拉（Tesla，磁場單位）。而人體磁場大概是 10^{-10} 特士拉，所以地球磁力比人體磁力強一百萬倍。但人的心臟只有 10 盎司（約 300 公克）重，而地球的重量是 $1.3 \times 10^{+25}$ 磅（約 $5.85 \times 10^{+24}$ 公斤）。以相同重量來比較的話，心臟的磁場是地球磁場的 $5 \times 10^{+18}$ 倍強。

　　地球的磁場來自地核的鐵，人體的磁場則是來自人體的電流。電流會順著流動的方向產生磁場，而人體的肌肉和神經中有許多電流在流動。如圖八所示，我們可以看到地球磁場和心臟的磁場，在形式上有許多類似之處。

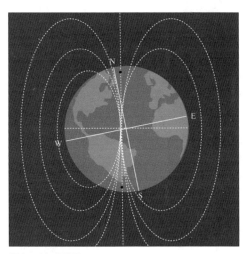

圖七：地球磁場

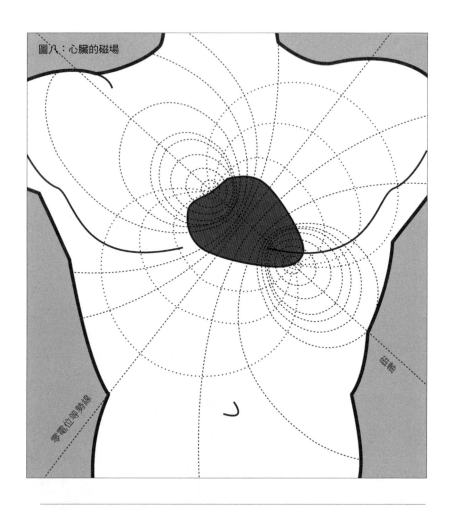

圖八：心臟的磁場

零電位等勢線

磁軸

只要能排除其他力場，很容易就可以感覺到身體的磁場。麻省理工學院的哈洛‧比特磁力實驗室（Harold Bitter Magnetic Laboratory）裡有個法拉第籠（Faraday cage），是個可以屏蔽外部磁場的密閉空間。在這個空間裡，即使在三公尺外，用一般儀器便可輕易偵測到人體的磁場。那裡的一場示範，證實了我們在自己體內所感覺到的人體

磁場的兩極與磁通（magnetic flux）的方向：磁場的兩極分別位於心與腦，磁通則是環繞著心臟運作。

人體對磁場其實比一般儀器還要敏感許多，至少和植物一樣。研究顯示，植物對於人體磁場非常敏銳，葉子表面的電阻會因此產生變化。這種反應在人體上稱為 ESR（皮膚電阻感應），是測謊機運作的關鍵。透過測量植物的 ESR，我們可以推論出植物對於人體磁場的感應 ❶。

接下來的冥想，會以令人印象深刻的方式呈現人體磁場的現實。

以鑽石呼吸進行冥想，將注意力集中於雙手。尋找兩種感覺：第一是脈搏，第二是一種能量，彷彿電場，或是一種生命力量，一種輕微震動或是輕微的壓力，佈滿你的雙手。

如果沒有辦法馬上感覺到，稍微等一等，有點耐心。只要感受過一次，之後就會很容易察覺。這就像騎腳踏車，是一種持續摸索之後會帶來突破的經驗。你還記得學騎腳踏車是多麼艱難嗎？

張開眼睛，注視著你的雙手。將一隻手放在下巴前面，手掌向上，手指向前伸展，稍微往上彎曲。然後輕輕吹氣，讓你的氣息拂過掌根、穿越掌心、抵達指尖。將目光引向氣息的目的地，也就是指尖。吹幾口氣之後，換另一隻手。

幾分鐘後，放下雙手，並注視著雙手。你可能會發現雙手對於磁力的感受能力大大提升。

現在將雙手置於胸前，掌心相對，中間大約距離三十公分。雙掌慢慢靠近，在快要接觸到的時候停下來。注意兩掌之間產生壓力的感覺，好像在擠壓一顆橡膠球似的。若是突破阻力繼續往裡推壓，這股力量會突然不見，然後在雙手更靠近的距離重新形成。我們會感覺好像觸到了大球裡面的小球一樣。

現在慢慢將雙掌拉開，最遠可以拉開到九十公分左右，然後重新向彼此靠近。重複這個動作，速度可以快一點，這能讓你感覺壓力的差異。

雙手之間感覺到的能量就是呼吸（氣）。因為你集中心智，而且目光注視著雙手，所以你自然把呼吸引導到那裡，強化了雙手的氣感。是呼吸讓手對磁場變得更敏感。

所有的事物都有磁場包圍。雙手的感受力提升之後，就可以感覺到一層層的磁場，尤其是在物體的邊緣處。兩隻手也可以互相感覺彼此的磁場。磁場有很多層，也就是我們在不同的距離所感受到的阻力。

能夠在雙手上感覺到身體的磁力。

自我療癒

能夠感覺呼吸通過身體的某些部位之後，就可以運用呼吸來療癒自己。將呼吸導引至身體虛弱的部位，就能為那個部位帶來健康與

力量。如果你能在某些特定區域感覺到自己的呼吸，便能增強該部位的循環，讓免疫系統專注於該部位，然後藉由呼氣來排除毒素。

以冥想的姿勢靜坐，進行鑽石呼吸，掃描全身，看看哪裡不舒服或感覺疼痛。在冥想的時候，某些平常並不覺得疼痛的身體部位，此時可能會感到疼痛。你此時感覺到的雖然是身體的疼痛，但可能不是源自生理問題，而是情緒上的苦惱、心理矛盾、因對立而產生的壓力或生存的痛苦所發出的訊號。換言之，這是心理或情緒上的壓力所造成。

在找到疼痛或不舒服的部位後，輕柔地將呼吸送到該部位。先從觀想那個部位開始。根據皮膚、肌肉、器官或骨骼的不同，將思緒引導至適當的深度。如果你能很清楚地感覺到疼痛，就會知道該往哪裡送呼吸。如果感覺模糊，就不會知道是什麼組織在疼痛，那麼可以把呼吸送到大概的區域。呼吸的作用會讓那裡的感覺變得清晰。如果感覺消失了，那麼再檢查其他區域。

若是找不到需要呼吸的身體部位，不可掉以輕心。檢查肩胛骨之間、喉嚨後頭或是胃部上方，這些部位都很敏感。

各種專業人士都可以將心律轉化法應用於其特殊的需求上。

運動員：心律轉化法可以增強身體的力氣、調節速度、耐力與協調力，只要在運動的時候搭配呼吸與心跳的節奏，尤其是要使用全然呼吸（參考第六章的行走呼吸與跑步呼吸練習）。運用心律轉化法，將注意力集中在需要力量或彈性的肌肉上。吸氣會讓你恢復活力，呼氣會清除肌肉累積的毒素。肌肉細胞和所有的細胞一樣，都擁有記憶。

肌肉細胞的力量可能會因為某些記憶而衰退，或因為其他記憶而活躍起來。它們會馬上對你的情緒狀態有所反應。肌肉非常需要氧氣，但很少有運動員知道如何正確呼吸。持續透過肌肉組織呼吸，可以在生理、心理與情緒的層面淨化並提供能量給肌肉。

學者：如果沒有冥想的幫助，大腦無法均衡發展。將氣送到頭部前方（前額後方）、頂部（頭頂）、頭部後方與頸部上方交會處（第一頸椎），還有左右太陽穴。這些部位對於呼吸的接受度感覺是否不一樣？將呼吸送到這些地方，就可以平衡左右半腦，幫助心智同時吸收概念與細節。

藝術家：心的左半部是由和諧與美來運作，右半部則表達出你的感覺。左半部能夠接收靈感，右半部負責創造。你感覺自己對於藝術的熱情是否夠深？在創作的時候，你是否能將你的熱情表達出來，讓觀者可以從你的作品接收到你的情感？將呼吸送到胸部中央的左側，乳房上方。然後將呼吸送到中央右側。哪一邊的反應比較弱，就多送一些呼吸過去。重複這個步驟，直到感覺胸腔中有一股壓力，將胸腔兩側向外撐開，這表示心的品質提升了。

主管：透過太陽神經叢，也就是胸腔正下方的部位來呼吸，然後將氣吸入胃部，也就是太陽神經叢下方的位置。這會增強你的控制力與讓你回到中心來展現自己。吸氣能夠讓你更敏銳地感受到自己「情感上的」直覺所發出的細微但清晰的訊號，這是我們內在的羅盤，告訴我們方向是「對」還是「錯」。呼氣會將你內在的掌控與秩序，擴展或傳播到周圍的環境。因為外在世界是由內在世界所創造，你的人生就是你自己的投影，而呼氣會增強這個自然過程（將呼氣導引至胃

部，也會令人感覺愉快）。

專業助人工作者：缺乏心的左側，就會成為一個無法同理服務對象的官僚。缺乏心的右側，則會被情緒壓垮，甚至身體也被壓垮。你必須讓自己與病人、客戶或學生不糾纏在一起，但又要很容易地與他們重新連結。你也需要培養自己的洞察力，因為如果你看不到他們沒有看到的東西，就無法幫助他們；如果他們成功讓你只看到他們所看到的，你也無法幫助他們。能夠感同身受的洞察力是透過心的呼吸而發展出來的。深深地吸入並接受周圍所有人的心，從胸口呼氣出去時，不留住離你而去的東西。重複此一步驟，直到你直覺所明白的事物也能讓你有所感受，而你心中所感受的事物能夠與你的理解相符。

 能感覺到彷彿在用身體的某個部位吸氣和呼氣，而非透過口鼻。舉例來說，透過雙手或胸部來呼吸。

療癒

身體的整個機制都是由呼吸的力量來運作，而運作機制之中的所有失調狀況，都是因為呼吸不規律而引起。因此醫生可以藉由病人的脈搏或心跳，來判斷健康狀態。醫生會認為是身體生病了所以造成脈搏和心跳變化，但神祕主義者知道這是呼吸造成的現象。

（哈茲若‧音那雅‧康）❷

你也可以導引自己的呼吸，來加快他人療癒的速度。你可以將自

己的呼吸加到對方的呼吸裡，讓他們的呼吸變得更強、更有韻律、更平衡。

如果病人有辦法將自己的呼吸導引到生病的部位，也能夠有意識、有節奏地全然的呼吸，並記得運用呼吸來自我治療，可能一開始就不會生病。總之，讓你們的呼吸結合起來變得更強，就有可能處理對方單獨用自己的呼吸無法療癒的生病部位。

我們可以將呼吸導引到自己的手上，運用呼吸的療癒效果來幫助他人。當雙手充滿能量之後，將指尖放在對方生病的部位。

引導對方在你呼氣時吸氣，在你吸氣時呼氣。接著進行長度適當的節奏呼吸，好讓對方能夠配合你的節奏。在此不要進行鑽石呼吸，而且完全不要摒住自己的呼吸。你可以用一些動作來引導對方抓住你的節奏，例如，在你吸氣的時候，雙手稍微離開對方身上，呼氣的時候再放回去。如果對方看不到你的手，可以出聲引導，讓對方知道你在吸氣或呼氣，並配合。

呼氣的時候，將氣息化成清涼的療癒能量，從指尖導引出去。吸氣的時候從指尖將氣息導引進來，吸收對方混濁的能量。保持無聲的呼吸（有聲音的呼吸代表某處受到堵塞或壓抑）。

這個練習的加強版，是在呼吸的某一半加強注意力。你的呼氣會給出能量，你的吸氣會吸收混濁，所以當對方生病的部位很虛弱而需要加強的話，你可以著重在呼氣上。但有些症狀，譬如頭痛、腫脹或腫瘤，這是因為能量超載引起，這時你就應該著重於吸氣。

當然，你的呼吸必然形成完整的循環，所以即使將注意力特別集中於吸氣，但在吸氣和吸氣之間，還是會呼氣。

雙手會發出真正的能量，所以療法能夠產生效用。這股能量的存在已經透過克里安氣場攝影（Kirlian photography）證明了，照片顯示治療師的指尖湧出長長的能量流（圖九便是手掌能量的攝像）。科學還無法說明這股能量會對人體造成何種影響，但是神祕主義者認為這就是生命本身的能量。有些人稱之為生物磁能，因為這股能量對生物體的作用，類似磁力對鐵製品的影響。

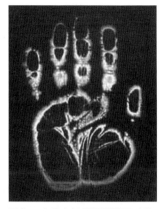

圖九：克里安氣場攝影顯示手掌能量

有些人認為「治療師」擁有特別的天賦，這其實是一種誤解。療癒是自然的力量，每個人天生都可以透過呼吸來展現。有些人特別培養自己的專注力與呼吸，以及心手之間通道的暢通，所以能夠運用呼吸的自然療癒力量來幫助他人。擁有子女、父母、愛人與朋友的人，都會對發展療癒能力有著需求與想望。

引導超越身體的呼吸

身體的磁場並不是圍限在皮膚底下的空間，它其實可以有效地經由導引，突破身體的限制，進入周圍的空間。事實上，磁力很容易便能超越身體的限制，形成非常龐大的磁場。

科學證明身體擁有磁場，這個磁場會隨著心跳搏動。磁場在身體靜止時有兩個主要的集中點，或稱為極點：心臟和大腦。心臟磁場的強度是大腦磁場的一百倍。身體的磁場主要是由肌肉中穿梭的電

流所形成。心臟的肌肉是人體中唯一會持續收縮與放鬆的肌肉，因此心臟掌控了人體靜止時的磁場狀態。

磁場不是生理身體的產物，而是生理身體的泉源。我們要看的並不是人所產生的能量、磁力或「震動」，而是要覺察持續打造出這個人的能量、磁力或震動。這是心律轉化法「向下」的觀點：持續不斷的思考造就了我們的身體。思考是由不斷產生的情緒而來，情緒是由不斷產生的能量或磁力而來，能量或磁力是由不斷運作的意識而來。與其感覺到身體的磁場從指尖湧出，你不妨認為是你從指尖感覺到的強烈磁能造就了你的身體。磁能不是生物體的延伸，相反的，是磁能聚合而形成生物體。

這其中的微妙在更進階的練習會顯現出重要性，因為這個概念能使人立即進入沉思狀態。至於在初學階段，這個概念能幫助我們破除觀念，不要以為這磁能是「屬於我們」。

接下來是關於能量體的冥想：

先從鑽石呼吸開始，運用心跳來計數呼吸週期。然後同時在身體各處尋找心跳：胸部、雙手、雙腳、太陽穴——每個部位。

接著，在全身皮膚尋找心跳。掌握住這樣的感覺。

現在你會發現，你的「皮膚」感覺起來並不是你生理身體的表層，而是一個更大的「膨脹」軀體的皮膚或表層。這就是能量體。生物體是包裹在能量體之中，就像地球是被覆蓋在地球磁場底下一樣。磁場並不只是包圍著生物體，還會穿越滲透進去。

呼氣的時候，讓能量體往外擴張，變得更大、更擴散。吸氣的時候，

讓能量體再度往內聚合，持續變得更密集、更集中，最後具體凝聚成你的心（不是進到你的心中，而是變成你的心）。

 能夠感覺到你的能量體表層下的心跳。

與植物一起冥想

送出的能量需要被接收。因此，如果有能夠接收能量的對象，就可以繼續深入送出能量的練習。如同你在討論療癒的章節所體驗到的，如果能量具有目的性，就會變得更密集。在那個練習中，你只使用了雙手的能量。現在我們要運用剛剛才發現的整個磁場。

接下來的練習，我們使用植物做為接收磁場能量的對象。

將一株活的盆栽放在距離我們大約一百八十公分的地方。

重複上述的練習，感覺自己的能量體。

呼氣時將你的磁場往外擴展到盆栽放置的地方，然後在吸氣時將植物的磁場拉過來。

第二次冥想的時候，將植物置於空間的另一頭，或是面對窗外的植物。呼氣時將你的磁場擴展到盆栽放置的地方，然後在吸氣時將植物的磁場拉過來。

我們曾運用冥想與植物進行實驗，實驗中冥想者可以感覺到植物是不是需要澆水。

與植物交換磁能的時候，我們會與植物融合，體會到植物本身的感覺。注意自己是否感覺乾渴，或者分泌了很多唾液。然後覺察自己是感覺虛弱無生氣，或是充滿活力與盈滿。你會覺得自己皮膚發癢或是全身痠痛嗎？

　　冥想結束後，檢查植物的狀態，看看你剛剛的感覺是否能驗證到你所觀察到的植物狀態。

注釋

1　　Tompkins (1973).

2　　www.hazrat.inayat-khan.org: Message: Vol. 13, Gathas: Breath.

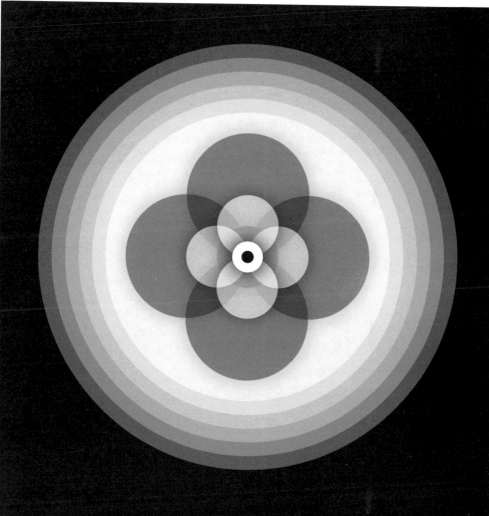

第三部

心的元素

第十章
四大元素

　　現在我們既然已知道了如何協調呼吸與心跳，目標便是提升心的特質與能力。我們發現，如果能夠運用宇宙的四種基本能量，也就是所謂的四大元素——風、火、水、地，就能更有效率地達成目標。這些能量不是科學概念中那些不可繼續分割的粒子（就我們所知，科學目前還在尋找這種基礎粒子）。四大元素代表的是四種能量，分別擁有不同的特性。

　　四大元素對應了四種物質狀態：固體是地，液體是水，氣體是風，第四種的火則是電漿體，在地球上很罕見，不過宇宙中很普遍，因為這是恆星的組成物質。

　　在《你的心就是宇宙》一書中，我們探討了心的四個面向及其發展：垂直（高度與深度）、寬度（左邊與右邊）、前向（前端與後端）和內在（擴展與收縮），如圖十所示。❶

　　心的四個面向是心成長的結果。在我們的經驗中，心不會同時均衡發展所有的面向，一次大概只會發展一個或兩個面向而已。我們的心不斷地在成長、發展，所以這個過程永遠沒有終點。

　　由於心有不同的成長方式，所以我們發現可以運用不同的能量、不同的呼吸模式，讓我們得到不同元素的呼吸，來幫助心的發展。表一列出了每一種元素對心產生的作用與效果。

　　首先，每一種元素會讓心產生不同類型的淨化效果：過濾（地）、

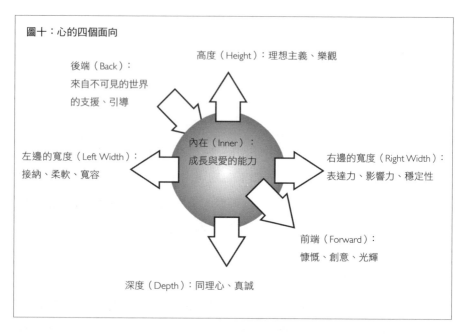

圖十：心的四個面向

高度（Height）：理想主義、樂觀

後端（Back）：
來自不可見的世界
的支援、引導

內在（Inner）：
成長與愛的能力

左邊的寬度（Left Width）：
接納、柔軟、寬容

右邊的寬度（Right Width）：
表達力、影響力、穩定性

前端（Forward）：
慷慨、創意、光輝

深度（Depth）：同理心、真誠

清洗（水）、融合（火）或擴展（風）。然後再進行更深層的作用：
讓心在四個面向中獲得某一方面的發展。舉例來說，要發展心的水
相特質，也就是創意、慷慨、同理，那麼就要運用水元素。運用四
大元素幫助人類的成長，是一種突破性的發現，展現在煉金術的神
祕力量，讓鉛質的心轉化成黃金的心。

元素	心的面向	對心的作用
風	內在、高度	用心傾聽，用語言表達你的心，開啟成長的才能，尋找理想形象
火	高度、前端	建構心的力量、勇氣與光輝，往上朝向完美提升
水	前端、深度	發展創意、慷慨、同理心、愛、深刻的情緒
地	寬度	擴展影響、穩定、寬容 ❷

納入心的四大元素而擴充心律轉化法之後，我們便會擁有力量非常強大的工具，帶引我們了解我們的心，顯露心的特質與能力，並依心而活。運用四大元素的方法，就是在進行心律轉化法時調整呼吸與觀照。下面是四種基本的呼吸方式以及對應的四大元素：

元素	吸氣	呼氣
風	口	口
火	口	鼻
水	鼻	口
地	鼻	鼻

這四種呼吸方式，一般人往往只使用其中一種，而你的呼吸方式會在你的思緒與心中產生相對應的元素能量。❸

每次改變代表不同元素的呼吸方式時（整天都有可能），我們的心情也會隨之改變。欲望、意願、表達方式，甚至整個人的氛圍都會改變。不僅如此，我們進行的每一次元素呼吸，都會對我們的所作所為產生影響。

（哈茲若・音那雅・康）❹

● 地的呼吸，是我們獨自靜坐時的呼吸，非常平靜沉穩。也可以在遇到危機時運用這種呼吸，幫助自己度過難關。在感覺害怕或不想讓人注意到你的時候，你吸氣和呼氣都會透過鼻子，嘴巴則閉起來。

● 水的呼吸會自然隨著嘆息而來：透過嘴巴呼出短而強的氣息，便

放下了負擔。水的呼吸也可以運用在療癒上。對於哄睡小孩很有效，因為這是小孩睡著時的呼吸方法。

● 火的呼吸可以在需要的時候讓我們振奮起來，像是驚喘那樣，從嘴巴快速吸氣。舉重選手在舉起槓鈴之前，或是足球選手在比賽之前，都會運用火的呼吸，讓自己瞬間充滿能量。

● 風的呼吸通常是出現在電腦工程師身上，他們習慣用嘴巴呼吸。這種呼吸會將能量導引到思緒之中，也就是心的表層。在我們迷失方向，想要找到自己的定位時，會張開嘴巴呼吸，速度也許會比平常來得快。

我們在一天之中會使用不同的呼吸方式，每一種呼吸都代表了不同的狀況。這些呼吸方式不僅長度（節奏）和深度（呼氣的程度）不一樣，對於著重吸氣或呼氣，也各有不同。有四種著重組合：強調吸氣、強調呼氣、吸氣和呼氣都強調，以及兩者都不強調。受到著重的部分會比較短促，而且是通過嘴巴進行。我們在觀察自己的呼吸時，可以注意一下這四種呼吸節奏。

這些呼吸方式也會增強身體不同部位的心跳：

元素	呼吸節奏	心跳
風	沒有暫停，輕淺的呼吸	皮膚之外
火	強調吸氣，然後暫停	頭部
水	沒有暫停，強調呼氣	手
地	鑽石呼吸	胸部

開始時，我們從胸部進行鑽石呼吸，像之前一樣，然後集中注意

力在鑽石呼吸上，帶出地元素。接著，改變呼吸的韻律，用嘴巴呼氣，帶出水元素。再來是火元素，最後是風元素。

我們一天下來的呼吸方式，會依照自己情緒與注意力的變化，改變很多次。呼吸的改變顯示出你的感覺，你如何因應當下狀況而「調整」，因此也告訴我們此時適合怎樣的活動。不適合的活動通常都不會成功。一直嘆氣，就不可能爬山，但會因此放鬆，甚至想睡覺。快速吸氣的時候，不可能靜坐，必須有所作為！運用四大元素進行冥想，便能夠更加熟悉我們每天的呼吸韻律。四大元素包含了重要的資訊，讓我們判斷行事的正確時機。一旦分辨出自己呼吸中的元素，就能選擇最適合你目前內在狀態的活動。

四大元素的詳細說明與指引的道路，會在接下來的章節中討論。

練習

基本上，元素呼吸的做法如下：

> 吸氣時，想像自己正在接收。呼氣時，想像自己散發出去。我們呼出並散布出去的是什麼呢？空間的神聖力量，讓生命淨化，重新充滿活力，啟發了我們，讓靈魂得以顯露。練習的時候必須時時牢記這個概念。這種經驗還有許多其他形式，但這裡的指示普遍適用。
>
> （哈茲若‧音那雅‧康）❺

哈茲若‧音那雅‧康建議，每個學習冥想的人每天都要做這些練習。四個元素的呼吸最簡短的完整練習，是每一種各進行五次。

不管是初學或最高階冥想者，每天都必須練習總共二十次的元素呼吸。

（哈茲若‧音那雅‧康）❻

健康的元素

呼吸的淨化不只能讓身心強健，還能青春永駐、長命百歲。

（哈茲若‧音那雅‧康）❼

四大元素的第一個作用，就是淨化生理與情緒的心，藉此增強我們的健康狀態。

在生理上，四大元素既可以療癒生理疾病，還可預防疾病發生，從而促進身體健康。

這個世界存在著細菌與不潔之物，卻也有可以淨化這些物質的元素。四大元素，也就是神祕主義者所說的風火水地，不只可以合成出細菌，也可以摧毀細菌，只要我們知道如何運用四大元素去淨化自己的身、心。

（哈茲若‧音那雅‧康）❽

在情緒與心理方面，簡單來說，就是四大元素是思想自然具備的性質，但如果其中有元素太過虛弱，便會造成心理疾病。較詳細的解釋則是，如果將思想的各種能力與功用按照四大元素予以分類歸納，那麼在思想發生問題時，就可以依照四大元素的模式制定治療方式。從四大元素的角度來觀察生命的存在，會發現疾病其實就是

因為缺乏某種元素所造成。如果我們知道如何讓元素發展，就能夠制訂出療程來應對。心律轉化法剛好對於元素的發展非常有效果，身心兩方面都很管用。

植物需要陽光和水才能生長，人則是需要四大元素才能維持良好的健康。如果我們知道正確的呼吸方式，就能夠讓身體不受任何毒素汙染。即使思想也可以因此獲益，因為思想也是由四大元素的最佳狀態所組成。

（哈茲若‧音那雅‧康）**❾**

透過心律轉化法的四大元素進行冥想，可以改善下列常見的心理或情緒失調：

元素	改善狀況
風	罪惡感、困惑、絕望、悲痛、否定
火	沮喪、無法明辨、悲觀
水	僵化、固執、仇恨、疏離
地	隔絕、恐懼、缺乏目標

難以保持良好健康的一個原因，在於我們不知道怎樣的狀態才叫做健康，因此無法在開始偏離這種狀態之時有所警覺。通常身體沒有疾病的狀態就稱為健康，但這是結果論，看的是結果而非源頭。如果思想抱持的態度不夠健康，身體最後也會受到影響，但中間會醞釀很久，以至於我們注意不到其中的因果關係。我們需要的是從前瞻性的角度出發，擁有一個主導的指標，一種理想的健康態度，

才能與自身的情況對照。當我們發現自己出現了如上表所列出的不健康跡象，就知道這是最後可能發展成疾病的早期警告徵兆，便可以在還沒惡化之前馬上把問題處理掉。

> 我們發現，如果一個人心中常常盤旋著衝突的思想，就很容易發怒，三不五時就會生起氣來。一點點小事就會讓他覺得焦躁，因為焦躁早已存在，所以只要有一點摩擦便會變本加厲。
>
> （哈茲若‧音那雅‧康）❿

　　心律轉化法的一項優點，就是提供一個健康的模式。這個模式會在第三部說明，也會進一步詳細討論四大元素的內容。舉例來說，樂觀是屬於健康心理的自然特質。情況不好的時候，樂觀的人知道還有很多事情是他個人可以做的，只需要馬上採取行動，就可以阻止糟糕的情況發生。只有在被擊垮的時候，我們才會失去這樣的精神。只要一直保持樂觀的想法，就不會失敗。一旦失去了樂觀的想法，憤世嫉俗、愁苦怨恨、沮喪低落和自我毀滅的行為就會取而代之。跟在這些心理失調狀態後頭的，便是生理疾病。心律轉化法可以恢復人的樂觀精神，以及樂觀所仰賴的清晰視野。另一方面，否認是另一種疾病。什麼能讓我們保持樂觀態度而不陷入否認？心的力量。

　　心律轉化法還有一項優點，能夠幫助深刻情緒的發展。

　　科學家對人的情緒其實沒有興趣，只要人體處於科學家定義的完美狀態，就被認為是健康。但從神祕學的角度來看，即使人的身體很強壯，

但情緒的部分被埋在底下的話，就不能算是健康，因為這個人有某些地方不對勁了。

（哈茲若‧音那雅‧康）**⓫**

我相信你們認識很多人，看起來活力滿滿、聰敏機靈，卻把感覺深藏在人格的外殼底下。雖然他們相信自己「很好」，但其實不知道自己缺了什麼，至少他們都很難親近。

人類的自然狀況是擁有開放的心，容易受到感動，平凡的美麗可以觸動我們，小小的善良人性就能讓我們有所回應，柔軟脆弱而非強硬防禦，擁有深刻的情感，對人寬宏大量。但是當敏感而開放的心感受到的痛苦變得難以抵禦的時候，這種自然的特質就會封鎖起來。心律轉化法能夠強化你的心，讓心在這個世界中保持開放、繼續運作。有些人會懷疑，這麼競爭的世界，是否能讓我們的心真正保持開放而敏感，卻又能正常運作。因為開放的心除了敏感之外，也是強大力量的本源。開放的心胸能夠讓你在各種領域，包括藝術、研究、教學、溝通、運動和商業各方面，都擁有優勢。

注釋

1　Bair and Bair (2007, 49).

2　這裡說明的元素呼吸，和《你的心就是宇宙》描述的有些微不同。風的呼吸是往上的呼吸，火的呼吸是流動的呼吸，水的呼吸是往下的呼吸，地的呼吸是往兩旁的呼吸。

3　另外還有一種乙太呼吸（同時用口鼻吸氣和呼氣）。乙太呼吸（Ether）有時候稱為「第五元素」，更恰當的說法是，這是一種更精煉、濃縮的能量，一種「元元素」，擁有在任何時間轉化成四大元素的能力。

4　Khan, I. Githa I, Mysticism, The Direction of the Elements. Esoteric Papers.

5　參同前，Sangathal。

6 參同前。

7 Khan, I. Githa 2, Esotericism, Purification of the Breath. Esoteric Papers.

8 www.hazrat.inayat-khan.org: Message: Vol. 4, Healing and Mind World: Part I, Health.

9 參同前。

10 參同前。

11 www.hazrat.inayat-khan.org: Message: Vol. 13, Gathas: Everyday Life: 2-1 The Purity of the Body.

第十一章
地元素

看到黃色，你就知道這是地元素。地元素代表益處，因為大地豐饒、堅實又廣袤。

（哈茲若·音那雅·康）❶

地元素是什麼

　　濕地的科學家和有機栽培的園丁都知道，大地擁有淨化的能力，能夠吸收並過濾廢物。在心律轉化法的這個步驟中，我們會將這樣的能力運用於心的淨化與成長。地球上每一立方公分的土壤，都包含了數十億的微生物。這些微生物在我們所稱的土壤中，是不可或缺的部分。微生物會創造新的土壤，也會透過牠們的活動將土壤黏結起來。整個生物圈，包括我們的身體，都充滿了微生物。微生物創造了我們所吃的食物，甚至還幫我們消化食物。微生物最後會分解我們的身體，在我們死亡的時候讓我們回歸土壤。所有我們體內周圍環境中大量的微生物，就代表了地元素，形成了土壤及所有的生命體。

　　人類的活動雖然會在短期內汙染大地，但大地可以吸收這些汙染，讓毒素變成自己的一部分，進而淨化自己。這就是堆肥的原理，讓垃圾還有汙水等毒物轉化成土壤。

大地擁有旺盛的生命力，所以能夠進行這樣的轉化。構成大地的微生物會吸收它們接觸到的所有碳基物質，將之消化並建構成自己的身體，也就是變成大地。大地會分解我們的身體，卻也提供了人類身體所需要的成分、營養與生物元素。你的生理實體是這兩種活動的平衡所產生的結果：大地提供給你的，也就是大地將你分解後所變成的。

地元素的練習就是《聖經》上所說：「你本是塵土，終要歸於塵土。」透過這個練習，我們增強了與最終的母親──大地的連結，並強化了我們的身與心。

分類與過濾

以下是心律轉化法地元素冥想的第一階段：

> 從鼻子吸氣和呼氣，讓吸氣和呼氣保持平衡，長度相等，不要強調其中任何一環。每一次呼氣都要充分。
>
> 讓呼氣拋掉、去除、擺脫所有你不需要的事物，不管是來自身體、心理或情緒。讓吸氣變成一種更新、重建與挽回，獲得所有你真正需要的事物。
>
> 幾次呼吸之後，想想自己丟棄了什麼、更新了什麼。這就是地元素的精鍊作用：從廢物當中分類或過濾出可以使用的物質。

透過這樣的呼吸，我們可以發展出分辨的能力，知道該丟棄什麼，該擷取什麼。最後，這個簡單的分辨動作塑造了我們的生命。

甲之蜜糖，乙之砒霜；我喜歡的，你可能討厭；我覺得好玩，你覺得無聊；我覺得是詛咒，你覺得是祝福；所以對於生活中的種種，我們必須挑選過濾，好創造自己的生命。我們會吸收自己需要的、覺得美的事物，排除不能使用、不喜歡的事物。心透過共鳴的過程來分類過濾，分辨出和自己相像的事物。心強壯的時候，做起來輕而易舉，生命中充滿天堂一般的美好與熟悉。心脆弱的時候，便無法吸引或留住和自己相像的事物，失去了這股凝聚力，生命便失去了本然的完整和喜悅幸福。

不管心有多麼苦、多麼痛，不管有多脆弱、多受傷、多僵化，心終有一天會復原。我們可以從地元素中獲得啟發：大地的微生物擁有不可思議的恢復力，不管在怎樣的環境下都能生長，只要有一點點的機會就能繁盛起來。蘭花沒什麼土壤也能活，青苔沒什麼光也能長，仙人掌沒什麼水也能生存，然而土壤、陽光和水都是植物成長的要件。即使外在狀況非常不適合心的療癒與成長，我們還是可以創造出能夠讓心獲得滋養的內在環境。要療癒和發展自己的心，就是將注意力集中在心上，將呼吸導引進入心，如同我們練習心律轉化法時一樣。

> 在心律轉化法地元素的練習中，從頭到尾都要保持鑽石呼吸的節奏（見第八章），並時時覺察胸腔中的心跳。

要覺察心跳，就必須開啟無意識。只要開啟了無意識，便能感覺到心跳。你可能除了心跳就無法注意到這個狀態的其他作用，但是在某個時刻，你會發現自己的想法已經不同。老實說，要注意自己

的思考過程不太容易，因為這些想法已經變成思考過程的一部分。但是你可以檢視自己所產生的那些想法，你便會發現自己想的事情是平常不太會想的，而且還是從一個很不一樣的角度去思考。在熟悉心律轉化法之後，你就會發現更多這個階段的跡象與結果。

與地元素交換

> 下一步，將丟棄與更新的過程視為你與大地之間的交換。你所捨棄的，大地會吸收；你所吸收的，是豐饒大地所給予的恩惠；你不再需要的事物，可以用在別的地方；你所需要的事物，可能是其他過程中產生的副產品。
>
> 呼吸控制了交換的方向，心跳則是驅動交換的過程。

除了所謂意識的擴展之外，究竟真正交換了什麼呢？在我們與大地之間真的有所謂的交換嗎？大地擁有特殊的氣味。我們對於土壤的認知就是它的氣味。呼吸將這股氣味帶入我們的身體，在體內循環。這股氣味主要是由微生物製造，從土壤裡散發到空氣中。吸氣確確實實是將地元素所包含的物質帶入體內。因為大地的土壤包含細菌、真菌、黴菌等等，土壤的主要成分就是這些東西，充滿了整片土地。有些在我們體內的微生物負責我們的消化。從我們體內排泄出來的廢物，是豐富的氮氣來源，讓微生物創造出新的地元素。大地將這些廢物消化之後，變成了水、供應植物的二氧化碳，還有土壤。

我們吸收地元素，最顯而易見的便是來自攝取的食物。對我來

說，胡蘿蔔這種食物的神奇之處，在於胡蘿蔔籽會讓土壤中的微生物重新組合土壤中的化學元素，創造出原本沒有的分子，例如 β 胡蘿蔔素，並且將活的細胞建構成獨特的橘色形體的。胡蘿蔔幾乎包含了所有土壤中存在的地元素。

所以我們餵養大地，也讓大地餵養。在冥想中，你會覺察到這些過程是不斷繼續在進行。不只是我們吃的每一頓飯，還包括了我們每一次的呼吸，都是在與大地的物質，也就是我們的生物圈，進行交換。

聖方濟各在林中靜坐，動物環繞著他，小鳥停在他的肩上和手上。一名村人走了過來，所有的動物和鳥兒馬上就跑走了。村人說：「為什麼牠們喜歡和你在一起卻害怕我呢？」聖法蘭西斯問道：「你午餐吃了什麼？」。

大地的磁場

練習的下一個步驟，是要思考我們所居住的地球有多大。想想自己在地球上去過的那些地方，以及聽說過的地方，然而還有更廣大的地方是你甚至從未聽聞過的。也想想無數的人類、動物、魚、昆蟲和植物，共享著這個地球。

呼氣時，觀想自己不過是這廣袤生物圈無數生命中的一員。吸氣

時，觀想自己是地球的化身，包含地球上所有的一切。地球奉獻出自己擁有的物質建造了你的身體。你的細胞擁有地球的蛋白質，歷經萬古的時光進化而組成了 DNA。你是地球演變的直接受益者，你是地球演變機制的一部分，擔負了傳續演變的任務。

了解地球的廣大，能帶你來到從物質轉化成能量的開端。地球的磁力超越了本身龐大的實體，形成更大的磁場。我們和地球之間的交換，除了化學與生物性質之外，還包括了磁性的交流。而讓自己能覺察到這種磁力交流，可以使你獲得許多好處。

拿一支鐵棒，以相同的方向重複摩擦磁鐵，這支鐵棒便會產生磁性。在這個過程中，原本那塊磁鐵的磁性並不會消失。磁性是物質分子經過物理排列的結果。一塊鐵的磁性能夠讓另一塊鐵的分子排列整齊，所以增強了整體的磁性。劇烈的震盪會讓磁鐵喪失磁性。

在第九章中我們已經知道人體擁有磁場。人體磁場與健康、影響力之間的關聯，目前科學還沒有研究，但我們會直覺地將磁場與個人魅力連結起來，將具有魅力的人形容成「充滿磁力」。

將諸如金屬絲線這類的導體放置在變動的磁場中，便會有電流通過金屬絲線。只要導體中有電流通過，導體周圍便會產生磁場。所有的發電機和馬達都遵守著這樣的電磁原理。這些原理告訴我們磁力如何交換。地球的磁場方向穩定，但是力量會有些微變化。人體的磁場方向也是大致穩定，但力量會隨著心跳震盪，因此地球和人體都會產生變動的磁場。在任何方向適當的固定導體中，變動的磁場都會使之產生電流。人類的脊椎是直立的，脊柱會傳導電流，甚

至細胞也可以測量到微弱的電伏。

因此我們可以進行下列練習：

吸氣時，觀想地球的磁場及環繞地球的磁力線，與你直立的脊椎垂直。你的脊椎從頭部這個地球磁力較弱的區域，延伸到坐骨這個地球磁力較強的區域。和頭部相較，坐骨離地球的中心要近上個幾十公分。即使是這麼短的距離以及微小的磁力變化，還是讓你的脊椎產生了電流。在你進入冥想狀態時，這就成為傳遞能量的生物超導體。

吸氣可以加強從脊椎往上流動的能量。觀想自己的吸氣拉引地球的磁能順著你的脊椎往上流動。這樣的觀想似乎可以將脊椎的阻力降到最低，允許更強的電流往上流動。感覺脊椎中流動的能量彷彿是直接從地球往上竄升起來的。

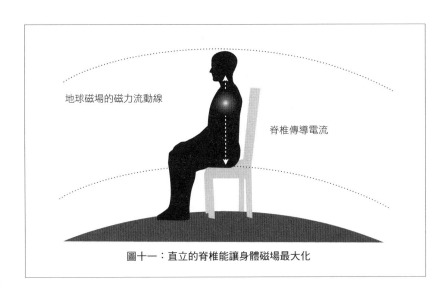

地球磁場的磁力流動線

脊椎傳導電流

圖十一：直立的脊椎能讓身體磁場最大化

流經身體的能量會增強身體的磁場，所以吸收地球的磁力可以增加個人的磁力。

我們不會直接感受到磁場，因為沒有感官能夠覺察，只能獲得間接的感受，以不少方式感覺到壓力的存在。首先，可以察覺到脈搏的皮膚，也就是我們磁場的表層（見第九章），基本上會比實體的身軀範圍要大一些。第二，雙手會感覺到些微刺痛與壓力。第三，心跳似乎變得「更大」，跳動傳得更強、更遠。第四，你會感覺很有力量——情感上的強韌——強到能夠包容整個世界。

呼氣時，上升的電流停止，磁場減弱收縮。這種收縮伴隨著沉入大地的感覺。不是真的沉下去，而是因為身體的磁場減弱了。當你的磁場強健時，你可以很容易地分辨自身磁場與地球磁場的不同。但你的磁場虛弱時，自身的磁場就會被地球的磁場淹沒。這就是為什麼會覺得地球把我們往下拉，甚至被降伏、吸收的理由。

變動的磁場，或是靜磁場中移動的導體，都是產生電流所不可或缺的，而電流就是流動的電子。在人體磁場中，這種變動是由呼吸產生。地球的磁場變化很慢，而我們的脊椎，也就導體，其實是直立不動。我們推測，透過脊柱呼吸可以改變脊柱的阻力，造成人體磁場的形成與潰散。雖然還不知道其中的生理機制是什麼，但大家都有過這種經驗。

吸氣時，觀想自己將地球的磁場往上拉提，吸收納入自己的磁場中，增強自己的磁場。

> 呼氣時，觀想自己的磁場沒入地球的磁場中。
>
> 透過自身磁場的建構與潰散，在地球和你自身之間產生一股能量流。

 在吸氣與呼氣時，體驗到能量流從地球流向自己，再從自己流向地球的過程。

大地的存在

大地的存在擁有許多名字，幾乎每個文化都會賦予大地一個名字。所羅亞斯德教派（就是觀星後預言耶穌降生的東方三博士），稱呼以地球為實體的存在為薩米亞特（Zamiat）。這個教派抱持類似美國原住民傳統對於靈魂的概念，認為大自然的一切都擁有活生生的靈魂：溪流、高山，甚至風、火、水、土，都是偉大的存在。智慧、自我覺察、自我保護、自我表達和追求目標，都是活物的特徵，而世間萬物皆為活物。我將薩米亞特視為地元素，這個單獨的巨大有機體，由整個星球內部及表層的微生物組成細胞，建構了生物圈。比較現代的名字則是稱為蓋婭。

> 覺察到地球的大天使薩米亞特之後，你便能將心律轉化法中的地元素帶入情緒的領域。你和大地之間的交換變成了兩種存在的相互關係。
>
> 呼氣是對薩米亞特的臣服，讓自己躺在她的懷中。繼續練習時，試

> 著消除自己對大地懷抱的任何抗拒。吸氣時，將臣服轉變成為大地服
> 務的欲望。你的服務出自於愛，因為大地將自身組成物質給予了你，
> 讓這些物質轉化成了你。
>
> 在吸氣到達頂端的時候，感覺到大地的力量與智慧湧入你體內。你變
> 成薩米亞特的化身，從直覺中感受到她所有的想法、顧慮與優先順序。

一九八四年我在阿爾卑斯山上的一次避靜中，感受到了薩米亞特。
經過好幾天的冥想，我進入從未到過的內心深處。不管時間經過了
多久，我靜靜地臣服在這樣的體驗之中（意思是我讓自己完全投入
其中，沒有任何中斷）。那感覺就像沉入大地之中，被大地包覆起
來。我感覺到自己越來越龐大，越來越靜止不動。然後我交出了自
己的身體，完全不想移動。

好幾個小時過去，這樣的感覺越來越明顯，我甚至覺得自己必須更
加臣服，便捨棄了所有的信念與分析。也就是說，我決定不去思考
或觀察自己到底發生了什麼；只是感受當下，無需知道會被帶到哪
裡去。然後我開始感覺到一個巨大的存在出現，既包圍著我，也在
我體內；既是我，卻又比我更大。我感到必須更加臣服，於是交出
我的未來。這表示，我知道這項經驗會完完全全改變我接下來的餘
生。然後我感到再進一步臣服的要求，於是我放棄自己是單一分離
個體的想法。一股龐大的情緒籠罩著我。臣服得還是不夠，於是我
交出了自我僅餘的最後一個碎片，也就是我這個生命體獨立存在的
感覺。我沒有死，可是我願意死去。我的生命被所有生命共享的特

質所取代。這時候我才發覺，自己已經被薩米亞特的意識所吸收。我和薩米亞特有著一樣的想法，一樣的感覺。到了晚上，這種感覺消退，我重新得回了絕大部分的自我。

從那時候起，我的生命的確起了巨大的改變。外在生活的各方面都有了顯著的變化：工作、感情、生活狀態、人際關係。我的內在生活也有了進步，產生了重要的突破，終於讓我以自己的心為中心，開啟了靈性的認知。幾年後，我獲邀競標一個電腦化堆肥工廠的計畫。我的積極與熱情打動了客戶，讓我直接得標。因為有過與薩米亞特合一的經驗，我馬上就知道自己絕對要進行這個計畫。這個計畫成為我身為專案經理與技術設計師，在技術專業領域上所達到的巔峰。

普蘭

生命中有兩種偉大的情緒，分別是臣服與榮耀。臣服並不代表被打垮或失敗，而只是認知到自己屬於一個讓所有一切顯得渺小的宏偉存在。透過放下個人的驕傲，我們體驗到了整體的光輝：子女臣服於父母，情人臣服於摯愛，CEO臣服於顧客或市場，醫生臣服於身體的自癒能力。

臣服一開始是個驚奇，後來變成了承認與接受。臣服會讓你產生一種振奮的情緒，感到自己並不孤單，也不是孤軍奮戰，而是屬於非常龐大的行動或系統。臣服是認知到更偉大的抗衡力量，但後果卻不是被打敗。臣服會給你新的方向，最後帶領你得到更大的勝利。

在心律轉化法的地元素冥想中，臣服於大地讓你獲得人生目標的新方向，並讓大地的力量與智慧支持並增強自己的努力。你知道勉強身體工作的感覺，譬如熬夜趕報告，得了流感了還去上班，或者膝蓋痠痛還繼續跑步。但是這裡並不是和身體對抗，而是與身體合作，讓身體支持你去工作。你的肌肉能夠讓你跑得更輕鬆，沖個澡啟發你無數的靈感，健康的身體讓你更有耐力，分享的餐點讓你容易與他人合作。地元素的原則在這裡應用到極致：

不要對抗你的身體，讓你的身體支持你去工作。

你的身體是大地的產物，擁有和大地一樣的力量與智慧。你無法長期忽視身體而獲得成功。同樣的，沒有一個企業能夠忽視自己對地球的影響還能繼續經營下去，除非是因為政府的政策讓企業得以規避自己行為的後果。這裡只舉兩個例子，礦業開採與核能，都是法律與政策支持保護的事業。高階主管如果傾聽自己的身體，就能夠透過身體獲得大地給予他們的智慧而受益。傾聽自己的心跳，是傾聽身體的一個重要步驟，因為心跳攜帶著地球這個巨大實體的訊息。

> 感受大地本身的一切，感覺大地如何「工作」：它的方法、態度、認知與原則。

> 　　大地涵容任何的衝突或干擾，比任何地球上的生物都要古老。運
> 用大地特質的人，就能發展出大地的堅持與耐力，然後再發展出更進
> 一步的特質，像是紀律（不虛耗的持久行動）、品德（歷久不衰的原
> 則），以及責任（堅忍）。

大地的化身

　　我們做為薩米亞特的象徵與大地的化身，因而大地的原則也變成
了我們的原則。破壞這些原則，會讓你陷入被驅逐、推翻或埋葬的
危險。堅守大地的原則，讓你成為他人甚至是大地本身可以仰賴的
人。

　　耶穌說：「你是彼得，我要把我的教會建造在這磐石上。」❷

> 　　想想看自己的生活有沒有遵守保護大地的原則。生態系統可以獨
> 立處理自己產生的廢物。你的生活中有哪些浪費？你會把廢物丟給他
> 人，剝削他們、製造他們的負擔嗎？舉例來說：
> ● 處理我們自身消費產生廢物的成本，讓整個社會來負擔。
> ● 娛樂事業利用我們缺乏紀律的時刻而獲益，進而鼓勵他人逃避
> 現實、追求快感。
> ● 我們的焦慮與恐懼壯大了軍武工業，助長武裝衝突與他人的恐
> 懼。
> ● 我們不願為社區付出，讓政府權力擴增，削減了社會中的個人
> 責任。

● 不健康的生活方式造成了家庭或社會的負擔。

想想看自己如何運用他人製造的廢物。你有沒有：

● 利用他人的恐懼、錯誤或無知？

● 利用忘了自己目標的人來達成自己的目標？

● 將他人揶揄侮辱你所產生的心靈毒素留在你的自我概念中？

● 在周圍的人都不安時，也讓自己不安起來？

● 看到社會上這麼多的暴力與絕望而失去信心？

　　地元素強化後，你就更有能力回收自己心靈、情緒與心理的毒素，而不用把這些垃圾倒進別人的氛圍中。如同我們必須停止丟棄物質性的廢料，因為裡面包含的珍貴礦物質與重要成分必須回歸土壤，同樣的，我們也必須停止浪費非物質性的廢料，好好吸收其中蘊藏的珍貴生命體驗。如果不負起造成自己問題的責任，總是責怪是別人在傷害自己，就無法學會生命的教訓，人生經驗的價值就會白白浪費了。

　　當然，我們都會犯錯。我也曾經犯了很大的錯誤，汙染了別人情緒的土壤和心理的氛圍，讓每個人的日子變得更加難過。我們所犯的大部分錯誤，都是出自於自身的無知，希望能夠領先他人，但卻沒有看到對自身所造成的長期影響，或是對他人造成的短期與長期影響（例如除草劑會殺死土壤中的微生物，汙染水源，危害農人與消費者的健康，但眼前當下的效果讓除草劑廠商覺得有利可圖）。

　　透過地元素冥想，你可以重新處理自己所犯的錯誤。運用類似堆肥的概念，可以從自己製造出的垃圾中產生新的土壤。以下是堆肥

的一些特性：

● 堆肥是由嗜氧（呼吸氧氣）微生物製造而成，沒有氣味，有機廢料要以一定比例混合；嗜氧微生物透過消化分解能產生新的土壤。

● 堆肥溫度下降的話，形成堆肥的速度就會減慢。堆肥的內部通常都很溫暖，不過卻沒有足夠的氧氣進行有氧分解。

● 因此，堆肥必須定期翻動並保溫。因為氧氣量與溫度很難兩全其美，堆肥的過程通常要花很長時間。

● 如果有機廢料與空氣隔絕，會變成由厭氧菌代替進行消化分解，就會產生臭氣與甲烷。

運用堆肥這個比喻，我們理解到如何重新處理非物質性的廢料：

● 從承認自己的錯誤開始，覺察自己的錯誤（有氧），而不是壓抑或否定（無氧）。

● 從自己成就的角度來檢視犯下的錯誤與失敗（混合比例），不要把事件從生命模式與歷史中單獨抽出來處理。

● 從各種角度來檢視錯誤（翻動堆肥），藉以保持穩定持續的注意力（有氧）。

● 維持熱情（溫度），用自己誠摯且認真想要改變的渴望來維持。

● 重新處理的過程要在自己心中的安全範圍內進行，不要讓外界的評斷與分析介入（冷冽而降低溫度的風）。意思是要持續覺察自己的情緒，讓心保持柔軟，避免合理化與防禦心理的發生（溫度下降）。

● 如果心中開始產生怨氣、疏離、內疚或是冷酷（臭氣），要尋求

幫助來改變處理過程。這是洞察力不足（厭氧）所造成的現象，不代表自己有所進步。雖然有些心理學家認為，只要有反應（消化分解）就是進步，但地元素告訴我們，只有洞察力帶來的反應（有氧）才算是進步（產生新的土壤）。缺乏洞察力的過程（厭氧消化分解），只會產生比原來的問題（廢料）更糟的結果（發出惡臭的堆肥）。

想要保有力量，每個人都需要重新處理自己產生的廢料。如果我們利用別人的廢料，那麼他們便沒有機會獲得這部分的生命價值。舉例來說，很多人在傍晚下班後都有些休閒時間，電視產業為了自己的利益占據了那段時光，慫恿人們渴求更多娛樂與消費。但是人們需要空閒的時間來處理困境與挑戰，深化彼此的關係，思考自己的未來。用其他的刺激物來填補這段空閒，就像是利用做夢剝奪了我們睡眠的時間一樣，會讓人變得困惑、迷失、絕望，最後發生心理疾病（娛樂事業就像所有的人類活動一樣，自有其存在價值，尤其是在伸展人類的夢想、理想、希望與信心方面，但是我們必須在自我覺察的情況下選擇）。平靜是最好的療癒，所有對平靜有所幫助的事物，都會對健康有益。用地元素呼吸散發出平靜的氛圍，可以幫助你的家人，甚至你的鄰居。

大地可以透過幾種方式增加你的財富。第一，重新處理你產生的廢棄物，轉化成有價值的東西，這樣就不會有任何損失。財富不會停留在視之為廢物的地方。第二，變得更有責任感。這表示對原本的責任更加盡心，或是擴大你負責的範圍。財富會離開無法受到照顧的地方，去到一個可以讓自己安全的所在。

大地的財富，請告訴我你的性格。「我會飛離想要抓住我的手，我會逃離追逐我的人，我會落入想要收集我的錢包，我會和小心使用我的人住在一起，我會離開不照顧我的人，我會躲開並不擁有我的人。沒有我的人真的很窮，但受到我役使的人比他們更窮。」

（哈茲若·音那雅·康）❸

第三，想想個人或企業最重要的資產，其實是好的名聲。好的名聲能讓企業發展，也是個人的成就。要增加自己的價值，就要努力讓自己博得美名。

好的名聲代表了他人給予的信任，所以維護名聲是我們神聖的義務。

（哈茲若·音那雅·康）❹

> 大地堅定地支撐著所有生命。當你吸氣、呼氣時，去感覺將你所有生命事件串連起來的那種連續性，如同粒粒珠子串成了項鍊一般。事件不可勝數，但卻連結在一條明顯的線上，那是一條演變中的成長方向，逐漸發展卻又持續不變。那是變動的生命中的堅定力量。

大地的平靜

我們對時間的感覺來自呼吸與心跳。如果放慢鑽石呼吸的速度，就會覺得時間變長了。

地球的體積與年齡都非常龐大。我們透過從月球上觀看，可以理解地球的大小，但對於地球的年齡我們仍然難以領略。地球的存在

是以地質年齡計算，單位是上億年。和我們個人所能經驗的時間長度相較，地球幾乎等於永恆。在心律轉化法的地元素冥想最後一個階段，我們會運用大地這項古老永恆的特質：

當你在呼氣中沉入大地之後，自然會感受到大地的空間感與時間感。在呼氣時，讓自我的感覺橫向擴展到四面八方，覆蓋整個大地。

同樣的，你的時間感也會從當地時間擴展到地球時間，從依賴太陽作息的時間擴展到地質時間。這中間的差別，在於從地球繞著太陽自轉與公轉為基礎的時間，變成以地球本身狀態為基礎的時間。從已經存活了這麼久遠的角度來看，時間不應該是以繞著太陽為基準，而應以自身內在的變化為基準才對。時間不是以行動來測量，而是以存在來測量。

吸氣會讓你融入時間裡頭，其中只有永遠不會結束的現在，包含了過去與未來。摒住呼吸，則讓你進入無始無終的永恆狀態。呼氣可以將你帶回有著過去、現在與未來的時間。

有一種情緒可以對應摒住呼吸時的永恆狀態，那就是平靜。呼氣時，讓平靜從自己往四方擴散出去。吸氣時，讓自己的存在充滿平靜。

平靜不是被動狀態，而是擴展的氛圍，能夠將人事物帶向和諧與平衡的境界，一種擴展的平靜。

呼氣時，感覺平靜的範圍在向外擴展，將周圍的世界也帶入相同的境界。吸氣時，感覺平靜在你體內增強。摒住呼吸時，讓你的時間感融入永恆。

體驗到平靜從自己的心往四面八方擴散，改變周圍一切的狀態。

態。

注釋

1　Khan, I. Githa 3, Mysticism, The Universe in Man. Esoteric Papers.

2　〈馬太福音〉16: 18。意為「彼得，你正是我要建造教會的磐石。」

3　www.hazrat.inayat-khan.org: Message: Sayings: Vadan: Tanas.

4　www.hazrat.inayat-khan.org: Message: Sayings: Gayan: Chalas.

第十二章
水元素

討論水元素的時候，我們發現水具有柔韌的特性，可以從一個容器注入另一個容器。河川或溪流的路線可以改變，轉換另一個方向。

（哈茲若・音那雅・康）❶

水元素是什麼

水元素可以讓事物變得柔軟、圓滑、流動、靈活且豐饒。地球上的水是支持生命的來源。

水的淨化就是清洗。水擁有溶解物質並刷除一切的能力。水流可以淨化所經之處的所有事物，將之深化、撫順、拋光。

煉金術這所謂的王家藝術（Royal Art），第一步就是將物質從固體變成液體，將液體變成氣體，好進行轉化。只要物質維持在固體狀態，便無法進行轉化。液體狀態比較容易淨化。

（維拉亞・音那雅・康）❷

在身體方面，血液與淋巴循環，以及每個細胞的內部和界面，都可以看到水元素。透過水元素的運作，養分得以傳輸，身體的毒素也能排除。在心理方面，水元素呈現在給予和接受、創造和欣賞美，

以及愛人的能力。

　　因為水（通常）是液狀，所以對於重力的拉引比固體更有反應。地球的重力可以讓岩石與水流從山上落下來。但是岩石會被卡住，停在摩擦力與動力相互抵銷的地方，不再繼續往前。水基本上不會受到摩擦力作用，沒有所謂顆粒大小，也沒有固定形狀。水的適應能力可以穿過所有的障礙物，最後和山腳下的河川會合，流入大海。

　　水對溫暖的陽光也有反應，太陽能讓水揚升到微風裡。依照氣候與地質結構的不同，水可能會急速衝向下游，或躺臥在停滯的水池裡，蒸發到風中，凝結成雨落下，被大地吸收，或是變成冰層覆蓋大地。但水的本質基本上不變。

　　水的化學定義 H2O 分子，帶著精巧的單純。其他三大元素都沒有像水這樣簡單又一目了然的定義。我們可以說這種化學構造就是水的「靈魂」，卻顯現成各種不同的形態。水的靈魂非常純淨，但外在形態能夠很快地與其所接觸的任何事物同化，呈現出對方的形狀與特質。水的靈魂非常單純，但通常會以差異極大的形態存在，像是雪花或是雲朵。水的美呈現在水所造成的美麗影響之中：例如風景，例如花朵，例如彩虹。含有水分的物質能夠像柳條一樣充滿彈性，水分稀少的物質則會像枯死的枝幹一樣易折。

　　水喜歡變化、流動、循環。活水擁有淨化自己的能力，死水則會變得不潔。深水會自然產生內部環流。水位越高，流下來的速度越快。水的終點永遠是要進入大海，不會受到任何阻擋。如果在水回歸大海的途中遇到阻礙，水會積累起來，直到能夠繞過或漫過障礙物。水的方向很容易預測，不會突然跳起來，也不會自己停止流動。

水只想流向大海，與大海重聚。水可能會消失在空氣中，或是沒入地底下，之後還是會出現在雲朵或地下含水層中，而且你知道水會往哪裡去。不管水怎麼流動，都是非常優雅美麗，它的液態的本質只會如此呈現。

所以這就是水的特質：純淨、靈活、適應、美麗、易感、包容。水讓人無法不去注意、崇拜和追尋，因為水的特質具有魅力，也十分珍貴。

心律轉化法的水元素冥想可以帶出我們內在的水元素特質。

創造動態

以冥想的姿勢端坐好，有意識、有節奏、全然地呼吸，然後透過改變呼吸的方向，開始水的呼吸。

從鼻子吸氣，嘴巴呼氣，創造出向下流動的呼吸與能量。嘴巴微微打開就好，強調呼氣的部分。讓呼出去的氣變成一股細微的氣流，非常柔和而節制。呼吸一定要保持安靜無聲，不要使力，但是每一次的呼氣都要充分。放鬆身體。

讓水元素乘著呼吸流經你的身體。觀想自己站在精巧噴灑著能量的乙太瀑布底下。瀑布不僅沖刷你的身體表面，還從頭頂流入，穿越你的身體（觀想瀑布是因為事實上瀑布的確存在。我們分分秒秒都受到來自外太空的雷射與分子所影響）。

這個練習站著、坐著都可以進行。如果是站姿，沖刷過你身體的水流會從指尖和腳底出去。如果是坐姿，則是從手臂垂放身體兩旁的指

尖和脊椎底部出去。不管是哪種方式，水都會繼續向下流入大地。

從鼻子吸氣時，將注意力百分之百集中在頂輪（頭頂），以及從頭頂沖刷而下的水元素能量的本質。從嘴巴呼氣時，讓能量浸潤全身。你會發現生命的能量向下穿過身體中心，來到四肢。能量最後會從腳底、指尖和髮梢排出。❸

這個練習的重要性，是在感受能量「向下」沖刷你的身體，最終目標是感覺自己本質上便是液體。水流遵循向下流的自然規則，從你的頭流向你的腳，也呼應了向下冥想（更多討論詳見本章「轉化能量」一節）。這種流動性可以清除身體能量流中的堵塞淤積。水喜歡移動、流動，只要能夠流動，水就能解決所有問題。水接受任何形狀，並填滿任何容器。

增強的能量流可以讓心智掙脫桎梏，克服憤怒與負面情感。

感覺能量流向下沖刷你的身體，彷彿身體確實感受到沖刷，尤其要仔細感受你的指尖。

這就和針灸的目的一樣，讓身體裡的能量流動起來，最後將疾病清除。

我們的心跳，手腕或頭部感覺到的脈搏，以及血液循環，身體所有機制的運作，都充滿了節奏。這種節奏受到阻礙的時候，就會產生失調與疾病。

（哈茲若・音那雅・康）❹

在水的呼吸中，能量會流遍全身。我們不但注意能量的上、下流動，還要注意遍及全身的循環流動。

（維拉亞特‧音那雅‧康）❺

你會在兩種感覺中切換：(a) 感覺水流沖刷自己，和 (b) 感覺自己變成水流。這就是「導引」與「成為」的不同。導引水流向下沖刷自己，比自己變成水流要來得容易。不過這只是小細節，以後可以慢慢琢磨，目前練習的時候不需要太在意。

> 嘗試降低自己對那股流動的抵抗。讓你的通道打開得更寬些，流動就會立刻增加。流動的唯一限制就是必須在通道裡流動。通道有兩端，同時具有接收和給予的功能。你能獲得的絕對不會比你能給出的多。要獲得更多，就要付出更多，專注於呼氣時從你的心流出的能量，從你的胸口對外湧向這個世界。
>
> 檢查自己對他人的感覺與怨恨，還有對自己是否具有盤旋不去而無法改變的挫敗感。武斷、埋怨、偏見與固執都是梗塞住的情感。情緒就像水，梗塞的情感則像冰。情感的目的是要促進人際溝通以及個人內在不同層次的交流。如果情感變得固執僵化，就變得無法溝通，不但與他人隔絕，也無法得知自己的內在狀態。
>
> 透過呼吸的節奏和充分的呼氣，我們可以為自己的情感鬆綁。如果覺得卡在情緒裡，也可以用嘆氣的方式呼氣，然後將水的原則應用在人際關係上：增加呼氣就能增加吸氣。
>
> ● 如果想受人仰慕，先仰慕他人。

● 如果想受人尊重，先尊重他人。

● 如果想得到關心，先關心他人。

● 如果想要被愛，先愛他人。

相反過來，也是水的原則：增加吸氣就能增加呼氣。吸氣的時候，感覺向下的生命能量流就像愛的能量流一樣灌注自己身上。我們持續接收到無條件的愛，吸氣就是證明。在感覺到愛向下貫穿身體與心靈的時候，自然會覺得自己能夠慷慨地將接受到的寬大分享出去。送出去的愛越多，接收到的愛就越多。

想一想，在你所有的人際關係中，哪裡缺乏流動？是什麼限制了你愛人或被愛的能力？讓水元素流過的你的心，帶你深入自己的情緒，發展出對他人的同情與同理，並且讓心全然開放，不迴避傷害，讓他人能夠接觸到你。

正如血液循環是透過心臟的運作，水元素則是透過心在你體內循環。當你覺知心跳，這就證明了你的液態本質，而這本質正流灌你全身。

 運用水的呼吸，克服在社交時表現出的害羞、冷漠與自我中心。

水的存在

心律轉化法水元素冥想的下一個步驟，需要更進一步的領悟。到目前為止，我們冥想了水元素的特質與不同型態的呈現。在這些水

的特質背後，我們看到了水的存在本身（Being of Water）。地元素的任務是成為一個具有生命力的平台，支撐著所有的生命。水元素也有任務，就是為向下流動的能量打開通道並加以引導。

水的所有樣態都是互相連結，共同形成巨大的水體。我們很容易就能觀察到，小溪連結河流，河流連結大海，最後匯成汪洋。就算是將水分離一部分出去，也不會造成任何壁壘分明的界線。水的分子會形成連續的液態物質。一滴水加入一杯水中，這杯水就會完全同化了這滴水。水元素就是透過這種方式連結到愛的本質。水體之間的完全融合，呈現了對他者的強烈感染，兩者合一，難以區分。

不只所有流向海洋的支流是相互連結，而是不管處於何處的水體都相互連結。這是因為整個生物圈無處不含有些許水分。即使是非常乾燥的沙漠空氣和沙子裡，也有一些水。地球上所有的微生物都需要水，因為牠們只能從溶液中吸收食物和氧氣。從定義上來看，地元素是由微生物的身體所構成，因此土和水必須共存。

科學已經驗證了水體相互連結的特性。這種共通的水體被當成電路的「基礎」，做為所有與電相關現象和某些電路的參考點。水元素才能做為電路的「基礎」。地元素因為是不導電的絕緣體，所以不行。

因為所有的水都相連，因此水便成為全球所有生物溝通的通訊網路。在巨大的水體中，鯨魚可以透過超低頻的聲納，傳送訊息到數百公里遠，甚至可遠達數千公里。河裡的魚可能也是藉由水來溝通。我們會覺得水分隔了土地，但從水生生物的角度來看，水是不

會斷續的媒介，同時提供食物、居所與溝通。

水的化身

有個不曾聽聞過底格里斯河的人，帶了一罐新鮮的水給住在底格里斯河邊的哈里發（穆斯林國王）。哈里發接受了水，並回贈一個裝滿金幣的罐子來感謝他。「這個人穿過沙漠而來，應該用水路送他回去。」哈里發說。這位送水來的人被帶領從另一扇門出去，踏上準備送他回去的小船，看見了底格里斯河清澈的水。他低下頭說道：「他收下我的禮物，是何等的仁慈啊。」（詩人魯米）❻

水的本質就是慷慨，將自己分享出去。這個故事說的就是慷慨。帶著水來的人非常慷慨，因為沙漠裡最珍貴的物質就是水。哈里發用慷慨回報。然後送水的人受到以河流之姿展現的慷慨情操所撼動。

所有我們給予別人的，所有我們從別人接受到的，都是水，也就是愛。沒有人製造它，也沒有人破壞它　。我們只是帶著水，傳遞出去。因為給予，我們變得仁慈，因為接受，我們變得謙和。在不斷給予和接受的過程中，最後全身弄濕了。我們會想：「潑在我身上的究竟是誰的水呢？是我給出去的水？還是我接受的水？」這種困惑會帶來一種洞察：是誰的並不重要。不管是我給你的那罐水，還是你給我的這罐水，都帶引我們來到愛之河。

化身成水，你便可以用許多方法療癒他人，使他人得以舒展。你的存在便能讓事物成長茁壯。就像溫和的夏季的雨一樣，你可以影

響大範圍的環境氣場，帶來新鮮的生命與創造力。即使是沙漠，也會在下雨後開出花朵。如果人們無法發揮自己的能力，為他們帶來所需要的水，就是你的任務。

首先你必須充分了解水，然後你必須和水溝通。不要擔心接下來需要做什麼，只要和水合一了，你的動作就會變成優雅，你的眼神就會啟發創意，你的微笑就會變成愛，你的呼吸就會帶來療癒。

> 在本質上與水元素合而為一，感覺水的特質變成了你自己的特質。你就是水，所有其他人也是水。同樣身為水，你自己和他人之間不存在界線。
>
> 人們並非外表所呈現的那樣。要珍惜你不了解的人，去了解你無法連結的人，在吸氣和呼氣時想著那個人。吸氣時將對方的氣場拉向你自己，呼氣時讓自己去感覺對方如何表達自己的內在。人們並不真的受到你從他們身上看見的角色與處境所局限。他們終究能夠掙脫束縛，甚至可能出乎你意料之外。透過看出對方超越當下限制的本質，你可以幫助對方成長，並從對方增強的能力中獲益。

想想你可以將水元素帶入自己生活的哪個部分？你賺的錢不夠嗎？水的原則可以增加流動。

金錢，你最喜歡什麼？「在不同的手中流轉。」

（哈茲若・音那雅・康）❼

用商業術語來說，水的原則可以詮釋為增加業績或市場占有率，

無需太過顧慮獲益。增加客戶聯繫與服務；為更多人服務更多一點；與你的客戶有更深入的連結。這種連結無關等級、策略或效率。水元素的教導是：增加展店，增加營業額，雇用更多員工，進行更多交易，擴展業務範圍。小溪流匯聚成大河流之後，財富必定會跟著增加。

你目前的專案卡住了嗎？親子關係是否發生問題？只要有流動，水元素就會帶來成功與成長。水流堵塞時，便會沉滯或蒸發，而不是流入大海。

前面這些段落讀起來就像陳腔濫調，但如果你好好練習，運用呼吸和心跳節奏去實踐，就不會這麼覺得了。陳腔濫調的問題，在於無法充分動員一個人的意志，以致無法產生行為上實質的改變。人們會依照自己的經驗和本性採取行動。經營公司也一樣，你會依照所學來經營，受到本性的影響與限制。你也許已經了解到水的原則包含的智慧，但是如果你內在的水元素不夠強，而地元素很強的話，保守的做法，例如儲蓄及緩慢穩固的做事方法，會壓過水的原則。運用心律轉化法中水元素的冥想，可以啟動你內在的水元素，讓你可以輕鬆自在地依照水的原則採取行動。我們天生就擁有四大元素，並不只限於目前已經發展出的一、兩種元素。如果你需要水元素，只要用呼吸來啟動，便唾手可得。

讓水元素乘著呼吸流過你的身體，想想自己可以如何繞過所有的障礙物。持續的流動甚至可以沖蝕岩石，想像液態的流動特質如何讓僵化的事物變得彈性而柔軟。你和所有人彼此協調，即使艱難也變得可

以忍受。你的行動帶動所有人與你一起投入，優雅靈活地克服所有阻礙。大家都希望和你一起行動，因為你就是全體的一份子。你所呈現的水元素特質，消融了其他人的障礙，就像你內在的水元素消融了你自己的障礙一樣。

我們可以用榔頭敲打岩石使之碎裂，也可以用水的方法繞過這些石頭。如果繞不過去，那就耐心地在原地累積等待，終有一天可以淹漫過去。有些時候必須用榔頭，但應該至少先試過十次水的方法，再考慮用一次榔頭。

這個練習更進一步的做法，是觀想自己便是祖先軀體的持續延伸，是流經列祖列宗的那條生命之河，那不斷地持續轉化過程的河流。還有另一個層面，就是覺察自身流入他人，然後他人流入宇宙的流動。我們不斷地吸收宇宙，並且將宇宙轉化成人類。

（維拉亞・音那雅・康）❽

轉化能量

在物理學中，能量的形式可以依照層次來分類。低頻形式的能量，例如重力和熱能，可以造成物質的運動。高頻形式的能量，像是Ｘ光和宇宙射線，可以穿透物質。一個同時適用於物理和內在運作的能量定律，就是低頻能量比較容易吸收，但也比較容易用盡；高頻能量比較不容易進入，卻較豐盛。

人的內在能量層次，如圖十二所示。物質世界其實是所有能量層次的目標：創世最終的步驟，宇宙所有潛能均在此獲得證明。

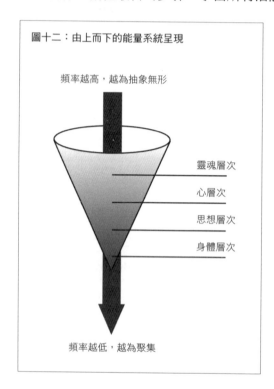

圖十二：由上而下的能量系統呈現

頻率越高，越為抽象無形

靈魂層次

心層次

思想層次

身體層次

頻率越低，越為聚集

生理的身體可能疲倦，但透過思想可以產生能量使身體恢復活力。舉例來說，只要覺得面臨危險，身體就會反應活躍，不見疲憊。同樣的，透過集中注意力，我們可以改變身體的狀態：我們可以告訴身體，現在自己不餓或不累。身體很容易累，但如果有思想協助，身體很快便能恢復。通常的情況是思想也累了，無法激勵身體。疲倦的思想會放棄對身體的責任，接著身體便會萎靡。因為思想藉由關閉對外界環境的知覺，將注意力集中於內在，以便恢復自身狀態。思想會確實完全關閉成深層睡眠模式，每天晚上大約持續一小時。

在其餘的睡眠時間，思緒在將白天的活動分類與歸檔。完成後，神經通路就清理完畢，記憶體重新回復可用狀態。

思緒疲累時，可以用心的深層情感來重新活化它。心也可能會累，尤其是護理人員或救災人員，會因為同理心而感到疲倦。但心

也可以透過我們真實存在的本質，也就是靈魂，重新充電。但你的靈魂也可能變得幻滅，對生活變得毫無興趣。這時候我們就無法讓悲觀、消沉或痛苦的心重新振作起來。

幸運的是，我們的內在還有另一個更強大但距離較為遙遠的能量來源，這股能量甚至足以救贖最憤世嫉俗、陷入絕望的人。所有的生命都擁有永不放棄的精神。你不能說那是你自己的精神，因為這樣的精神屬於所有的存在。這是每一個生命「背後」或「內在」的合一狀態，我們可以運用這樣的精神重新提振自己。

當你讓呼吸通過身體向下運行，就是將高頻能量轉化成低頻能量。你在運用宇宙的精神更新自己的靈魂，運用靈魂的理想信念來重新提振心的創造力與慷慨包容，讓心中的愛參與神經系統的自動反應，讓意識的覺察參與身體的每個細胞。

這種淨化與更新，讓我們本質的光、力量與意識浸潤整個身體。你的身體不再只是包裹著內在純淨的外殼，而變成靈魂的呈現。這就是向下冥想的目標，運用純粹潛能，也就是萬有一切存在的藍圖或靈魂，在現實生活中創造出新的世界。這是和造物主聯合，重新創造與重生的過程。

精神進入肉體、能量流入物質的經驗，是一種向下的流動，雖然具有連續性，一樣有層次之分。就像打撞球一樣，每一顆球都會滾動一小段距離，才會撞擊到下一顆球。也像是電流，電子會從一個原子跳到連續序列的下一個鄰接原子。

從電線一端出來的電子，並不是原本從另一端進入的電子。但普遍而客觀存在的純粹精神能量，和撞球或電子不一樣，在化為物質而形成你身體的細胞之前，會經過好幾個階段的轉化。這是個連續

不斷的過程，不過有意識的覺察可以加強轉化的過程。

這種從精神到肉體隨著不同層面而改變的向下能量流，在不同文化中有著許多不同的名字，但其實指涉的都是「愛」。心律轉化法中水元素呼吸的目標，是要讓我們體驗愛的能量向下流進並穿過我們自身的感覺。

> 你就是通道，讓穿過你身體的下降能量，向下、向外流出；但你又不僅僅只是通道，還能夠在能量通過時予以轉化。
>
> 想想能量流從高階往低階流動，在每一個轉化過程都會改變狀態，在你的意識中「向上」觸及能量的最高層次，讓你與「高處」的乙太本源同步。

將能量的較高層次置於我們上方的位置，理由其實很簡單實際。精微、瀰漫且無限的精神能量無所不在，而緊密集中、能夠實際給予物質動能的能量也是如此。為什麼人類會將「精細」與「較高」的概念連結，並將這種「較高」的能量實際置於自身的「上方」，其實是有理由的。也許是因為頭部位於身體其他部位的上方。就科學角度而言，事實上的確有著不可見的高能量次原子粒子簇射（shower），例如微中子等，從外太空持續不斷撞擊地球。對於地球中心來說，粒子流的方向總是「從上而下」。這種宇宙能量流，便是愛的能量向下流動的物理形式。

天體物理學家認為，地球上的水很可能是由外太空而來，是數不清

的冰狀隕石經過長久時間積聚而成。這就證實了我們的想法，生命之水的起源與本源，的確是來自我們的上方，向下流到地球上。

我們如何發展出「較高」——也就是「更重要」或「更原始」的概念，在空間上也處於「較高」位置——並不在我們關心範圍內。我們只要明白這是有效的心靈機制，可以拿來運用就好了。事實上，精神浸潤了所有的物質，正如同思想浸潤了身體所有的細胞。所有的細胞，不是只有腦細胞而已，都擁有記憶與智能。在一切無所不在的狀態下，我們的感官最能感知的就是最物質的事物，也就是以物質型態呈現的能量。

在意識中「向上」攀爬，就能更覺察物質背後的能量、行動背後的想法、想法背後的感覺、範例背後的原型，以及形式背後的精神。這種內在的動作屬於水冥想之中向上與超越的部分（見第一章向上與向下冥想的討論）。

> 覺察從大腦向下傳遞的訊息流，通過脊柱，進入器官與肌肉，讓身體的各個部位相互協調，統合節奏。吸氣時（用鼻子），專注於你的大腦。呼氣時（用嘴巴），專注於向下的訊息流。
>
> 呼氣時，專注於從外太空持續向下灑落在我們身上的高階能量次原子粒子流，以及高頻能量輻射。這些粒子和波動會垂直地穿過身體，與我們直立的脊椎平行。
>
> 想想看，抽象的原型是怎麼向下變成實際的範例：精微的概念變成特定的想法、欲望、承諾、行動。將你的頭部（吸氣）與雙手（呼氣）

連結起來。

　　吸氣時，觀想自己成為浸潤一切的乙太光。與非個人、精微、原始與無限的「高階」能量融合。

　　呼氣時，將這股能量從本源的「高處」向下拉引，穿過你的通道，進入你正在跳動的心。你的心是整股愛的能量之流的焦點，而心則以鼓動相應，用這驚人的方式展現能量灌注於物質的現象。

導引流動

　　心律轉化法水元素冥想的下一個步驟，是將向下通過自己的愛的能量之流分享給其他人。

　　呼氣時，將向下流經你身體的能量在抵達心的中心時，轉而朝向前方，再從胸口送出去到你面前的區域。

　　然後觀想一個你認識且喜愛的人，將這個人擺在你的正前方，把心的能量流送到對方的心中。你對這個人的愛，以及對方對於無條件敞開心胸的能量流的需求，打開了你的心。請記住，這是愛的能量流，能夠觸動你的心，讓你深受感動，呈現在你對他人的愛中，並且透過你與對方無條件的連結，傳遞到對方身上，不管距離有多遠。簡而言之，你感覺到愛的時候，對方也會有感覺。

　　有一種真實的經驗叫做「祝福」，這就是祝福。

　　總有一天，人們會發明出能夠偵測到祝福的電子探測器，到時候

我們就能夠對祝福加以測量並量化。其他人絕對可以感覺到這股能量，在你呼氣的時候穿過你的心、從你的胸口湧出。如果接收者正處於冥想狀態，就能夠直接清楚地感覺到。如果在一般狀態下，接收者會透過直覺感知。

> 這樣做的效果，是讓對方的心重新充電，尤其在你呼氣的時候。就如同你吸氣時從精神汲取能量並加以轉化，讓你的心重新充電一樣。能量流會從他們的心向下進入他們的心智與身體。

水之愛

水是物質世界中清潔與淨化的元素，愛則是在較高的層次進行相同清潔淨化動作。

（哈茲若・音那雅・康）❾

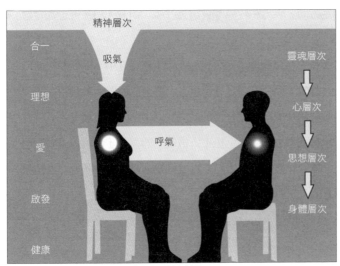

圖十三：運用水的呼吸讓他人的心重新充電

水是愛的隱喻。愛擁有感動你的心、讓生命流動、同時創造美麗事物的能力。你的心擁有感動他人的心的力量：安慰他們的沮喪，緩和他們的苦澀，撫平他們的磨難，填滿他們的空虛。

注意胸中的心跳。覺察觸碰到你的心時，就會把你的呼吸帶過去。觀想心層次的呼吸就是愛。流過心的呼吸可以深深感動你的心。觀想永不止息的心跳，這是你身體裡唯一從不停止的動作，是你的本質，然後愛就會不斷地流過你的本質。

你的愛可以觸動他人的愛，創造出愛的容器，也就是擁有愛人的被愛之人。愛人與被愛會互相消融，變成愛本身。就像兩滴水會結合起來，讓各自「水滴」的樣貌變成「濕潤」的狀態。

到此刻，在水的呼吸的尾聲中，冥想時將你的呼吸作用在愛的三個層面：吸氣時帶入愛的本源，宇宙中施愛的人；呼氣時將愛表達出來，反映出被愛的人。在整個過程中，愛以自身的面貌出現，既無特定形式也無固定方向。吸氣和呼氣都會增強呼吸，而愛人與被愛也都會增強愛。

吸氣是被愛，將無條件、無限制的愛帶入自身之中；摒住呼吸時便是讓自己充滿愛；而呼氣則是施愛給人，將自己散布到所有的存在。

最後在吸氣和呼氣交纏成狂喜的結合狀態中，愛人與被愛的人沒有了分別。只有既不去「愛人」也不「被愛」的人，才會對這兩者做出區別。已經進入交纏擁抱的人只能感覺到愛。愛的合一狀態非常清澈透明，所有的二元對立都只是表象。

注釋

1 www.hazrat.inayat-khan.org: Message: Vol. 5, Pearls from the Ocean Unseen: Blessed Are the Poor in Spirit.

2 Khan, V. (1980, 6).

3 參同前，page 7。

4 www.hazrat.inayat-khan.org: Message: Vol. 11, Philosphy 28 The Law of Rhythm.

5 Khan, V. (1980, 6).

6 Jelai ud-din Rumi, in Barlss (1995, 199). A Caliph is a leader in a Sufischool.

7 www.hazrat.inayat-khan.org: Message: Sayings: Gayan: Tanas.

8 Khan, V. (1980).

9 www.hazrat.inayat-khan.org: Message: Sayings: Gayan: Tanas.

第十三章
火元素

火出現的時候，心臟自然會變得更溫暖，而所有的心都常發生的疾病，也就是寒冷，會開始消散。

（哈茲若・音那雅・康）❶

火的本質就是上升，因此火焰會往上竄，甚至煙霧也會往上飄。所有受火主宰的物體，都具有上升的特質。

（哈茲若・音那雅・康）❷

火是什麼

所有的物質都受到重力影響，但有些物質的天生傾向就是會往上，與重力相反。舉例來說，植物的苗會往上長，運用自己珍貴的能量與重力抗衡。火上方的空氣受熱後，煙霧就會上升。叢山將自己參差的山峰往上推擠，火山爆發讓我們知道即使是大地也想往上隆起。閃電是從地表向上躍起，中和從上面落下來的相反帶電粒子。

對人類來說，向上的能量可以讓人振奮、喜悅、釋放、驚訝與興奮。向上的能量揚起了我們的嘴角、眉毛與額頭，讓眼睛閃閃發亮，手臂高舉，雙腿跳躍。這是一種內在的力量，但也可以藉由外界點燃。火的能量可以橫掃眾人，從這個人身上跳到那個人身上，燃起

他們的熱情。我們互相從對方身上獲得火的能量，然後添加能量讓火繼續循環。

在身體的層面，火作用於消化系統，將食物轉換成溫暖與能量。在人格的層面，火會呈現在幽默感、理想主義與驅動力。火如果受到扭曲，就會造成破壞或侵略的行為。最理想的火，是最終將力量與自由結合在一起，為真理而努力的狀態。

我們所想到的火，其實只是火元素的初始型態。火元素進化之後，就會變成光。再進一步進化，就會變成真理。心律轉化法的火元素冥想，是透過呼吸來啟動內在的火：

用肋骨下方的胃部區域進行呼吸。吸氣時，感覺肚子抵著你的腰帶擴張出去。呼氣時，肚子塌下來，腰帶變得大了好幾號（讓你的腰帶現在變鬆）。

每一次呼吸都要讓空氣進到胃裡，產生溫暖舒適的感覺。將吸入的空氣保留在胃裡，然後呼出去。

你的呼吸有兩個部分會同步成同樣的節奏：氣流與能量流。我們導引呼吸的能量進出胃部。氣流的導引可以分開進行。在這個淨化練習中，是從嘴巴吸氣，從鼻子呼氣。每一次的吸氣，嘴唇微微分開，吸入空氣，讓空氣深入到喉嚨後方。然後閉上嘴唇，摒住呼吸。呼氣時嘴巴閉緊，讓空氣從鼻子出去。

請注意，我們其實是不斷在燃燒，身體和思緒都處於持續燃燒的狀態。（維拉亞．音那雅．康）❸

在十次這樣的呼吸後，可能會感覺到太陽神經叢有股明顯的熱氣。發生這種現象時，呼氣時將注意力轉移到你的心。這可以讓太陽神經叢的能量變成光，上升到胸部，在心中產生一種軟化或融化的效果。

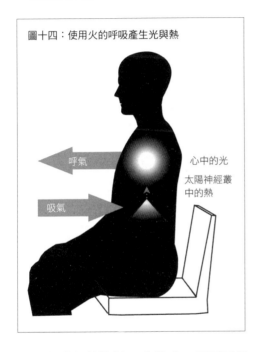

圖十四：使用火的呼吸產生光與熱

呼氣

吸氣

心中的光
太陽神經叢中的熱

太陽神經叢是身體的火爐，將吸進的能量導引到這裡，等於對著火搧風，會讓火勢變得更旺。新陳代謝會加速，消化會改善，完全燃燒你的身體，讓你的物質層面變成能量。溫暖的感覺會留在太陽神經叢，但產生的能量則藉由「肚子裡的火」（又可指稱想要達成目標的強烈渴望）擴散到全身，尤其是沿著脊椎往上，充滿你的胸膛。火的光，而不是熱，會自然地沿著你的脊椎往上來你的心。心是被光融化，而不是熱。

 透過充分的呼氣，運用火元素，讓你的胃部區域保持些微溫暖。

增加中央神經系統活動

> 溫柔拂動的風搧起我心中的火。 　　　　　　（哈茲若·音那雅·康）❹

　　心律轉化法的火元素冥想，可以加速新陳代謝和中央神經系統活動（CNA），並且讓人感覺熱情、勇氣與自信。

> 　　如果在吸氣時，讓嘴唇盡量靠近，氣流便會深入到甲狀腺和喉嚨後
> 方，進而活化體內所有的燃燒過程。
>
> 　　　　　　　　　　　　　　　　　　（維拉亞·音那雅·康）❺

　　從嘴巴吸氣，這會讓吸氣獲得強調，同時觀想你的胃／太陽神經叢。這個技巧可以提升你的新陳代謝率。正如朝火焰吹氣，就會讓火燃燒得更快更熱，這個練習會有意識地提高將身體物質轉化成能量的速率。你的 CNA 也會增加，這是另一個代表冥想正在影響身體與心智基礎功能的訊號。

　　透過這個練習，你可以增加每天所燃燒的卡路里，甚至休息的時候亦然，你等於用新陳代謝的內在火焰確實燃燒掉身體的脂肪。有些人確實可以比別人燃燒更多的卡路里。除了個人基因組成不同會造成這種差異之外，最重要的因素是新陳代謝率。

　　體溫是由無意識的機制，也就是自主神經系統來調節。但實驗顯示，人能夠自行讓體溫產生變化，甚至是手指或手掌部位的溫度。舉例來說，瑜伽士可以控制自己的新陳代謝率，增加身體熱能的產出。所以浸泡在海拔四千多公尺高的喜馬拉雅山中恆河的冷水裡，

然後用濕毛巾包裹身體，居然可以用身體的熱度把毛巾弄乾。❻

　　我們可以對消耗能量產生熱能的現象發揮一定影響。身體與肌肉在僵
硬的狀態下，不知為何身體體溫就會上升。甚至情緒也可以提高體溫。
舉例來說，發脾氣的時候，我們會猛烈地燃燒。這是由思緒所控制的
動作。雖然這通常是無意識發生的狀況，但也可以透過心念來增強。

（維拉亞・音那雅・康）❼

　　我們發現，隨著年齡增長體重也會增加，然後變得更不愛動。有
些人喜歡運用這些多餘的重量，讓自己在面對世界上各種紛擾時獲
得緩衝。但如果你想要減重，火元素可以幫忙。除了飲食均衡和定
期運動之外，改變呼吸方式的效果非常卓著。事實上，數十分鐘的
運動相對於整天的呼吸，產生的效果比較小。如果每天練習，火元
素呼吸的效果便會持續越來越久，遠比你有意識地練習火呼吸的時
間還要久。

　　你首先覺察到的可能是火元素對心理產生的作用。思想會變得聰
敏無比，運作超級快速。思想接收到上升的能量以後，思考方式就
會完全不同，如同年輕人敏捷的思考，或擁有科學家的心智力量。
你的思考遠比平常來得自由，產生各種新鮮、創意、洞察或明晰的
想法，讓你無法置信。這時候你會發現，為什麼機智總是關係到智
力。

　　火元素對情緒產生的作用是熱情與喜悅，會減輕讓你煩憂的重
擔，提醒你其實內心擁有無法奪走、無窮無盡的能量本源。在感覺
到能量沿著脊椎蠕蠕而上，打開思緒中的光之後，你會不自覺地露

出微笑。

七十幾歲的保羅和我們一起學習心律轉化法。「我喜歡火元素冥想。」他告訴我們，「可是沒辦法持續太久。」「為什麼？」我們問道。「嗯，冥想五分鐘之後，我覺得自己產生好多好多好棒的想法，沒辦法再繼續靜坐下去，想趕快跳起來去實踐！」這就是心律轉化法讓你「啊哈！」的時刻，而且讓你無法不注意。但我們建議大家先壓抑這股跳起來去實踐的衝動。如果先壓抑住，這股衝動會消失一會兒，然後又浮現，產生改變。接著再壓抑第二次。每一次你壓抑這股衝動，你的想法就會在無意識中更形成熟。等到又浮現在意識當中時，會變得更加改良。等到第三次浮現的時候，抓住這股衝動。睜開眼睛停下冥想，記住這種想法，等待實踐的時機。

如果你因為這種上升能量感覺太強烈而有點害怕，只要改變呼吸方式，回到水元素呼吸即可。這樣可以馬上讓能量流減弱，因為往下流的水撲滅了火。在對火元素產生實質體悟之前，不要在晚上進行火元素冥想，因為你可能會睡不著。火元素呼吸最適合的時間是早上。

火轉化成光

蠟燭的宿命，是要完全化為火焰。在灰飛煙滅的瞬間，影子完全不存

在。火舌就是唯一的遮蔽。

（詩人魯米）❽

到目前為止，我們只進行了熱與能量。但火元素更有價值的部分在於，將激發出的能量轉化成光。

張開嘴吸氣，導引氣流進入太陽神經叢。摒住呼吸時，讓火的光從太陽神經叢沿著脊椎爬升，來到背後兩個肩胛骨中間的位置。然後用鼻子呼氣，將氣息從心往前送出。

接著再次吸氣進入太陽神經叢，摒住呼吸，讓能量以光的形式上升到胸部中央，呼氣時將光向前發射出去。

專注於呼吸的每個部分對於能量流產生的效果。不過能量是持續流動：當你專注於將光從心中散發出去時，能量還是繼續湧入你的太陽神經叢。

接著觀想能量流與你的呼吸融合。呼吸可以激發能量流，能量流也可以激發呼吸。湧入的能量讓呼吸充滿你身體，然後再從身體湧出去，並把所有氣息一併帶走。

總之，這就像溫和的電流從脊椎往上攀爬到背部中央及背部頂端的感覺。

 感覺能量流上升到你的心中，最終在胸口產生一股壓力。

內在的光進行淨化

地元素運用過濾的方式開始淨化過程，水元素接手繼續沖洗。現在火元素讓淨化進入到非常強烈的層次：用火施洗。

我是用水給你們施洗，他卻要用火和聖靈給你們施洗。

（施洗者約翰）❾

在這裡，淨化過程更進一步：地元素加強明辨能力，水元素加強思想與情緒，火元素則淨化心的意圖。淨化的每一個層次會呈現出更多你的天生特質與力量，讓你能夠接近並在生活中使用。我們每個人都希望能糾正自己的錯誤，釋放自己的限制，原諒自己的短處。我們都做過後悔的事，我們都懷有揮散不去的想法與情緒。這些都能透過地元素的自律與掌控，以及水元素用無條件的愛清洗我們的心，而大大減輕。

但這樣的緩解仍然不夠。天主教認為，忽略的罪行遠比犯罪更嚴重。這種罪和日常決定、行動與思考背後最根本的選擇有關。「我的生命目的是什麼？」這是我們一直迴避的問題，甚至因此拒絕承認我們生命的目標是自己可以選擇的。但是這個問題牽涉到你的意圖，也就是你將自己奉獻出來所要達成的目標。你可以在串起各種生命事件的那條線中，或是你藉由選擇的生活方式創造出來的生命劇本的主題裡，找到答案。生活中所有的事情都是出自你的意圖，不管是有意識或者是無意識。

湯姆的保險桿貼紙上寫著：「玩具最多的傢伙是贏家。」他覺得這是種幽默，用厚顏無恥的話語說出人們心中最常見的意圖。這只是個戲謔標語，自己並不奉行。但當湯姆透過火元素的光回顧生命，他卻又不太確定了。也許這是他的無意識想要藉此獲取意識的注意。他開始思考自己生命的意圖是什麼。他是否曾經做出任何不隨這句消費主義口號起舞的事情呢？他有沒有送過別人玩具，或是真心與人分享，而不是想炫耀呢？他有沒有把時間花在與獲取或使用玩具不相干的事情上呢？是不是連他和孩子相處的時光，其實也是要照著他的規則走才行呢？湯姆真正的生命意圖究竟是什麼？

有些認識我的人，應該會很驚訝我寫了這麼一本關於冥想的書。我的學經歷都與電腦相關，在金融與共同基金公司工作了很長一段時間。我有五個孩子，還有深愛的妻子。我的同事、孩子學校的家長、鄰居，都是從他們看見我所扮演的角色來認識我。因為有這麼多的角色與活動，要清楚地維持自己的意圖其實頗具挑戰。有時候我會迷失方向。不過這幾十年來，我發現自己所做的決定，都是出自同一個意圖：希望能對冥想這個領域有所貢獻。為了這個目標，我犧牲人際關係、喜愛的工作，以及物質上的財富。這些犧牲都是在試探我的意圖，並強化我的目標。

普蘭

想想什麼可以讓你願意付出生命。因為會讓你願意犧牲的事情，就是讓你的生命值得活下去的事情。

（維拉亞·音那雅·康）

在我們的生活中，一定會有一種時候我們必須清楚意識到自己的意圖，加以釐清、測試與強化。生命本身會迫使我們這樣做，而這個過程看起來會造成許多不方便、十分惱人，甚至讓我們感到痛苦與受傷，直到我們認清這對意圖來說是必要的淨化。就某種角度而言，這是一場火的審判。在每個人的生活中這種淨化會以不同方式呈現，但主題卻相當一致。

如果你能有意識地進行意圖的淨化，你的無意識便不需要採用極端的手段來獲取你的注意力。有意識的淨化可以透過火元素呼吸，讓光來進行。你的行為，甚至情緒與態度，對他人來說都相當明確。但你的意圖則比較不明顯。要看清楚意圖，就必須「高舉讓光照亮」。也就是，將你的人生與你的理想互相比較。

首先，你需要強烈的光，而且必須記得自己一直認為是最重要的事物。我們的理想常常會在灰暗的實際生活中褪色。理想被我們常說的「現實主義」取代，但事實上是一種妥協。必須要很努力，我們才能夠想起，或第一次發現，我們希望自己生活擁有的使命或目標。如果沒有足夠的能量來尋求這個目標，我們會回到自我滿足的狀態，用麻木的忙碌來填滿日子。但我們最後還是必須面對自己的悔恨。

在人生的盡頭，人們會後悔兩件事情：一件是沒有做到的事，另一件是沒有成為的人。❿

在柔和的光中，所有的事物都顯得柔和，沒有銳利的線條。在強烈的光中，線條就很明顯。強烈的光會產生強烈的分別。影子很濃

烈，和直接受光的區塊明顯不同。這就是為什麼能夠產生光的火元素有能力淨化你的意圖。光照亮生命的幽暗之處，呈現出真實的樣貌。火的能量能夠提升你，給你力量，讓你想起你原本的意圖。

在太陽神經叢中的火需要燃料來產生內在的光，所以你將自身黑暗區域的燃料提供出來。

摒住呼吸時，太陽神經叢中的火會猛烈燃燒起來，在你內在產生了光和熱。光集中在你的心，能夠從內在將你提升起來。身體的每個部分、每個細胞都充滿了光。光的亮度，在許多地方都和你內在光線較弱的黑暗區域形成強烈對比。

觀想你內在的光，遍布身體，讓內在充滿了光，並且穿透皮膚滿溢出去（觀想實際如何發生，便能予以強化）。

光會在你的內裡浮現，就像太陽在日出時分從山的後面探出頭來。首先你會看到一塊非常黑暗的區域周圍或後頭露出微微的光。這是探索的階段，而視覺的影像是一種比喻，形容你可能會有的感覺。當你開始觀想光的時候，其實會先發現什麼不是光。

然後太陽升起了一點，第一道陽光從黑暗區域的邊緣灑出。光與暗的對比變得非常明顯。有一段時間，看起來彷彿黑暗區域要將光亮區域擋住，讓光無法逃脫。這是掙扎與對立的階段。你現在會感覺內在有一些光，但好像不值什麼，也會感覺到內在有一部分的不透明，似乎永遠不可能變成光。更糟的是，你的黑暗面現在因為對比的光明而完全暴露出來。

不管你在哪裡發現了不透明的部分，也就是自己沒有光的部分，都

要收集起來丟進太陽神經叢的火中。你無法感到自豪的部分、對光亮沒有貢獻的部分，甚至是企圖隱藏無法否認的真相的念頭，都非常容易燃燒，可以做為很好的燃料。將這些燃料丟進火中。

也就是說，當你暴露出自我欺瞞的黑暗念頭，便會獲得強大的啟發。錯誤暴露在真實的光亮底下就會裂開，產生更多的光亮。

只要有一個人類從無知與自我設限中覺醒過來，精靈、天使和大天使都會同聲慶賀、歡聲震宇。

（維拉亞・音那雅・康）⓫

終於，太陽從山後升起，世界充滿了光輝。你看著太陽的時候，底下的黑暗區域幾乎是看不到。黑暗無法奪回失地，無法阻擋光。太陽如此閃耀，無與倫比。光獲得了勝利，無人能敵。這是突破的階段，伴隨著莫大的喜悅。

這個時候，太陽神經叢的火就不只是一個火爐，而是變成了大火，吞噬了一切。巨大的火其實會產生讓自己燒得更猛烈的風，吸收更多的燃料與氧氣。讓你整體的自我認知、一切你認為屬於你個人的性質，通通都消失在這個淨化的動作裡。任何關於你的事物若是可以燒得掉的，就會全部燒掉。

只有到這個時候，你才知道自己究竟受了多少愚弄。與你相關的真實無法燃燒，而是透過燃燒釋放出來。你覺得重要的事情，其實只是很緊急。而你覺得緊急的事情，大部分都沒有必要。這不怪你。把一切都丟進火裡，只有無法燃燒的事物才會留下來。

煉金師收了一名學徒。學徒帶來一大塊骯髒的金屬礦石展開修行。「刷乾淨，看看可以得到什麼。」老師說。礦石大部分都碎裂開來，於是學徒將所有的碎片和粉末都蒐集起來，然後過篩，將大片礦石和粉末分開。這些碎屑都泡在水中並觀察一個月。有些部分一開始聞起來很臭，後來味道就淡去了。有些則是生鏽，這是希望得到的結果。「麻煩給我石灰。」老師說，然後她把礦石粉末混進去。加了幾滴水，猛然起了反應，她持續加入更多一些石灰，直到整個反應停止。

「現在用水清洗，看看能不能溶解。」學徒花了很多時間浸泡和沖洗，終於製造出一些溶液。「儲存起來。」老師說。「現在試著把其他的部分融化。」小火的確讓這物質軟化，而且一部分變成液體，積在大釜底部。「我要把這些儲存起來。」老師一邊說一邊把液體倒進容器中。

「接下來我們需要更大的火。」她下指令，並將礦石拿到熔爐邊。她把礦石放在燒得滾燙的鍋裡加熱，物質開始蒸發。她在鍋子上方罩了一個罩子來收集蒸氣。這個罩子接了管子，會通過冰塊冷卻，然後進入瓶子裡。瓶子慢慢收集這些蒸餾液，直到不再有蒸汽產出。接著，準備一個新的瓶子，用長鑷夾起蒸餾剩下的物質。「把這個放進火裡燒。」她吩咐學徒。於是學徒將那物質拿去燒，即使火焰燒焦了他的頭髮、灼燙他的雙手，而且金屬迸出火花，他還是緊緊握牢。最後終於煉出一小顆清透的水晶。他終於可以鬆手放下滾燙的長鑷。

「我們找到礦石的本質了，現在就可以製作你到這裡來想得到的東

西。」她告訴學徒說。「可是東西幾乎都沒了。」他說。「都粉碎、生鏽、溶解、融化、燒毀了。」「沒有。」老師回答。「所有的成分都還在，而且精煉成更好使用的形式，但我們只會用在自己選擇的事物上。你真心想要的是什麼？財富、和平、力量、尊敬、知識？」學徒想了一會兒說：「我希望擁有能夠撥亂反正的力量。」「那麼我會做一個魔法徽章給你，讓你變得無敵，永遠不會被他人擊敗。」煉金師說。她把水晶切開，倒上蒸餾液。最後做出一塊非常堅硬而閃耀的徽章，可以將陽光反射到敵人的眼睛裡。這所有的過程都被間諜看到，他記下細節，打算自己也做一個。但他用類似的礦石做出的徽章沒有神奇的力量，所以在第一次使用的時候，就被對手殺了。間諜不了解的是，這整個煉金的過程，其實是在教導鍛鍊心的方法。學徒按照白天煉金師使用煉金術語言講述的方法，每天晚上在自己的房間鍛鍊自己的心。

學徒帶來的是需要淨化的心。一開始臣服與再造，隨著煉金師的耐心與包容，最終淨化了他內心腐蝕的部分，重新獲得平靜。他充滿淚水的悔恨與真誠渴望饒恕的心，沖掉了心中的一些創傷，他心上的外殼的剩餘部分，被煉金師對他的無條件的愛所溶解。然後他能夠想起自己熱烈的生命渴望，而這渴望的熱點點燃了他的心。原本受到束縛的精神獲得解放，露出純淨的本質。最後，他的意圖受到奉獻之火的試煉；他撐過了生命的痛苦。心的純粹信念留了下來，沒有人可以從他身上奪走。經過這樣的淨化，他的心可以依據心中最渴望的事物重新打造。發現靈魂的真相，變成他心中的光，讓心閃亮無比。「魔法」徽章只不過是個戴在胸前的徽章，重要的是胸中那股真正的力量。閃耀的心永遠不會被打敗，永遠會在最後得勝，因為心已經消滅了唯一敵人，也就是自己的謊言。

在心理學的層面，火元素讓你產生熱情，讓你有勇氣堅持自己的信念，保持絕對的正直與真實。所以，真實通常會和熊熊烈火連結，燒盡一切的不純粹，淨化心中的迂迴與曖昧。

（維拉亞‧音那雅‧康）❷

要小心所有的「應該」：你「應該」做這個，或你不「應該」做那個。能讓你奉獻出生命的唯一標準，是你自己的標準。這個世界上，有許多事情亟待完成，你該尋找的是屬於你自己的事。對於腦中浮現的任何想法都要保持懷疑。沒有任何想法有足夠的力量支持你。你需要一種確信：一種無法反駁或忽視的想法。火柱帶領著以色列人穿過沙漠的黑暗。如果讓你的信念來帶領你，你也可以擁有摩西的力量。

 尋找一種能讓你做出明顯改變的啟發，導引你的生活，朝向真實之光邁進（對於外在的改變要慎重，最明顯的變化應該是你的態度）。

發散光芒

在地球上，火是太陽的代替品，因為火焰會發出光芒。火能夠讓心智覺醒，點燃內在的光。

（哈茲若‧音那雅‧康）❸

從鼻子呼氣，觀想自己的心從胸口向前送出強烈的光束，射向你前方的空間。將氣息充分呼出，好讓光盡量湧現。接著嘴唇微啟，吸入氣流的能量，送到身體正面的太陽神經叢。暫時摒住呼吸時，太陽神經叢的能量會轉化成光向上提升，來到你的心。

呼吸的循環就像能量的幫浦，在底下產生熱，在上面產生光。心能夠送出越多的光，整個過程就越擴大。

人類的身體，和大部分生命的身體一樣，會散發出可見光。運用光子計數器直接測量，我們可以知道發出的光超過紅外線的範圍，而且在高能量的狀態下產生（利用超冷光子計數器，讓身體的光撞擊到儀器裡頭真空管中的金屬板，並在管中產生電流，也就是電子的流動）。高能量狀態也會讓情緒變得熱情而狂喜，思緒則會聰敏而清晰。

心律轉化法的火元素冥想，更進一步的階段是充分體會光，也就是火的產物。觀想自己成為一團光，你的心就是這團光的中心。

當你激動時，身體中某些電子會跳往更高的運行軌道，然後又掉回來，以光子或光粒子的形式散發多餘的能量。光子變成身體散發輝煌光暈的一部分。進入心律轉化法的冥想階段後，你的光輝會劇烈地增加。根據實際測量可見光，當我們意識到自己變成了光，並將光送給他人的時候，身體每秒散發出的光子數會增加一萬倍。

你的光暈會往四面八方散發到空間之中。如果光從窗戶射出去，或是你人坐在戶外，光會穿越外太空，最後抵達別的恆星，而這些恆星

的光也同時落在你身上。同一空間中的許多光束不會相撞，而會彼此穿過對方。讓自己享受這種整個宇宙的存在物與恆星彼此交會光芒的感受吧。

人體會發光，特別是在受到啟發時更會散發出光芒。光最強烈的本源是在胸部中央，尤其是心的部位。你可以先透過想像來覺察，然後探索實際狀況，也許你會發現實際比你所想像的還要強烈。

新陳代謝率的增加，以及內在能量與力量的經驗，讓你增強了自信，並讓你將曾有過但以為不切實際的理想都帶了回來。在一般的意識與能量狀態下，也許這些理想不切實際，但是在現在的狀態下是可行的。

能量與理想之間的因果關係，剛好與你所想像的相反。想要抱持理想，就必須處於高能量狀態，不過理想主義的確也會引發能量，讓你實踐理想。觀察一下，在你全心投入絕妙、能帶來提升、給予啟發以及對全人類有益的事物時，是不是會感覺到胸中內在力量也因此增加？

將自己奉獻給你所認為的「真理」，可以讓自己燃燒得更明亮。真理當然包括真誠與個人信用，還包括了你不會妥協的更高原則。你越清楚掌握這些真理，這些真理就越能為你帶來行動的力量。

你不能「冷血地」思考這些事情，你必須重新燃起曾經有過的熱情，想起自己的生命目標。我們可以運用火元素重新燃起熱情。然

後目標便會推動你去實踐，幫助你維持所需的內在能量。

> 世界上有很多人經歷過犧牲，磨難與痛苦對他們造成了影響，但這只是在測試他們的美德而已，因為每一種德行都需要經過火的考驗來證明。通過測試證明自己後，就成為堅實的美德。大家在日常生活中的任何小事都可以這樣練習。如果見人說人話、見鬼說鬼話，那麼連心都會開始不相信自己。
>
> （哈茲若・音那雅・康）**⓮**

　　對於你生活中做出的各種決定，請牢記那背後的理想，不管你的決定是選擇從事什麼工作，或是談一場戀愛。理想會永遠伴你左右，每一次重新承諾，就可以重新獲得理想的力量。

　　讓你能夠燃燒得更閃耀的理想，對其他人來說會非常有吸引力。我們奉行的更高原則就像黑暗中的光，而你便成為一盞發亮的燈。根據自身崇高的理想與散發的光芒，我們可以評估自己能夠獲得多少業務，吸引到多少夥伴。

光的整合

　　《聖經》中摩西的故事中提到，他在尋找能夠烤麵包的火源途中，偶然看見山頂上有一道光。為了得到火源，他爬上山頂，但是火卻變成了閃電。摩西無法承受閃電的亮度，昏倒在地上。他再次醒來，便開始能夠與神溝通。

　　這個故事是個寓言。摩西在尋找能夠維持生命的光，但在他生活的大

地上不可能找到，必須要爬到更高的地方，山頂。在山頂他不但發現了光，還發現了閃電，一種他的能力無法承受的光亮，所以他昏倒了。但昏倒代表什麼？他變成無，變成空。等到他進入空無的狀態，心就變得無比響亮，於是他發現自己可以透過世上的萬物與神交流。岩石、樹木、植物、星辰、太陽、月亮，不管他看到什麼，都會在其中發現與自己靈魂的對話，所以萬物都對摩西表露出自己的本質與祕密。

（哈茲若・音那雅・康）**⓯**

在這個章節中，我們會探討如何讓光成為供養你生命的泉源，也就是如何運用光持續重新打造自己。你的心就是鑰匙，這是光在你身體的中心本源。就像我們之前看到的，心可以像太陽一樣散發出光芒，產生光暈包圍住你。

對於光暈，我們還可以進行另一種體驗。到目前為止，我們所經驗的光暈，是從肉身，尤其是心的周圍散發出生物光，就像電子散發出能量成為光子而發光一樣。而另一種層面，則是物質其實是由光製造而成。光是物質的本源。身體不只散發出光暈，同時也吸收光暈。光能夠讓身體煥然一新，持續不斷重新製造。身體散發的光已經可以用儀器測量，而相反的現象，也就是人體吸收光並轉化成身體的成分，就我們所知，還無法用科學方法驗證。因此我們會說這是一種內在經驗，物理證據的存在可能有，也可能沒有。不過既然光會產生電流，那麼光會創造出物質可能還是具有尚未發現的科學基礎。

身體吸收的光有很多來源，現在照在你身上的光可能來自太陽，也可能是電燈的光落在你身上。很多表面都可以反射光，並且影響

光的顏色與偏振狀態。還有一些光來自周圍的人和物。同時也有來自星辰的光，這不是只在晚上出現而已，整天都在運作，這些光都會變成你身體的一部分。身體吸收的光會建構出你的特性。在冥想中，不是你覺察到自己變成了星星，而是星星變成了你（相反的過程則是發生在星星內部）。

藉由體驗光如何聚集，以及聚集的光如何發展成物質結構而形成我們的身體，讓我們參與了自身不斷進行的輝煌創造。從光的角度來觀看。當你，也就是光，呼氣時，把光送到身體裡，然後身體會將光吸收進入組織中。吸氣時，你把自己的身體吸入光的場域，用光加以沖洗。

觀想做為光的自己，透過高度集中，將光子凝聚成物質，創造出肉體。這種物質創造持續不斷進行著，物質必須每分每秒重建。吸氣時，你將宇宙中所有來源的光整合起來，包括其他人的光。呼氣時，你確實用光製造出一個身體，這個身體變成為你的肉身的結構。

火與光的化身

愛之火燃起了火焰，像火炬一樣照亮了奉獻者的生命道路，所有的黑暗都消失了。

（哈茲若‧音那雅‧康）❿

在由火元素促成的狀態下，火的方式對你來說相當自然。火有著自己的原則，與地或水的原則非常不同。每個計畫、關係、公司

或道路在某些時刻，不僅適合採用火的原則，而且必須如此。在這些時刻，如果想要應用水或地的原則，就會失敗。你的本質是火的話，最後就會進入自己的本質，獲得成功。如果火對你來說不太容易，你就擁有了成長的機會，火元素的特質適合面對這項挑戰。有些人說火只會破壞，事實上火不過是徹底改變了事物的形式，還原事物的本質。燃燒打破了長鍊分子的複合鍵，使所有的碳基物質中的碳，以二氧化碳的形式釋放出來。

下面是一些火的原則：

● 在某些時刻，事情無法再逐漸改變，而必須從根本上改變。小步已經走完了，現在要大步跨出去。要改變的話，就必須對目前的事物狀態感到厭惡。如果真的想要改變，這股情緒必須夠強烈。不然，不是再多走一小步，就是在嘗試較大改變之後反而退了回去。

● 真正屬於你的東西，沒有人可以奪走；真正和你連結的事物，就無法與你分開。通常我們很了解這個道理。我們可以運用火的試煉來顯露真相。解開拘束著自由的枷鎖。屬於你的東西要不是會留下來，就是會回到你身邊。其他的事物都會被丟棄或毀壞，但這些若不是本來就多餘，要不就是一開始就不屬於你。這是火元素的風險。但火元素不認為這是風險，而認為是在測試狀況的真實與否。

● 在處境艱難的時候，我們需要更多靈感。更多的靈感，能為所有的困難帶來解決之道。而你的靈感反過來會跳躍到別人身上，就像火花從一塊木頭跳到另一塊上面。人們受到激勵與啟發時，就

會動起來。你的理想就是你最強烈的靈感。當你的理想與目前的工作連結起來後，就沒有什麼事情可以阻擋你了。

● 火的經營原則，是透過增加產品或服務的價值與品質，甚至做到超出需求或期望，來增加收益。去進行迫切需要的事項，尤其是沒有人去做的事。火元素擅長競爭，但更喜歡沒有競爭的狀況。

● 隨時準備微笑，揚起你的嘴角。隨時準備鼓勵，揚起你的眉頭。隨時準備志願參與，舉起你的手。隨時準備發出讚美，升高你的聲音。隨時準備尋找幽默感，振奮你的心。

德國人有句俗語：「事情很嚴重，但狀況不壞。」

奧地利人有句俗語：「事情糟透了，但狀況不嚴重。」

德國俗語表達出地元素的堅忍與信心；奧地利俗語表達出火元素的幽默。

注釋

1　Khan, I. Githa I, Esotericism, Zikr. Esoteric Papers.

2　參同前，Githa I, Mysticism, The Form of the Elements Man.

3　Khan, V. (1980, 9).

4　www.hazrat.inayat-khan.org: Message: Sayings: Vadan: Alankaras.

5　Khan, V. (1996, 31).

6　Benson, et al. (1982); Ding-E Young, et al. (1998) provides an interesting theoretical framework and some scientific measurements taken from an advanced meditator; Cromie (2002) provides an accessible summary of some of this research.

7　Khan, V. (1996, 9).

8   Barks (1995, 43).

9   〈馬可福音〉1:8。

10   庫伯勒─羅斯（1969）。

11   Khan, V. "The Cosmic Celebration", a pageant, drama and worship service involving all religions.

12   Khan, V. (1996, 31).

13   www.hazrat.inayat-khan.org: Message: Vol. 9, The Unity of Religions Ideals: Prophets and Religions: Zarathustra.

14   www.hazrat.inayat-khan.org: Message: Vol. 13, Charater and Personality: 1. Character-Building.

15   www.hazrat.inayat-khan.org: Message: Vol. 2, Cosmic Language: 13. Inspiration.

16   www.hazrat.inayat-khan.org: Message: Sayings: The Bowl of Saki: June 18.

第十四章
風元素

更高的演化，是也能從他人的角度去觀察。用對方的角度觀察，不代表失去自己的觀點，你自己的觀點依舊存在，但同時再加入他人的觀點，因此你的視野變得更大。這是讓心進一步擴展的動作，有時這種擴展會讓心感覺疼痛。不過藉由心的擴展、讓心變得越來越大，就能夠把自己的心變成一部神聖的寶典。

（哈茲若・音那雅・康）❶

風是什麼

從能量的角度而言，風是第一個出現的元素，世上其餘的一切都從風而來。一點火花加上了風，就出現了火，而火必須靠風來維持。火燃燒掉的物質再次凝結，落下變成水。水凝聚固化，最後形成土，成為讓大地豐饒的必要元素。

風的活動，左衝右突地撞擊，產生了電，因此左右曲折的閃電中可以看到火元素的存在。

火元素往上升到雲裡，變成水元素落下成雨。就像身體發熱會流汗，心智發熱會產生淚水。

水元素的固化產生了各種不同的鹽與礦物質，發展成岩石和山脈，然

後崩落下來讓自己成為平原，變成大地的一部分。這告訴我們大地的根源來自水。

（哈茲若・音那雅・康）❷

風也是最後的元素。水溶解了地元素，火蒸發了水元素，風吹熄了火元素。因此地這個終極元素與創造的終點，與風這個最初也是最終的元素，產生了連結。

這一連串步驟就在隱喻著創造過程。風代表原始的想法或概念。概念必須加以實踐（火），實踐必須引發人的興趣與想望（水），最後變成以某種形式呈現的物質（地）。這樣的物質包含了所有創造過程中累積的思考、努力與創意。

在表達出來之前，想法要先經過釐清，但即使是已經成形的概念，還是會繼續擴大發展，永遠不可能完全被掌握。舉例來說，公司是從概念建構而來，但即使公司已經成形，背後的概念仍舊繼續演變。再舉一個例子，無盡的生命誕生成嬰兒，持續在抽象的層次演變，同時也在這孩童的成長過程中發展成特定的形式。也許這個孩子在長大後，能夠找到方法重新連結他本源的元素，也就是形式背後的概念，然後將持續演變而內容更新的概念帶入生命中，這就是所謂「第二次誕生」背後的想法。

風元素會在我們自身中產生理解力。風元素呈現在我們思想的自由、聰穎與洞見，以及超脫狀態中。每個人或多或少都擁有這個元素，我們可以透過心律轉化法中的風元素冥想來進一步發展風元素。

有個人用陷阱抓住一隻鳥。鳥說：「先生，你這一生已經吃了很多牛和羊，但還是很餓。我骨頭上這麼一點肉也無法滿足你。如果你放我走，我會讓你擁有三樣智慧。」

這個人很感興趣。他放開了鳥，讓鳥站在手上。「第一，不要相信胡言亂語，不管是誰說的。」鳥飛走了，停在這個人住處的屋簷上。「第二，不要為了過去的事情悲傷，那已經結束了。不要為了已經發生的事情後悔。」

「岔題一下，」鳥繼續說，「我的身體裡有一顆大珍珠，跟十個銅板一樣重。它本來會成為你和你小孩的資產。但現在你丟了這個機會。你原本可以擁有世界上最大的珍珠！」

這人像生產中的婦女一樣哀嚎了起來。鳥說：「我剛剛不是說，『不要為了過去的事情悲傷』，還有『不要相信胡言亂語』嗎？我整個身體也不到十個銅板重，怎麼可能會有那麼重的珍珠在我的身體裡？」

這人恢復了理智。「好吧，那告訴我第三是什麼。」「好的。」鳥一邊說一邊飛走，「你剛剛把前面兩樣智慧運用得很好。」

（詩人魯米）❸

在魯米的故事中，鳥代表風元素，嘲諷並教導了這人僵化的思維。

風元素與心

在心律轉化法中，風元素對心的影響有三個層面。

首先，風元素輕柔地吹著心，讓心變得更為敏感，尤其能感受他人的波動，就算中間隔著一段距離，也能更敏銳地感覺空間的氛圍。

> 被風吹拂的玫瑰帶給你你的香氣，吾愛，讓我的心充滿狂喜。
>
> （哈茲若‧音那雅‧康）❹

第二，風元素讓心藉由語言自我表達的能力，以及從他人的表現中得知他們感受的能力，得以成長。

以下的故事告訴我們，要用語言表達出深刻感覺會有多麼困難。

> 村莊裡有一堵存在了很久的牆，許多人想爬上去但很少人成功。爬上去的人看到牆外的世界，會露出微笑然後翻過牆去不再回來。村裡的人想知道究竟牆的另一邊有什麼，怎麼這麼神奇，大家爬過去就不回來了。他們說：「我們找個可以爬上去的人，但是在他身上綁一條繩子，就可以把他拉回來。」所以這次這個爬到牆上的人，也露出微笑想翻過牆去的時候，村民就把他拉下來。大家急切地問：「你看到了什麼？」那人無法回答，只能露出微笑。
>
> （哈茲若‧音那雅‧康）❺

不是只有痛苦和焦慮讓我們很難表達，甚至天堂的景色我們都無

法用言語描述。但不管你說不說得出來，你都會感覺到，在目前能夠尋獲的事物之外，還有一種理想的生活。這樣的願景可能會隱沒在你的知覺底下數十年（牆的另一邊），等你的心終於擁有足夠的力量來處理時（爬高），就會突然浮現。這個地方的吸引力強到只要你看一眼，就會願意改變自己（翻過牆去）。一旦你知道了理想生活的存在，就必須找到方法讓自己能夠隨時處於那樣的狀態。一開始，你沒辦法詳加描述，因為這看起來就是個異世界，和你現在所處的世界，以及大家所居住的世界，有著非常明顯的不同（牆的另一邊）。但如果你無法表達為什麼這種理想生活如此吸引人，你與朋友和家人就會漸行漸遠。這種事很常發生，但其實沒有必要。風元素就是幫助你與大家溝通，即使語言不足以表達，但你能讓大家明白，你看到的理想願景，是只要人們依心而活就能創造出的世界，因為你的心體驗過，所以知道絕對可能擁有那樣的生活。

風元素作用對於心的第三個效果，是讓心擴展開來，如同熱空氣填滿熱氣球那樣。原本是毫無生氣的一堆布，在熱空氣灌進去以後，就壯大成形，升到天空中。你的心也會上升，讓心的視野從卑瑣提升到崇高，從而找到自己的目標。

偉人會讓你的心擴展到和他自己的心一樣的寬度。小人會讓你的心縮窄到和他自己的視野一樣大小。

（哈茲若・音那雅・康）**6**

風元素也會增加心的影響力範圍及內在容量，也就是未來的成長能力。風會在心中創造出空間，讓你在撞到自身限制，也就是心之

牆之前，有更多緩衝。

我要怎麼突破狹隘的狀況？我自身的牆已經開始弄痛我的手肘了。

（哈茲若‧音那雅‧康）❼

要讓這三種效果在心上發生作用，首先你必須透過心律轉化法的向上冥想，完整地體驗過風元素，並感受它的效果。接著再來練習心的向下冥想。

擴展的淨化

風元素是向外擴展的，不管到了哪裡都會將所有的空間填滿。我們透過擴展的動作來開始風元素呼吸的淨化。四種元素各有不同的淨化方式：土元素是過濾，水元素是清洗，火元素是融化。現在風元素進行的是最後一種淨化：物質中的風會在受熱時膨脹，這種膨脹擴展可以讓我們檢視物質的內在空間。

在個人的層面，風元素會對你的身分認同結構進行微觀的分析。風元素會擴展你的內心，攤開在巨大的空間中，讓理解力的光能夠照耀每一部分，檢查最微小的特性。心理這個「黑盒子」現在被拆開了，我們可以從內部檢查，然後你就能完全了解心理的運作方式，原因和方法都清清楚楚。你可以看到所有的連結，追溯每一個衝動的運作路線。心理的內在運作完全攤開在你的理解之下。

經過這樣的淨化，你不但會了解自己的心理如何運作，也會了解普遍的心理如何運作。你的呼吸越深入滲透自身的複雜錯綜之處，

所獲得的知識就會越客觀。每個獨立個體裡的特質，都來自一個由動態的人類經驗所形成的龐大共同基礎。

這個概念是從心的方法得來。從思想的角度來看，我們是先退一步，然後依照外在的觀察所得，將人類的特質分類。而心則是走進內裡，去感覺人類狀態的本質。你自身的洞察力會知道，為什麼你會產生這樣的感覺，是怎樣的刺激造成或沒有造成這種感覺，以及這種感覺會用何種方式激發出後續的想法與行為。當你獲得了關於自身的知識後，就能夠獲得關於一般人類的知識。你的研究實驗室就是你自己。但要將發現與他人連結，就必須在自己身上找到他人與你共同擁有的基礎特質。風元素會透過和緩地擴展自我來發展這樣的洞察力，讓你從中理解自我之內的美麗，這是你在感覺渺小、狹隘與受限的時候所無法覺察到的。

從嘴巴吸氣，然後從嘴巴呼氣，必須輕柔無聲。讓呼吸的韻律延長，不要暫停，所以整個呼吸會變得非常細微，無法讓人察覺。在每次呼吸的最後，記得一定要有意識地延長呼氣，觸及呼吸的底部。

用呼吸擴展你的心；讓你的心在呼氣時擴展而填滿你的身體，所以會感覺整個身體都變成你的心；讓呼吸充滿身體細胞與細胞之間，甚至分子與分子之間，然後往外向四面八方吹散，就像風吹散樹葉一樣。

呼氣時，感覺維持你身體的凝聚力彷彿鬆了開來，讓身體往外擴展瀰漫出去。吸氣時，凝聚力重新恢復，讓身體聚合集中在你存在的中心，也就是你的心。

> 這是相當愉快的經驗，消除了將身體拘束在狹小空間的生理限制。但是不需要特別用力，只要讓心溫和地往四面八方擴展即可。
>
> 身體的形象會擴展到非常龐大的尺寸，內在空間寬廣，讓心可以在裡頭自由移動。你的意識會習慣與身體同步，所以現在擁有的這種身體擴展的感覺，讓意識也擁有了相同的廣度，你的心就和身體一樣龐大。重要的是，你必須抓牢心跳的感覺。如果一時抓不到，就將注意力集中在心上，單手（或雙手）放在心上，通常會有幫助。

這個練習和一般的經驗正好相反。平常的經驗是：「我的意識存在於皮膚所包覆的範圍內，範圍小到只能從我自己的單一觀點出發去看事情。」這個練習的目標便是讓心體驗擴展的感覺，身體擴展的感覺則是幫助這目標完成的工具。

> 在心擴展到無限的狀態下，思考你的身體、生命與挑戰。你現在成為在觀看一齣戲的所有觀眾，而你的自我則是舞台上的一個角色。用所有的角度來觀察、理解這個角色，你自己的角度、舞台上其他演員的角度，還有所有觀眾的角度。從這種狀態下浮現的理解會是非常善意的，因為那來自於愛。你能夠感覺並欣賞拉扯著這些演員、讓他們行動的力量，而你對這些行為看得清清楚楚。

不執著一詞通常是指靈性道路的終點，而這種擴展的狀態可能看起來和不執著有點像。超脫通常會讓你覺得冷，而擴展的狀態則是充滿心的溫暖。心喜歡擴展出去，喜歡變大而不是變小，你的心

會在提升並朝四面八方擴展出去時覺醒過來。在看戲的時候，雖然我們並不是親身在演戲，但我們會把自己投射在演員身上，也能夠在觀察其他演員時理解他們。心的方法就是愛的方法，是連結而不是不執著。我們希望這種愛的經驗真實地擴展開來，超越所有的限制。

心擴展開來的第一個徵兆，是感覺到你的人生在眼前的舞台上搬演，於是你便會察覺到心正在擴展。你看到自己的欲望、衝動、情緒、行動等等，就和其他人一樣。你感覺到舞台上所有的演員，而非只有其中一人。你希望他們擁有最好的結局，但已經擴展的心可以讓你看得更深，比他們自己還要了解他們的處境。

 能夠獲得心擴展開來的經驗，感覺自己不但是舞台上的演員，也是底下的觀眾。

獲得自由

看到你的人生在舞台上演出，這種向外擴展的經驗，就如同從山頂或飛機上的制高點看到整個人生。從高處看到的人生非常不同，但風元素會讓你獲得驚奇的體驗：這種山頂經驗的效果，讓你的心獲得更大的自由。

> 讓已經擴展的心繼續延伸出去，涵蓋你所有的生活。讓你的心包圍並滲透你自己、你所愛的人，以及所有與你有接觸的人。讓自己在這

廣大延伸的空間去觀察、感覺人類的生命，抱持無比的同理心，而非個人的占有欲。理解你自己和生命中其他人經歷的所有掙扎與挑戰。感覺自己如何因為擴展的心而改變了看法與感覺。

這個練習會激發並釋放你的思想，讓你擁有嶄新的直覺視角，看到自己的生活可以變得多麼美麗圓滿。在練習的最後，將這樣的視角運用在實際的現實世界。

地元素常常讓你覺得必須為生命中事物的現況負責。當然你有責任，但你對於這些事物的占有欲會形成防禦的心理，讓你無法看清事物真實的面貌，或是可能的樣子。風元素不讓你「擁有」任何東西，所以你可以自由批評，卻又能不在乎批評，可以觀察到限制，卻又不會受限。

你的一些問題可能來自祖先或文化的特質，這兩種源頭都是很大的系統，透過各種充斥整個系統的力量，去組織系統裡的四大元素。舉例來說，遺傳系統創造了一些模式，確保男女彼此互相吸引並互相依存。這樣的模式並不是為了個人的幸福或圓滿，而是為了系統整體的成長與穩定。文化系統也是一樣。美國文化系統的基礎是發展，所以需要持續增加消費與擴張影響力，也因此，每一個美國人都承受了壓力，要賺更多的錢好消費更多；對世界上的資源也造成壓力，因為美國人過多的消耗；甚至也對其他國的個體帶來壓力，因為受到美國文化的打壓。文化系統必須說服其中的成員支持系統的價值觀。所有的系統都必須這樣才能生存。

你是這兩大系統的成員，也是其他特定子系統的成員，例如宗

教、族群、地區、職業、社會階級、種族與性別，因此，你已經接受了某些或所有系統所推崇的模式。這些模式當中，有些可能有助於你這個個體的獨立，讓你能表達並實現自我。遺傳與文化系統則是給予男性與女性某些機會，從中接受挑戰並得到相當大的樂趣。身為美國人擁有許多優勢。由於你從這些不同的系統中獲得協助、安全或身份，你就有義務扮演支持系統的角色，但這些系統也可能在角色的定義上讓你產生壓迫感。

現在的目標是要了解這個影響你的複雜網絡。這種理解會讓你獲得自由：你可以有意識地選擇自己的角色，然後或許可以影響自己身處的系統，讓系統得以改善。

路克擁有非常成功的人生：自行創業，公司每年獲利一億美元。他有個完美又聰慧的妻子，還有小孩。他成為產業貿易協會的理事長，以及全國頂尖交響樂團之一的團長。很多人仰慕他、尊崇他，因為他有一顆發展良好的心。他在大學時為自己訂下的目標都已經達成，甚至超出更多。

路克對我說：「我五十五歲了，現在該做什麼呢？退休去開遊艇嗎？」「並不是。」我對他說，「你到目前為止所做的都只是練習，是為了你真正的使命做準備，你的使命要比目前所達成的寬廣得多。」「但我要怎麼知道那使命是什麼？」他問道。

「你還記得自己大學時想像的願景，後來花了三十年達成嗎？」「我的確記得。」路克說，「那是非常強烈的啟發。」「帶來這啟發的靈感泉水還沒有枯竭。」我告訴他，「你必須再回到泉水那兒

去。」「你不是在說我得回到大學時代，對吧？」他說道。「不是，泉水在你的心裡。」我向他說明。

「那種靈感破壞力可能很強，會讓我的生活改變很大。」他開始擔心。「沒錯。」我同意他的話。「為了讓你進入下一個人生成就的階段，有些改變是必須的。但下一個階段基本上應該會繼續運用你在這個階段建立的資源與關係。」

「我恐怕沒那麼容易可以回到泉水那兒。」路克說，「現在我身上背著太多責任了。」「這聽起來像是因循苟且，不想做出一番大事。」我說，「當然你可以繼續擔負沒有其他人可以分擔的責任，同時卸下那些其他人很樂意負擔的責任。」

「不是，我是沒時間去經歷那些天曉得會被帶到哪的過程。」路克坦白，「說的沒錯。」我說，「不過你跟天（God）一樣知道，你會被帶到哪裡去。難道你忘了自己的渴求和夢想嗎？」「我才不要因為什麼夢想而改變生活。」路克說。「那好吧，」我說，「想像你現在要死了，有什麼遺憾嗎？」「有的。」路克說，「但我不覺得自己能夠改變什麼。」

「好吧，路克。」我說，「就讓你的生活繼續下去吧，享受這種漂流的感覺。如果你能夠在這樣的狀況下保持清醒，也許你會發現水流正帶著你往你的目標前進，但如果你不開始努力划槳，到你死之前都不太可能抵達目的地。也許你的思想會被規則、角色與義務限制住，但你的無意識仍舊是自由的，也持續在擴展。繼續成長進化的欲望不可能視而不見，因為這是你的心所嚮往。」

改變很難，有些人會抵抗好一陣子。專注在自己的心，可以幫助你接受改變，與生命更加協調，因為生命的最終目的，是持續成長進

化、不斷探索，讓你實踐自己的無限潛能。在抗拒了幾年之後，路克發現新目標，於是成立了一個在發展中國家從事小額貸款的新公司。

普蘭

在平日生活中，我們只會偶爾意識到龐大系統及其影響的存在。但藉由擴展開來的心，我們會看到在這些系統裡的人，就像掉進河裡的軟木塞一樣，隨波逐流。河水強而有力，但是對風沒有任何影響。因此要獲得自由的重要關鍵，就是成為風。

讓自己變得寬廣，並且因為認識到互相依存的事實而獲得自由與真正的獨立，就會讓你變得輕盈而能夠升騰於風中，於是你的心便能將你拉出打旋的水流。

除了遺傳和文化這兩大系統外，你的獨特背景也對自我塑造有所影響。你的人生和家中任何手足都不相同。你的排行會造成顯著的差異，你和父母以及親近的他人之間的關係、你所擁有過的經驗、你所做過的選擇，都讓你擁有獨特性。

在繼續進行心律轉化法的風元素冥想時，要留意三種交互重疊的影響，會聯合起來形塑你的心理模式：文化、血緣（遺傳），以及生活經驗。

觀察自己過去或現在人生中的某個重要時刻，找出這三種影響聯合

起來的運作結果。也許你會發現，在那個時刻，你的行為或想法就像個典型的女性（或男性）、典型的史密斯（或你的姓氏）、典型的新英格蘭人（或你的出生地）、典型的科技新貴（或你的職業）、典型的中年人（或你的年齡層）、典型的老大（或你的排行）、典型的天主教徒（或你的宗教）等等。

要釋放你的心，首先必須覺察自己的心受到怎樣的拘束。

 覺察自己的存在，哪些部分是受血緣影響，哪些是受文化影響，哪些是來自你自身獨特的生活經驗。

在這三種影響之外，你還是有一些自由，能夠決定自己成為怎樣的人。你當然可以選擇住在哪裡、在哪裡工作（一定範圍內）、看什麼書，以及離開家的時候要不要帶雨傘。但是對於和誰結婚、工作時要擔負多少責任、體重多重、要怎麼教養小孩，這些選擇幾乎全部都是由上述的三種影響所決定。如果可以先看出自己的選擇有哪些先決條件，還是可以做出自由的決定。

決定你要怎麼回應你回想起的那個情況。要做出不一樣的決定，就必須從不同的角度去觀察那個情況。風元素能夠讓你體會自由的經驗，釋放你的思考模式，不受文化、遺傳或之前經驗的限制。

一旦浮現連你自己都很驚訝的想法，你就知道自己獲得自由了。不要試圖創造所謂自由的思想，只要讓自己透過風的呼吸而擴展的心去帶動啟發你的思考。

如果你刻意想要創造出自由的思想，就會發現自己只是用負面或反面的想法去面對周圍的意見。要擁有自由的思想，必須釋放自己的心理程式，尤其是自我的概念。我們隸屬的所有系統向我們兜售的自我概念，都是為了促進並維持系統的壯大。你會對這個自我概念買單，是因為在你對自己尚未有概念時，系統就給了你一個定義，也提供你服務他人的方式。而在冥想中，你會開始發現自己獨特的靈魂，以及人生獨特的任務。這種洞察會讓你獨立於某些文化、遺傳和背景讓你接受的模式之外。

當你真正擁有自由的思想時，會因此變得異常興奮，因為你的文化、家族與朋友既不會支持也不會直接反對你的想法。你的想法現在完全獨立於這些系統之外，就像是在二次元裡出現三次元空間一樣。

風的洗禮所造成的結果，就是完全不受身體、思想、情緒與遺傳的威嚇影響。你不再感覺到自我（ego）的壓力，因此這是從你對自己的作為獲得釋放，而不是從世界對你的作為。
你現在不受佛教所謂「命定」或是輪迴的影響，因為在這個階段你克服了律法的拘束。❽

從粒子轉換成波

從風的角度來看，整個世界都在振動。現代物理學告訴我們，物質可以以振動或粒子的模式呈現，取決於我們尋找的角度。如果你想尋找粒子存在的證據，例如使用偵測帶電粒子的氣泡室，物質就

會以粒子的樣貌呈現；如果你想尋找物質是振動的證據，例如干擾波模式中，物質就會以振動的樣貌呈現。物質絕不會讓人落空，端看你從怎樣的角度來觀察。

思想也是一樣，可以是粒子模式，也可以是波狀模式。粒子模式的思想不連續且獨特，波狀模式的思想則是普遍而全面。粒子模式的思想因為具體且獨特的主題，所以很容易識別，基本上是人、地或時間點（這就包括了幾乎所有的思想）。波狀模式的思想則與人、地和時間無關。在波狀的思想中，沒有所謂的主觀，也不考量個體差異。同樣的波狀思想可以發生在任何人、任何地點、任何時間、任何可能性上（這個段落就是以波狀思想的方式在表達）。

雖然粒子模式的思想對於生活管理很重要，但是會受到情境的限制，就像粒子會受限於時—空的一個點。波狀模式的思想將生活中所有的事件編織起來，形成整體的理解。如果沒有波狀模式的思想存在，生活中的事件就無法相互連結，變得會常常互相衝突或顯得零散。柏拉圖說，你看了一千張不同的桌子，可能還是不了解桌子這個原型概念，因為你看過的桌子都只是個別的例子。許多粒子模式的思想加在一起，並不代表可以形成一個波狀模式思想。但如果只擁有波狀模式的思想，我們在時間流動的過程中就無法成為擁有個人經驗的人。

波狀模式的思想在落實的時候，就變成粒子模式的思想。粒子模式的思想在普遍化的時候，就變成波狀模式的思想。

粒子模式的思想	波狀模式的思想
提姆愛卡蜜拉，想和她在一起。	愛讓人們在一起。
提姆怕卡蜜拉會傷害自己。	因為愛很脆弱，所以人們容易受傷。
提姆覺得自己受到卡蜜拉指責。	人們預期自己害怕的事物會發生。
提姆想要分辨清楚，在這個時候與卡蜜拉交往，是不是可以成功。	所有的關係都會讓人恐懼，除非我們可以將恐懼與關係分開進行理解。

我們的觀察與經驗，幾乎全部都是粒子模式的思想。從這些觀察經驗中，能夠產生理解與洞察的波狀思想。絕大多數的邏輯推測，也都是與粒子模式的思想相關，即使最後的結論需要藉助波狀模式的思想。但粒子模式的思想對於下決定是派不上用場的。提姆無法用粒子模式的推理來決定怎麼對待卡蜜拉。他可能會要卡蜜拉決定，或在某些狀況下勉強做出決定。

風元素能夠促進波狀模式的思想，讓我們擁有更強大的理解與洞察。

從嘴巴呼氣時，我們不再需要透過呼吸讓身體的粒子傳播出去，因為身體已經在波狀的層面擴散到整個宇宙，伴隨著周圍的每一件事物，包括我們見過的每個人、每件事，我們聽過的每個人、每件事。這所有的一切都同時存在於空間中，就像不同的廣播頻道共享同一空間卻又能維持自己的獨特性。

呼氣時去察覺物質的波狀層面。我們從嘴巴吸氣時，會回到粒子層面。物質的粒子在空間中的位置固定，但物質的波動沒有邊界，並且與其他各種波動共存。因此，身體粒子占有的空間也會填滿宇宙中所

有物體的部分波動。你在波狀層面上，不僅與世界各地的每一個人共存，也與太陽、月亮及所有的星星共存。

記住自己的心跳。心臟的跳動既屬於粒子模式，也屬於波狀模式，既是個別存在，卻又大到可以包含所有的思想、所有的情緒、所有的生命。

物質共存的現實對我們的思想會產生影響。在進行心律轉化法的風元素冥想時，我們會注意到「自己」的思想與感覺是呈現波狀而非粒子狀。

之前，我們運用擴展肉身的概念來產生擴展的意識。同樣的，我們現在是運用物質波狀層面的概念來產生波狀的思想。我們對於物質的想法，會影響我們所有的思想。

這個練習的里程碑，是體驗到所謂的無限。身體的波狀層面散布到全宇宙，無限變成一種確實的經驗。

運用直覺

現在將波狀的狀態應用在我們面臨的實際問題上。只要你知道問題是什麼，你對問題的關注就會將思想波收集轉化成思想粒子。這是直覺的過程，而非邏輯推論。推論是透過處理粒子思想而來，評估特定的事實，就像將資料輸入電腦一樣。直覺則是非特定的、通用的感覺波，突然集中在某個時間點上呈現出來。

不要想做出決定或是結論，而是讓波狀的感覺沉靜下來變成粒子狀思想。不要左右你的思想。已經擴展開來的心會負責這項工作，將其中所有的知識都考慮進去，而不是只有你意識到的那些。你只需要超脫地觀察這個思考過程即可。

想要運用直覺的時候，必須暫停使用判斷能力，因為判斷能力運用的是粒子模式的思想。也就是說，如果你在心中對於決定、結果或結論已經有了偏好，就無法運用直覺，因為你的判斷能力會讓直覺的運作處理朝著你自己想要的結果前行，你的直覺會因為要符合你的判斷而遭到扭曲。

直覺是每個人天生就擁有的強大而精確的內在能力。直覺永遠不會讓你失望，但你必須能分辨直覺與推論。這兩種處理方法之間的差異，就和你隨便挑兩種方法來比較一樣。只要越來越熟悉直覺的運作方式，就越能感覺到其中的不同。

沒有思考者的想法

到目前為止，你運用了風元素將自己的肉身散布出去。現在要讓你的心用同樣的方式擴散出去。即使波狀模式的思想也需要思考者。

風元素更進一步的體驗就是：沒有想法的時刻。更加擴展自己的心，直到能夠對於當下抱持著同理心的關懷，對未來的結果沒有任何偏見，這時就達到沒有思想的境界了。

● 首先，心的擴展讓你注意到你的自我變大了。

● 然後擴展你對認識的每個人、知道的每件事的想法與感覺。

● 現在用擴展出去的思想與感覺做為處理問題的方法。

你對自己身分的認知是一種聚合的力量，將你自身的想法融入能讓你認同、具有特質且可辨別的模式。也就是，你會說：「這些是我的想法。」認同自己是思考者。但事實上，這些想法是單純由類似電腦的高速神經迴路，從感官和相關記憶中產生出來的東西。聚合你思想的力量，是你對這些事物產生的興趣。無法吸引你注意的想法會自然消散，可以吸引你的想法則會保留下來。

運用風的呼吸從嘴巴呼氣時，用擴展得很龐大的心檢視你的思想：像電腦一樣的大腦從記憶與感官的輸入中只能產生思想，就像水面上無盡的漣漪。

將注意力集中在處理過程上，和思想底下的感覺之海合而為一。所有的想法都來自你產生的興趣，而興趣源自你的心。這個觀點讓想法（不再是你的想法）消散不見，而你開始感覺到心智中的思想與思想之間出現空隙。

在呼氣到最後的某個時刻，你可能會感覺自己完全沒有思想。你無法思考，也無法想像，只能「感覺」。這個時候，用嘴巴吸氣，僅僅做為呼氣與呼氣之間的連結。下一次的呼氣會讓思想分得更開，產生更多無思想的空間。

這樣呼氣幾分鐘之後，會感覺到無思想的空間不再增加。這時，將注意力轉而集中在吸氣上。吸氣時，從新的角度去搜尋你的思想：「我

現在在想什麼？」這是真正的探索，藉此去發現自己是否在思考某件事情。

繼續專注在吸氣上，試著找出自己的想法來自哪裡。是之前一連串想法的後續？還是被哪種感官所觸發？如果都不是，如果看起來像是自然發生，那麼這應該就是來自你心中的「訊息」。這種想法非常珍貴，因為代表了沒有前提的「新」思想，而不是「舊」思想的重新循環。每一個來自心中的訊息都很重要，將這些訊息記下來，便能讓你與自己的心連結得更為緊密。

用呼氣將想法發散出去，用吸氣吸引新的思想，這樣的組合能讓你的心智獲得新生，產生驚奇創新的主意。出現這樣的想法時，花足夠時間去檢視，好在之後能夠重新回想。然後忘掉這個想法，就像我們釣到小魚時會放回水裡去，日後才能釣到更大的魚。多加練習，這種「啊哈！」的經驗會越來越常發生。

沒有中心的存在

到目前為止，我們練習的都是以個人為中心。不管是擴展或收縮，你的中心都沒有改變。

現在我們要以沒有中心的方式來擴展與收縮。之前是專注於自己的呼吸，現在則要從被動的角度出發，讓自己被吸入、呼出。

把自己當成是進、出你身體的呼吸氣息。氣息流入身體時，就像是漫上沙灘的浪潮一樣，肺部擴張好接受氣息進入。氣息流出身體時，

肺部便因為排空而塌陷。同樣的這股氣息也會進出所有其他會呼吸的生物。如果你能夠讓自我認同躍升到這一步，就能夠獲得不受個人影響的思想經驗，進而不會受到個人視角的限制。

吸氣時，你會發現自己是以宇宙的軟體程式在思考。呼氣時，你會發現你的思想就是宇宙的思想，你的感覺就是宇宙的感覺。

「現在你發現自己的思想就是宇宙的思想，不只是宇宙的碎片而已。」❾這就是合一的經驗。

最後，想想自己目前工作上的問題與矛盾。運用所有經驗的智慧去處理，但不要受到自我對經驗的詮釋所限制。讓你的思想在探索出乎你意料的解決方式時，接受心的智慧。

擴展你的心

現在我們要直接將風元素應用在心的發展上。心律轉化法即將進入向下導引的階段。緊隨在合一的經驗之後的，便是重新創造出一個獨特的中心。你要創造的那個中心就是你的心。然後，在這擴展而又統合的意識中，你的心就會變成你對自己一切認知的焦點。

用嘴巴呼氣時，觀想自己正將風元素輕輕吹入心中，為你所有的一切創造出一個焦點。你的心不再受到肉身的形狀與特質所限制。你的呼氣所形成的這個心巨大無比。

現在將你的認同從呼吸的無盡本源，轉移到收納呼吸的心上。你可以在吸氣時進行這個動作，一樣是用嘴巴吸氣。這個心不是在你的內

裡，而是你在這個心的裡面。這種狀態下的心占據了很大的空間，就像之前風元素冥想中身體擴散的狀態。

這會讓你獲得極不尋常又十分美好的經驗——你就在自己的心中。你的「心」大到你可以在裡面行走。試試看：呼氣時將氣息吹入心中，吸氣時將氣息帶入心中，然後起身沿著房間行走，接著走出房間，但不要走出建築物，並且要意識到你走到的每個角落，都是在自己的心裡面。你所看到的每件事、每個人，也都在你的心裡。有人走向你的時候，其實是走進你心裡。當他們離開你的時候，會帶著你的心給他們的祝福。心所包含的一切都互相連結，所以內在是統整的，感覺、經驗、理解和目標全都合一。

這就是所謂的「在愛之中」。不管你到哪裡去，巨大的心都會圍繞在你身邊，而你，還有每個靠近你的人，都生活在心的愛之中。

這是依心而活極為重要的經驗，因為從這個經驗我們可以認知到，心是一種「能力」，一種愛的能力。對於心的風元素經驗曾有過這樣美妙的描述：

主啊，我所看到的所有形體都是祢的形體，

我所聽到的所有聲音都是祢的聲音；

在花香中我感覺到聖靈的香氣；

主啊，在每一句對我說的話，我都可以聽見祢的話語。

我所感覺到的所有碰觸都是祢的碰觸；

我所嚐到的所有東西都讓我享受著聖靈的甜美；

不管在哪裡我都可以感覺到祢的存在，吾愛；

我所聽到的所有字句都是祢的訊息。

所有讓我感動的事物，都是祢的吻帶來的喜悅讓我顫動；

不管我漂流到哪，都會遇見祢；不管我抵達哪裡，都會找到祢，主啊；

不管我看著哪裡，都會看到祢光輝的樣貌；

不管我碰觸哪裡，都會觸到祢摯愛的手。

不管我看到誰，都會在他的靈魂中看到祢；

不管誰給我任何東西，我都是從祢那裡獲得。

不管我給誰任何東西，我都是卑微地奉獻給你，主啊；

不管誰走向我，那都是祢；

不管我向誰尋求幫助，我都是在呼喚祢。

（哈茲若・音那雅・康）❿

風元素的化身

巨大的心，是風元素在生命中的化身，而你的凝視，讓風元素能夠凝聚。如果能將巨大的心凝聚在你的眼中，那麼你的凝視就擁有了強大的力量。

> 在練習了風元素冥想之後，你感到你的思想和宇宙的軟體程式融合，心也擴展到能夠包括我們在這世上所有在乎的事物，於是我們睜開的雙眼就變成了有限與無限之間的窗戶。現在不是讓世界的影像進入我們的眼中，而是心所散發的光芒從我們的眼中湧出。你的眼睛變

得像燈一樣，被意識之光所點燃。你會感覺自己身處在雙眼後方，透過窗戶看著理想化的世界，這世界在你的心朝著它傾瀉之際展開。

你的雙眼擁有照亮事物的能力，因此你可以看透事物的本質。這種凝視並非一般的視線那樣，只是接收物體表面反射的光，而是還能夠像Ｘ光一樣照亮物體。這當然是比喻的說法，因為你想看的不是物體的內部，而是物體的本質。

舉例來說：
● 看到一朵花，你會看到花所代表的美麗、生命、優雅和其他特質。
● 看到一個人，你的凝視不只讓你了解對方的外貌及目前狀態，還包括對方的特質與潛能。
● 看到一個處境，你的凝視不只讓表面緣由背後的真正原因浮現，還能看到這個局面的目的何在。
● 不管是怎樣的議題，你都會看到背後的脈絡。這個議題是一個更大議題的縮影。在特定的案例中去思索那較大的議題，可以讓你做出明智的決定。

這種凝視最神奇的地方、最強大的力量，就在於具有創造力：凝視會創造出所見的事物。在你眼中其他人是什麼樣子，他們就的確會往那個樣子靠攏。狀況會照著你對事情的理解去展開，你自己也會變得越來越像你所認識的那個自己。

我們面臨的挑戰，就是要讓自己的雙眼永遠充滿光芒，同時避免自我欺騙。你可以運用風元素讓自己的眼睛充滿創意。要避免自我欺騙，就要隨時提醒自己你的思想不是由自己所創造。認為你的思想屬於你是一種自我欺騙，因為自我的個體概念通常會扭曲唯一的現實。

我們能夠信任的思想，是以和諧為基礎：

透過研究生命，蘇菲祕士學習與修練和諧生命的本質。他跟自我、跟他人、跟宇宙、跟無限，都建立了和諧。他覺得自己和他人沒有分別，可以說，他從其他所有的存在身上，都可以看到自己。他不在意責罵或讚美，因為覺得這兩者都是來自於他自己。

（哈茲若‧音那雅‧康）⓫

你要如何建立這樣的態度？不是透過你的意志力。這種與他人和諧的態度，只能來自於合一的經驗。這種態度要經過人生困境的考驗，但是已經看過合一真相的人，面對考驗不會心懷二志。

如果有個人想要把重物放下來，因此砸傷了自己的腳，他不會怪自己的手讓東西掉下去，因為他知道手和腳都是自己的一部分。蘇菲祕士便是用這樣態度寬恕傷害自己的人，認為那傷害完全來自於自己本身。

（哈茲若‧音那雅‧康）⓬

如果別人不想與你和諧共鳴，你還是可以讓自己與他們和諧共鳴。你改變或是對方改變有什麼差別呢？對風元素來說，改變是天

性。當你可以看得更深更廣，你就更能了解該怎麼與各式各樣的人合作，創造出包含他們的音符的音樂，而不是將之排除或是掌控。

〔蘇菲祕士〕藉由調和朋友不討喜的言論，運用對位法創造出賦格樂曲。

（哈茲若·音那雅·康）**⓭**

你會自然地感覺到，擴張的心所在乎的一切，便是你的責任和想望，因為在你心中發生的事情，會發生在你身上。你的感覺充滿了內心的空間，然後持續振動，在你的心中迴響很長很長一段時間。你就居住在心的氛圍之中，不管這個氛圍怎樣，所以你會希望讓愛充滿其中。

能夠更了解這件事，生活就會變得更有趣。一切你眼中所見，是你的心創造的景象，而你的心創造出來的一切，就是你所過的生活。

注釋

1　Khan, I. Githa I, Mysticism 3, Zikr. Esoteric Papers.

2　參同前，Githa I, Astrar ul-Ansar 6.

3　Rumi, in Barks (1995).

4　www.hazrat.inayat-khan.org: Message: Sayings: Vadan: Alankaras.

5　www.hazrat.inayat-khan.org: Message: Vol. 8, Sufi Teachings.

6　www.hazrat.inayat-khan.org: Message: Sayings: Vadan: Tanas.

7　www.hazrat.inayat-khan.org: Message: Sayings: Vadan: Gamakas.

8　Khan, V. (1983, 15).

9   Khan, V. (1988, 82).

10   www.hazrat.inayat-khan.org: Message: Sayings: Vadan: Ragas.

11   www.hazrat.inayat-khan.org: Message: Vol. 2, The Mysticism of Sound: Harmony.

12   參同前。

13   參同前。

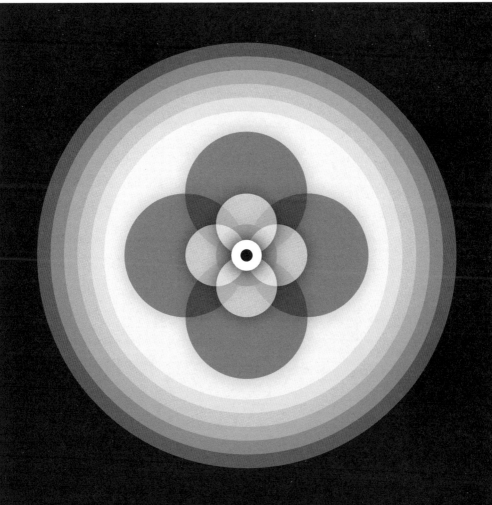

第四部

持續練習一輩子

第十五章
冥想時常見的問題

　　在學習心律轉化法的時候，大家會遭遇一些很典型的問題，在你之前已經有許多人都經歷過，所以實際上你所遇到或將會遇到的問題，有經驗的導師都很清楚。本書並不是一個全知全能的老師，無法即時回答問題，但至少可以列出一些你可能產生的疑問。如果你目前的練習沒有問題，之後也會有，可以到時候再來查閱。

如何開始練習

　　「我的問題是我找不到時間練習。這感覺像是一個很重要的承諾，我不知道自己到底喜不喜歡。我覺得書很棒，可是不確定自己是不是真的準備好要實踐。」

　　首先，如果你考慮學習冥想，那就是個開始。不用為了沒有做什麼而感到羞愧，要知道你已經考慮去做了。多思考一下這件事，回想自己聽過的故事與概念，列出冥想讓你不舒服的地方，以及吸引你的地方。

　　你可以慢慢地適應，有些步驟不用那麼正式，在哪裡做都可以：開車的時候，看電視的時候，哄小孩睡覺的時候，坐著開會的時候，排隊的時候，隨時都可以注意自己的呼吸。想到的時候就練習一下

節奏呼吸，或是延長呼氣。如果你平常時候能夠習慣的話，開始正式練習冥想也就沒有那麼難。

練習所需要的事物隨時都在身邊：你的呼吸和你的心跳，不用特殊的器具。只要你注意到呼吸，就能獲益；只要能感覺到心跳，就是蒙福。

若是半夜醒來睡不著，可以坐在枕頭上進行節奏呼吸，直到睡意再度襲來。如果無意識讓你晚上一直睡不好，得醒來冥想的話，也許你必須多注意一下這個訊息，增加練習的分量。

如果你希望多點冥想的動力，可以試著規畫練習時間表。養成習慣可以讓你增強「靜坐」的能力，克服心律轉化法一開始最艱難的障礙。如果你決心且有智慧地投入自己，就可以養成良好的冥想習慣。這樣的話，一旦你開始發懶，例如早上起來想先看報紙的時候，決心就會回來幫助你。

我的思緒在早上的時候非常靈活而忙碌。我會一邊沖澡，一邊規畫當天的行程以及想辦法解決昨天留下的問題。等到換上衣服的時候，我的思緒已經在正式運轉。接著我的肚子會咕咕響，告訴我該吃早餐了。我告訴我的肚子會有早餐吃，不過必須再靜心等一下。我覺得妻子說的話很有道理：夢裡會出現靈感，譬如讓昨晚討論的事情能夠繼續發展，或是讓即將到來的這一天有妥善的安排。我叫醒十二歲的兒子，用力抱抱他，雖然他會反抗。狗得溜一下，然後我需要找幾張紙，好把沖澡時想到的事情在搭火車的時候寫下來，免得忘記該怎麼做。

冥想的座位在呼喚我，於是我聽從了它。我走進冥想室（能有一間冥想室真是太好了），脫掉鞋子。這時候我是讓自己的決心在運作，如果我需要思考該不該花這個時間，可能就決定不冥想了。我的思緒和平常一樣支持我做想做的事，而我對身邊周圍的任何事情都很有興趣。但當我坐下來，思緒就改變主意了。我現在想起自己的決心，當初是怎麼建立起冥想的習慣，冥想是我需要的東西，不管我的思緒怎麼想。能量波沖刷過我的全身，心中浮現感恩的情緒。我差點忘了這樣的感覺，真高興自己沒有忘記！

清晨，睡意退去、完全清醒的時候，能夠好好冥想真是令人愉快的事。我的思緒也很享受，永遠支持我想做的事情。一步一步冥想是充滿喜悅的事，找到我的心跳，像是第一次一樣重新探索四大元素。

普蘭

能夠找到另一個人跟你一起練習，對你的經驗會有實質上的幫助。組成小團體定期練習是最好的，大家一起練習，對於擁有有意識的心這件事情會比較沒那麼「恐懼」，最後，練習會呼喚你，你便能夠毫無抗拒地開始冥想。

無法靜坐

「我沒辦法靜坐那麼久，我感覺不到冥想的幫助。」

身體的特性就是要動，保持不動是很折磨的事情。如果靜坐對你來說像是酷刑，那麼你可以在動的狀態下練習呼吸。最簡單的方法就是最有效的方法：走路練習呼吸。

坐下來的時候，神經系統會改變成適合冥想的形態。有所動作時，除非特別注意，否則很難感覺心跳。當然，壓力感知也是全面運作，感覺過載的狀態無法得到片刻舒緩。在動作時無法細緻的呼吸，精微的情緒也完全被掩蓋。因為以上眾多理由，最好還是坐下來，讓身體保持挺直不動。當然，只要在專注呼吸與心跳的情況下，是可以採取身體比較舒服的姿勢的。

一旦感覺到心跳，就比較容易靜坐了。心跳是通往內在世界的入口。

你可以逐漸增加靜坐的時間，先從五分鐘開始，設鬧鐘提醒你時間到了，慢慢延長到十分鐘。

內在世界只有入口看起來比較嚇人，裡面是一座美麗的宮殿，外面看起來像是廢墟。這是你在之前只有睡著時才會造訪的宮殿，黑暗中可能會感覺很可怕，但只要內裡有一點光，就能展現這個地方的美麗。事實上，這是你真正的家，而且提供了你所有「家」的要素，非常安全，永遠不會背叛你，外頭的戰爭不會侵害到這座宮殿的內在。

雜念

「只要我想開始進行心律轉化法，我的思緒和周圍的雜音就會讓我分心，打斷冥想。」

首先要接受一個概念，你的思緒（mind）會不斷地產生想法，這是思緒的工作。你的心智就像電腦一樣，持續播送一些會讓你開心的影像。你無法把思緒關掉，能做的只有專注在練習上。

我絕對沒有要看輕你的思想。思想在自我認同上占有重要的一席之地，我們經常會認同我們的想法。個體的生活記憶讓我們具有獨特性。但思想有許多層次，包括邏輯、直覺和精微感知等部分。對思想來說，所謂的桌子可以指某張特定的桌子，或是桌子的用途，與桌子相關的記憶，桌子的結構，也可以是桌子原型的概念，或是桌子原型概念的具體化等等。

要怎麼將心智調到「較高」層次，讓自己探索天性的本質呢？需要訓練，而訓練是有步驟的。你的想法有時候來自你的內心深處，反映在你的思想運作。這樣非常好，就像用收音機聽到巴哈彌撒曲一樣。但有時候思想產生的是類似收音機廣告的東西，甚至是接收不良的雜音。

我們可以先將自己平常思考的層次比擬成小孩吵雜的聲音。通常我們不會覺得小孩很煩，他們喜歡玩耍，喜歡發出聲音，他們的思想就像新奇的玩具一樣，他們喜歡試試看自己能做些什麼。你的思想可以充滿小孩的聲音而不覺得干擾，因為你知道他們是孩子。

我喜歡使用的另一種比喻，是將我的思想輸出當成電腦螢幕。你不覺得電腦很神奇，能做很多事情嗎？我靠思想過活，但我也明白思想有相當大的極限。如果無法用深層而優質的情緒餵養，思想會變得機械化。所有在心智螢幕播放的影像都有一個類似之處。這些影像都是螢幕影像，但我們如果一直觀看螢幕會覺得厭煩。雖然電腦無法關機，不過我們可以移動螢幕，把影像投影在牆上。

只要忽視腦中的想法，這些想法就會失去吸引力與強迫性。想要「換頻道」的話，就必須關掉目前放映的節目。這是調整思緒中的關鍵步驟。

譬如你正在靜坐冥想時，有一台消防車從外面開過去。你的大腦有一部分像小孩一樣衝到窗前，產生許多關於消防車的想法，像是火、住宅、你的家等等。但大腦比較成熟的部分對警報聲沒什麼興趣。這種沒興趣就是在釋放。這是思緒訓練的前半部：思緒產生的只有想法，沒有任何想法會有趣到讓你非注意不可。訓練的後半部則導引思緒支持冥想練習，然後你的想法便會成為意識的焦點，幾乎一直伴隨著你進行內在旅程（在某個極高層次的冥想狀態下，意識會變得無法聚焦。而思緒，也就是意識的焦點，也因此潰散。然而，在你到達這個層次之前，以及超越這個層次之後，你的思緒都可以好好地運作）。當你對外在的感官經驗有興趣時，你的思緒就聚焦在此。而當你的興趣移往內在經驗時，你的思緒焦點也會跟著轉移。當你對心律轉化法有興趣時，你的思緒就聚焦在心律轉化法上。

你的興趣就是思緒的方向。所以要讓思緒保持在練習上，就必須讓練習變得有趣。你可以想想自己為什麼想要學習冥想，目標越明確，產生的動機就越強烈。

另一部分的訓練，是建構控制思緒的能力。訓練的第一步就是靜坐。

無法控制神經與肌肉系統的人，便無法控制思緒，而且最後會失去對思緒的控制力。但是能夠控制肌肉與神經系統的話，也就可以控制思

緒了。

（哈茲若‧音那雅‧康）❶

　　在你擁有了能夠主動轉移興趣的能力，並且建構起控制思緒的能力之後，進行心律轉化法時出現的想法就變得非常重要。要看重這些想法，因為這是無意識在對意識說話，所以要去覺察這些想法的意義。

　　你可能會收到類似命令句的訊息：「去做！」這樣的想法通常會讓人照著去執行，因為感覺非常有啟發性。但你要如何分辨這只是看似靈光乍現的尋常電腦影像，還是真的來自內在指引的珍貴訊息呢？我們可以這樣測試：

　　1. 不管產生的想法多麼獨特、有創意，與你所面對的問題有多麼契合，都先把內容記下來，不要去執行，把想法壓回思想意識表面底下的無意識中。

　　2. 過一會兒，這個想法會再度浮現。這次是以不同的形式，但還是看得出是第一個想法的進化版。進化的原因是，之前我們有意識地覺察到，然後將它壓回它的起源，讓想法繼續成熟並擴大範圍，現在，進化成更有智慧的想法，現在，第二次壓下它。

　　3. 等到想法第三次浮現時，就可以執行了。第三個版本才是正確的想法。

　　這個過程可能一次單獨冥想就完成，也可能需要很多次冥想。檢視過程後留下的想法是非常珍貴而特別的，請將內容記下來。

無法獲得足夠的呼吸

「在進行鑽石呼吸時，不管是怎樣的長度，我都覺得快要沒氣了，
所以我必須先正常呼吸幾次，才能繼續下一次的呼吸練習。」

這個問題有兩個常見的原因：不完全的呼氣和強烈的情緒。首先，
檢查你的呼吸技巧。如果你想要吸進更多的空氣，就必須更完全地
呼氣。就算呼氣只延長一點點時間，下一次的吸氣就會更不一樣。
第二，檢查你的姿勢。即使身體只是稍微往前彎了一點，也會影響
到肺活量，讓肺部無法完全充滿空氣。

但如果你在冥想時感覺焦慮，就必須採另一種做法。焦慮是由
完全的呼氣和摒住吸氣而造成，如果感覺焦慮，重點是知道如何緩
解。學會了增強和減低焦慮的方法，便能控制這樣的情緒，讓你在
任何時候開始焦慮時還能繼續練習呼吸。

減低焦慮的方法，是保持呼吸的節奏，吸和呼之間不要暫停，不
要摒住呼吸，也不要延長呼氣。採用普通的呼吸長度，但是要非常
有節奏，像是鞦韆盪出去又盪回來那樣。通常我們會發現，一旦開
始焦慮時，呼吸也就不再繼續了。

冥想時我們也會感覺到其他很多的情緒。除了平靜之外的所有情
緒都需要額外的呼吸。不管是感覺到焦慮、喜悅或悲傷，都需要更
多空氣。如果擔心自己的呼吸練習究竟是否正確，那就會變成惡性
循環：擔心讓你需要更多空氣，打斷了溫和有韻律的流動，你開始
喘氣，因而更擔心是否做對。發生這種情況時，只要大大地嘆一口
氣，將所有的評斷吹走即可。

隨著需要的呼吸量，情緒可以分成粗糙與細緻兩種。粗糙的情緒需要較大的呼吸量，細緻的情緒只需要一點點空氣。每一種情緒都有粗糙與細緻兩種形式，舉例來說：

情緒	粗糙的形式	細緻的形式
愛	熱情	仰慕與尊敬
怒	暴怒	決心
懼	恐慌	警覺
樂	狂歡	喜悅

覺察情緒其實頗為困難，所以我們通常只感受到粗糙的情緒。透過心律轉化法，我們更能夠覺察細緻的情緒，讓這些情緒擴展得更為龐大而深入。依心而活的特點之一，就是能夠生活在這些細緻的情緒中。

生活在粗糙的情緒中，就是生活在人世間；生活在細緻的情緒中，則是生活在天堂。

有意識且有節奏的呼吸，讓呼吸變得細緻，就會讓你的情緒也變得細緻。情緒細緻了，呼吸就會更加細緻。

拉丁文的「精神」和「呼吸」是同一個字。《聖經》〈登山寶訓〉講的就是生活在細緻情緒中的祝福：

虛〔細緻〕心〔呼吸〕的人有福了。❷

在冥想中睡著

「我發現自己在靜坐時會打瞌睡。不知道是什麼時候發生的事，但我突然就發現自己睡著了。」

冥想時睡著相當正常。專注非常耗費體力。睡意出現的時候，就會變成意識的天花板，讓你沒辦法「往上」穿透，只會再度沉睡。不過你可以「往下」，更加深入去覺察身體與思想，變得更清醒。只是真正的精神覺醒還需要更長時間的努力。

解決這個問題的第一個方法是休息一下。如果你能小睡一會兒，就睡吧。這樣你便能獲得美好的休息。在冥想狀態下睡著是很幸福的。

在冥想時其實沒有必要避免睡著。能夠在冥想時睡著其實睡眠品質會更好，因為睡著時冥想會繼續在潛意識中進行。

（哈茲若・音那雅・康）❸

即使你規定學生在晚上睡前進行某種冥想，然後透過這樣的冥想進入睡眠狀態，都比讓學生在冥想和睡眠之間去做好幾件不同的事情要好上幾百倍。

（哈茲若・音那雅・康）❹

第二個方法是進行火元素呼吸。睡意對於較高層次意識來說，是無法穿越的障礙。但如果擁有足夠的能量，就能跨越這個障礙。

先師維拉亞・音那雅・康認為，睡意來臨可能是你的「保險絲燒斷了」。現實無法裝進任何一個我們儲存自己想法的空間，也無法用概念包裹起來。現實力量非常強大，會將概念吹散出去。如果你和現實，也就是非常大量的真相，非常接近，無法馬上容納或整合的話，思想就會以一種無害的方式暫時關機。

失去時間感

「我在練習冥想時，很驚訝時間居然過得這麼快。我以為只有幾分鐘而已，沒想到是半個小時。」

我們會下意識地用心跳和呼吸數來測量時間。在冥想時，呼吸會變得比平常長，所以每分鐘的呼吸次數會比較少。平常時候，我們一分鐘會淺呼吸十二至十五次。但冥想時一次呼吸可能需要二十五秒甚至更久，所以每分鐘是二・四次呼吸。比較常見的冥想節奏則是每分鐘四至六次呼吸。每分鐘呼吸十二次的時候，我們會覺得半小時應該是三百六十次呼吸，但如果每分鐘呼吸四次的話，半小時只呼吸了一百二十次。正常狀況下，一百二十次呼吸的時間是十分鐘。無意識的呼吸計數器便算成了實際三十分鐘的三分之一而已。

還有另一個時間感的問題是，在能夠有意識地覺察到呼吸與心跳的狀態下，無意識的呼吸和心跳計數器就會關上。呼吸和心跳不是有意識就是無意識。在進行心律轉化法時，意識的思緒會負責控制呼吸，還有一部分的心跳節奏。所以通常做為時間計數器的無意識，便無法執行計算時間的功能。通常用來測量時間的方法因為無

法作用了，所以看起來流失的時間甚至到快四成。如同第七章討論過的，時間似乎完全停止了。

如果必須在某個時間結束練習，譬如得趕電車去上班，就要設鬧鐘。這樣還有另一個好處，就是消除潛在的焦慮來源。知道鬧鐘響，冥想時間就結束了，可以掃除你的內在隱憂。鬧鐘也可以讓你確保自己設定好的冥想時間長度。如果你在冥想結束之後沒有別的事情，也可以把鬧鐘設得比平常晚一點再響，而且一定要等鬧鐘響再結束，這樣可以讓你的冥想練習更有動力，並且幫助你建立掌控能力。

頭痛

「我在冥想的時候，額頭會覺得脹痛。」

對冥想初學者來說，前額痛並不罕見。更多冥想經驗之後，這種頭痛會變成一種沒有疼痛的壓力感。等到非常熟練之後，這兩種感覺就不會再出現。這種痛感源自於無法處理來到頭部的上升能量，尤其是在進行火元素呼吸的時候。我們建議的處理方式有三種：

1. 跪下並把前額抵在地板上。身體的最高點「頭部」和身體最低點「雙腳」高度相同時，能量就會「短路」。想像頭部裡面的能量從前額傾洩出來，這可以讓你迅速獲得舒緩，雖然能量會因此浪費掉。

2. 頭微微低下，雙手放在心的位置。有意識地透過心來呼吸，不要讓呼吸上升到頭部。讓心的感覺擴展包覆全身。

3. 進行水元素呼吸，這是針對怪異能量經驗的解毒劑，而且預防效果也很好。如果你常常頭痛，可以加強水元素呼吸，停止火元素呼吸。

胸痛

「我開始練習冥想之後，偶爾會感到胸部劇痛。」

這也是一個我們常常遇到的問題，是高階冥想練習的現象。在走路、開車，或任何時間做任何事情的時候，都可能發生。這種疼痛非常局部而且尖銳，不管是在胸部左側的心臟部位，或是在胸部中央的心中心部位，都非常痛，無法呼吸。但是兩、三分鐘後，最長不超過十分鐘，就會完全消退。

這種疼痛和心臟病發感覺很像。當然，你應該檢查一下心臟，因為的確有可能是心臟病。不過就我的經驗，這不是生理狀況，醫生大概也無法檢查出什麼。這是因為詩意層面的心打開了。

在心律轉化法的專注階段，我們意識到身體裡的心。而在沉思階段，我們意識到自己在心裡面。在冥想階段，我們所在的心是人類的心，而且會開始感受這顆心裡面所有的事物，會感覺到這些龐大而強烈的情緒從肉體的心臟穿過去，就像是要把整片海洋用漏斗倒進一個杯子裡一樣。一個人的心無法容納從愛到痛的所有情緒，所以就會開始緊縮痙攣。

如果你能回想出疼痛發生前自己在想些什麼，也許會發現那是一種對他人的同情或關懷。不是擔心，不是失去控制，也不是焦慮的

表現，這些情緒的疼痛會出現在胃部。心痛會在世界的心觸碰到你自己的心時發生。

這是心活著的證明。

心活著的人才算活著，懂得憐憫的心才算活著。不懂憐憫的心比石頭還不如，因為石頭還有用處，但不懂憐憫的心只會令人反感。

（哈茲若·音那雅·康）**⑤**

開放而敏感的心就是能夠真誠地憐憫他人的心。你是在哪裡感覺到為他人心痛呢？在自己的心裡，是肉體上的疼痛，是你自己的心在痛。在我們成長發展之後，心會變得越來越大，能夠容納更多的情緒，這樣的疼痛就會消失。

就把這種疼痛當作是心的成長的痛吧。

哭泣

「只要我一開始冥想，眼睛就會充滿淚水，停不下來。」

這是太多愛的能量向下流動所造成的問題（見第十二章的水元素呼吸），很有創意的人或是心太敏感的人都會發生。我們其他人可能會很高興擁有這樣洪水般的情緒經驗，比起毫無情緒的沙漠，我們更喜歡前者，但對那些無法停止哭泣的人來說，完全得不到安慰。雖然很想要接觸自己的心，不過還是希望多少能夠掌握自身的狀態。

遲早你都會在冥想時體驗到哭泣這件事。淚水可能代表你的心非常想要回「家」，也可能是在揭開心的傷口之後用來清洗，又或者是代表心打開了，這是內在成長的一種突破經驗。

我們不建議你硬起心腸，好對情緒不那麼敏感，因為你可能已經讓自己硬著心腸一整天了。冥想是讓你可以享受心的天性的時間。你需要的只是一個能讓心保持在高頻的方法，這樣你就能停留在心裡面，不會掉落下去。這個方法便是增加冥想的次數。

風元素呼吸是發展精緻情緒的重要方式。讓呼吸變得細微，你就能變得更龐大，經驗也會更擴散。你的情緒不會離開，而是變得比較客觀。淚水會止住，不過你的心會保持敞開（參考之前的問題「無法獲得足夠的呼吸」）。

失眠

「如果我晚上冥想，之後就無法入睡了。」

清晨與深夜是冥想的兩個最佳時段，不過，你必須選擇適合該時段的冥想方式來練習。清晨，進行能夠讓你清醒、給予啟發和力量的冥想；晚上要進行的是擴展、接受與光的冥想；帶來平靜或愛的冥想，可以在任何時候進行。如果晚上沒有時間練習，可以在早上進行任何一種冥想。

晚上睡前可以進行風元素呼吸，然後在還有感覺的時候躺下進入夢鄉。記得不要在深夜進行火元素呼吸。

對冥想背後的哲學沒興趣

「我會練習你所說的冥想，但我對那些哲學探討沒有興趣。」

你不需要接受本書中提到的任何哲學思想。這些思想的確是支持並從方法論衍生而來，但並非必要。如果你不喜歡書中某個部分，直接忽略掉，也許另一個部分會對你有幫助。這不是套裝出售，你可以選擇自己喜歡的，把其他的丟掉。

注釋

1 www.hazrat.inayat-khan.org: Message: Vol. 8, Health and Order of Body and Mind: Physical Control.

2 〈馬太福音〉5:3。

3 Khan, I. Sangitha. Esoteric Papers.

4 參同前。

5 www.hazrat-inayat-khan.org: Message: Vol 13, Gathas: Metaphysics: 3.2 Sympathy

第十六章
個人與團體練習

　　除非你已經加入某個心律轉化法練習團體，不然一開始多半都是先嘗試自己練習。學會心律轉化法後，當然可以自己練習，有些人可以自己學會、自己練習，但大部分人還是需要協助指點才能熟練。

　　不管有沒有導師帶領，跟著團體一起練習心律轉化法有許多好處。如果是有人推薦本書給你，那就方便很多，因為有現成的對象可以討論，分享經驗與問題。我希望你能找機會和朋友一起練習冥想，這樣你就會感受到每一個冥想者都有過的經驗：團體的效果比獨自練習要強大許多。

　　也許你甚至會覺得自己可以提供他人這樣的幫助，不管是自己成立心律轉化法練習團體，或是支持別人成立的團體。如果想要尋找或成立團體，請拜訪新的應用冥想協會網站：IAMheart.org。我們很樂意協助你在自家附近找到同樣對心律轉化法有興趣的夥伴。

　　自行練習心律轉化法、跟著沒有導師的團體練習，以及跟著有導師帶領的團體練習，所獲得的體驗都不相同。每一種練習方式都有各自的機會與挑戰。

自行練習冥想

想要自行熟練心律轉化法其實有點困難，不過親身嘗試還是可以讓你收獲滿滿。你會遇到的障礙其實都是自己的心魔，所以除了獲得冥想練習的好處之外，還可以獲得戰勝內在障礙的好處。

你的思緒非常聰明，可能會感覺到冥想的威脅，也就是一種沒有邏輯又不完全屬於個人的經驗，所以會產生各式各樣的藉口和理由。舉例來說，思緒可能會告訴你：

- 「冥想很自私，為什麼要花那麼多時間在自己身上？」
- 「冥想是有錢人打發時間的娛樂。」
- 「冥想聽起來沒那麼有趣。」
- 「這不適合你。你以前做過類似的事情，一點都沒用。」
- 「這麼簡單的練習怎麼可能給你什麼寶貴的經驗？」
- 「你最後只會失望而已，幹嘛要開始？」
- 「你還沒那個能力做這麼有深度的事情。」
- 「你這麼重要的人不應該花費寶貴的時間在這種事情上。」
- 「你已經完全了解書的內容了，不用再練習了。」
- 「沒有人知道你應該做些什麼。」

以上的說詞還有無數個版本與不同組合方式。

這些藉口會試探你的意圖。如果你可以克服藉口，就能展現自己的承諾，依從自己的心而活。

設定目標

想要自行練習奏效，必須設立清楚的目標。這個目標必須是心律轉化法可以幫助你達成的，像是第二章描述的「改變生活」或是「獲得某種能力或特質」，又或者你的目標就是學習心律轉化法。本書中提過的所有目標，都可以拿來當作這裡的目標。

以下再舉幾個學習冥想的目標範例：

● 能夠自己練習心律轉化法二十分鐘。
● 能夠自己練習四大元素呼吸。
● 能夠進入心律轉化法的沉思階段。
● 能夠進入心律轉化法的冥想階段。
● 能夠睜開眼睛，一邊工作一邊練習心律轉化法。

要達成這樣的目標，你需要知道該如何解決第十五章討論的常見問題。

訂定計畫

〔我們〕必須學會如何重新充電，但是我們通常會辯解「沒有時間」冥想。卻沒有想到其實冥想是唯一能讓我們獲得時間，而且是對自己最有益處的事情。

（哈茲若・音那雅・康）❶

如果我們一直忙個不停，只注意外面的世界，怎麼有辦法面對自己呢？我們只會因此隨著時間老化，逐漸失去活力。不是只有肉體和思想的勞累才會造成老化，所有的情緒變化也會讓我們疲憊不已。

（哈茲若・音那雅・康）❷

自行練習的時候，最重要的是為自己安排時間表。跟著團體練習有計畫輔助也很好，但自行練習的話是絕對需要規畫時間表的。你要騰出時間來每天練習，取代自己原本的習慣，時間計畫表可以提供你需要的協助。

只要遵照以下的簡單指示，就能享受豐盛的成果。如果你真正坐下來，不管是在椅子或靠墊上，就會和我一樣滿足地嘆一口氣，真心感謝自己沒有錯過這個時刻、這種感覺。

如果固定在一個地方持續練習冥想，就會產生某些效益。……這樣的地方能夠留住最高品質的波動，並營造出沉靜的氛圍，讓來到這裡的其他人更容易進入狀況。

（哈茲若・音那雅・康）❸

步驟一。在家中選擇一個地方做為冥想的場所，永遠都在同一個位置靜坐。記得擺好靜坐需要的靠墊、板凳或椅子。

我們可以說冥想其實擁有自己的生命。你的意圖負責孕育，你的重複練習負責餵養，而你自己的突破讓冥想能夠成長。

冥想會吸引不可見的美好存在，在固定的冥想時間集結，享受神聖的

氛圍。如果你變動了冥想的時間和地點，或者沒有持續聚會，這些存在便會因此感到失望，要讓祂們回來可得等上好一陣子。

（維拉亞·音那雅·康）❹

步驟二。決定要在一天的什麼時間冥想。時間必須很明確，譬如「早上六點十五分」或「晚上九點三十分」，而不是「洗澡之後」或「早餐之前」。

最好能每天在固定的鐘點練習冥想，這樣也會讓生活更有節奏。

（哈茲若·音那雅·康）❺

也許你的生活沒那麼有節奏，不能讓你明確的規畫。若是如此，你可以先從規定一個冥想時間開始，然後這一天的其他時間就是以這個冥想時間為依歸，你的冥想時間變成了生活散沙中的定樁。
最好早晚都能安排冥想練習的時間。

我們必須告訴學員，在早上醒來還有晚上睡前都要練習冥想。這個過程的重要性在於，將學員的練習刻印在他的潛意識當中，因為所有的現象都隱藏在那裡。

（哈茲若·音那雅·康）❻

步驟三。設十五至二十分鐘的計時器，這樣你就不會擔心失去時間感。你會失去時間感，但計時器不會。不需要在計時器響起的時候結束，不過按時結束也沒關係。

每天在固定的時間練習十五分鐘，會比你有空時一天練習兩小時的效果來得好很多。

（哈茲若‧音那雅‧康）❼

　　究竟要練習十五、二十或三十分鐘，交由經驗來決定，重點在於要達到第三章所描述的「單一體感」。這種生理現象最快十分鐘就會發生，最慢大概要三十分鐘。如果你能熟練地沉靜下來靜坐不動，這種感覺會發生得快一點。一直動來動去又很生疏的話，就要多花些時間才會有感覺。

　　要是無法練習十五分鐘，那五分鐘也可以。如果連五分鐘都沒辦法，至少要進行三次呼吸。三次呼吸勉強可以算是練習。重複很重要，冥想的效果是會累積加乘的。

精神上的練習的效果，就像投資所得的利息一樣。不是每次的練習都會產生立即的效果，但是只要練習了，遲早會有收獲。練習就像種在潛意識土壤的種子一樣，會按照時程結出果實。當然可能會出現一些狀況與阻礙，讓我們遲遲看不到練習的成果，不過通常不會太常發生。

（哈茲若‧音那雅‧康）❽

　　步驟四。固定每週練習六天，在相同的時間、相同的地點冥想。如果你外出旅行，也要遵守時間表，依照時區調整。第七天可以在自己喜歡的時間練習，也許這一天你會想要冥想久一點。

　　在冥想時，身心靈整體都處於統合狀態，所以很重要的就是：在固定

時間冥想，自己安排工作、休閒、吃飯、讀書和冥想的時間，而且盡可能遵循時間表的規畫。

（哈茲若‧音那雅‧康）❾

步驟五。按照本書的章節順序來練習，只要達成每一章的第一個目標即可，其他的目標留待下個步驟再進行。替自己安排類似以下的計畫表，不過要寫下明確的日期：

星期	章節
1	3—姿勢與環境
2	4—有意識的呼吸
3	5—有節奏的呼吸
4	6—全然的呼氣
5	7—保留呼吸
6	8—呼吸與心跳
7	9—導引的呼吸
8	11—地元素呼吸
9	12—水元素呼吸
10	13—火元素呼吸
11	14—風元素呼吸
12	地、水、火、風元素呼吸
13-26	重複地、水、火、風元素呼吸，當週，在覺得最需要的元素上花多一些時間練習。

步驟六。自行練習心律轉化法半年後，最好能找一名導師給你回饋與建議。可以在家附近參加課程或研習，尋求幫助。如果沒辦

法的話，我們也有線上課程讓你與認證的講師在私密的狀態下獲得個人的回饋與指導。大部分課程都有二十五名學員的限制。我們的導師制度也可提供個人指導。需要更多資訊，可以查詢 IAMheart. org。

步驟七。第一年的後半，你的計畫表是依照導師的建議來制訂。可能的做法是重新複習每個章節，但這次是整章，從頭練到尾。

星期	章節
27	第三章全部
28	第四章全部
29-37	第五到十四章全部，每一小節都要仔細練習
38	地、水、火、風元素呼吸
39-52	地、水、火、風元素呼吸，後面可以接續適合當時狀況的自由冥想模式

步驟八。在達成本書描述的每個目標後，暫停下來確認自己已經做到目標的內容，然後進行下一個目標。

步驟九。完成風元素呼吸的最後一個目標後，就可以學習心律轉化法的進階課程。要獲得本階段的認證，必須參與心律轉化法課程，或是安排個人課程，由認證的講師核可（參見本章「有導師帶領的好處」一節，內有認證過程的介紹）。

沒有導師的練習團體

團體練習的好處

參加心律轉化法團體有幾項好處。

首先，團體中的成員可以確認你的心律轉化法學習狀況。市面上可以買到用來測量心跳的簡易電子儀器，能夠讓你確認並證實自己的確感受到了心跳。手指接上測量儀，把儀器的閃燈放在你看不到的地方，在感覺到自己心跳的時候發出聲音提示其他成員，讓對方確認你發出的聲音是不是和儀器的閃燈同步，不管是摒住呼吸或呼吸時都要符合。

另一個確認心跳的方法，是在你進行鑽石呼吸使用心跳儀器測量。如果你一直持續練習的話，就會曉得鑽石呼吸不是光知道技巧就能夠成功。要讓鑽石呼吸持續下去，也就是讓心跳和呼吸頻率維持和諧狀態，需要穩定和協調的情緒，並用平靜來取代恐懼。達到這樣的境界，就是完成了個人與靈性層面上重要的整合。

參加心律轉化法團體的第二個理由，是團體練習冥想比自行練習冥想要容易進入狀況，尤其是對初學者來說。學習冥想對於導師的需求其實不如有一群志同道合的夥伴。

一群學習身心靈的學員，結合大家的努力打造出一個氛圍，一個沉穩安靜的場域、一個精微能量波動的中心，讓這個地方成為一個療癒場。我們通常會對具有療癒能力的朝聖者帶有幻想，有些人不相信治癒的奇蹟，不過這是錯誤的想法。人的信念與祈禱會打造出氛圍，健康的

人來到這裡就能夠治療生病的人，而生病的人在這充滿潔淨原子的場域中，就會恢復健康。

（哈茲若‧音那雅‧康）❿

不管有沒有導師帶領，人們聚集在一起練習冥想是有原因的。導師的任務是讓這個團體的成員更加親密與協調，就像樂團指揮讓團員和樂器融為一體一樣。在樂團中，不是只有樂器的聲音會相互融合，演奏樂器的團員也是。在冥想的場域中，整個氛圍的作用在於調整冥想者的心，簡單來說就是將他們帶到和諧的頻率。

（哈茲若‧音那雅‧康）⓫

在冥想的過程中，我們會產生各種疑問，其他成員可能會提供自己的解決經驗，或是從不同的角度去解讀本書的說明。在生活中也會產生各種疑問，其他成員可以幫助你將心律轉化法應用在你所面對的問題上。

第三，你可以認識一些很棒的朋友。和這群與你共享深層感動經驗的人在一起，你會覺得很輕鬆自在，不需偽裝，毫無防備，深受理解。這是依心而活的重要體驗。

組織冥想練習團體

想要建立自己的心律轉化法練習團體，一種方法就是在販賣本書的商店貼出告示，或者是在應用冥想協會的網站公開徵求。

可能的話，團體練習最好能準備一個專門練習心律轉化法的房間，

或者是專門練習冥想的房間，才能逐漸發展出美好的氛圍。退而求其次的話，可以選用原本就用於靜心與沉思目的的空間，例如教堂、寺廟或圖書館裡的房間。第三個選擇則是使用平時做為其他用途，但團體可以長期運用的空間，例如團體成員家中的房間。第四個選擇是公共設施中一般用途的空間，例如學校或是社區活動中心。

組織團體的每個層面都是在實踐依心而活。這個練習團體的發展每一方面都必須與心的四大元素相關。舉例來說：

團體的特質	元素
想要深入了解自己與心律轉化法	風
對於心律轉化法的熱情	火
友善與接納	水
安全與承諾	地

安全包括了信心、隱私，以及團體的可靠性和穩定性。每週的聚會都要在同一時間、同一地點（參見本章「訂定計畫」章節）。成員之間及對於新成員的友善態度，是心的自然特質之一。熱情來自於我們了解心律轉化法對於現實生活與靈性生活的重要性。你會很開心地與他人分享自己的學習：幫助他人，面對質疑與挑戰，反過來受到他人幫助。所有的一切都是為了「理解」：呼吸和心跳節奏是如何影響自己與他人？理解之後，你就能擁有更佳的健康狀態、更深層的人際關際、更真誠且更完滿、對他人更有益處。

你需要認真學習的是團體練習的經驗，不管是在冥想練習的地方，或是出了練習室之外的真實生活。在練習之後，與其他成員分享你的經驗。告訴他們你的困難與成果，讓其他成員從中獲得幫助

與支持，同時分享你在生活中如何應用冥想，越仔細越好。記住自己的經驗，這比任何其他的評論都要真實且有助益。

我們會建議大家輪流帶領團體練習。輪到自己的時候，要記住是為了團體服務，首先要確認事前的準備工作，開始冥想前動一動、暖暖身會是不錯的做法。最理想的方式是跟著蘇珊娜‧貝爾的心律轉化法 DVD，裡面包括了一些和緩的伸展與熱身運動，有助於啟動自己的心。也可以依照自己的直覺選擇音樂、薰香、靜默或是溫暖的擁抱來建立氛圍。你可以複習本書前面章節的說明，一直帶領到這次要練習的章節。

接著，選擇這次要練習的章節，用自己的話講述出來。掌握練習的節奏，讓大家都能跟上，但不會感覺不耐煩。你可能需要顧及一些較早或較晚開始學習、因此能力不太相同的成員。在練習結束後，可以帶領討論讓大家分享經驗。

在帶領練習時，最重要的是透過你的聲音來溝通內心的感覺。你的聲音會幫助其他成員找到自己的心，進入內心的感覺，珍惜自己在內心找到的事物，在心律轉化法中感覺到安心、安全。

帶領團體收穫最多的人會是你。即使你已經學會心律轉化法，現在你學到的是自己當初的學習過程。我們都是要等到開始教人，才知道自己究竟懂得多少。

團體可以商討下週要不要重複練習同樣章節，或是往前進到下一個章節。這個討論同樣是依心而活的練習。不需要趕時間，最好能讓每個人都發表意見。因為不同的經驗與個性，每個人的進展都不一樣。有時候，如果你無法理解某一個章節的內容，「搞懂」的最好方法，就是往下練習下一個章節。

在決定團體進度的時候，還必須平衡學習與應用的時間。有些人會希望一個章節練習久一點，譬如全然的呼氣，他們會想要等到在生活中也能看到效果時再繼續往下。有些人學會如何全然的呼氣就滿意了，相信總有一天會產生效果。這是不同的學習模式，但是兩者都必須獲得滿足。

範例

某個城市。一個沒有導師帶領的心律轉化法團體正在練習。有些成員互相認識多年，冥想是他們相同的興趣；有些是在參加應用冥想協會的課程或研討會時認識。其中一名成員的母親一開始是因為女兒推薦而參加，後來發現自己很喜歡冥想。一名成員在所屬教會的公告欄貼了告示，招來另一位成員的加入。就算一個團體裡十個人，有七個可能好幾個禮拜才來一次，也沒關係。團體的穩定性是來自持續在同一個地方集會。

帶領的人會輪流，這有幾個理由：首先，團體中沒有人會覺得自己的知識足夠擔負起「導師」的責任。第二，團體通常會害怕「小團體」的產生，而且沒有人會想特別「參加」些什麼。第三，輪流擔任帶領人是團體練習吸引人的地方之一。

團體練習通常是從祈求，或是朗讀信念與目標開始：

朝向合一的，完全的愛、和諧與美麗，那唯一的存在，與所有閃耀的靈魂聚合成的大師實體，也就是指導的高靈。

（哈茲若·音那雅·康）[12]

在宣示完成後，開始點名。「有誰想要在練習開始前和我們分享嗎？」今天的帶領人問道。「我在傾聽心跳的時候會不斷被各種事情打斷。」一名成員提出了實踐冥想計畫表的困擾，另一名成員則述說她的婚姻問題。在這裡沒有任何責怪，生活中的挑戰都被視為內在的矛盾，不會討論成員提出來的狀況，除非是需要特別辨明，但所有人都被他人的分享所觸動，他們會透過表達自己的感覺，互相支持與同理。

　　今晚的集會由大衛帶領。從上次集會結束後，他就一直在想該怎麼帶領，但他沒有做任何「事前準備」。他相信自己的心，尤其是經過這一週自行的日常冥想練習，他的心受到專注與靈感的引領。這個團體已經持續集會一年，本書中的所有章節都走過一遍，每一章大概會花上一到三週不等。現在走到了第二輪，正在進行第三部。他們互相支援，希望能達到每一章設立的目標，但不是總能如願。不過他們不會停下來，之後不懂的也就慢慢懂了。若還是不行，下一個章節也會有人到達。他們會反覆持續練習，直到所有人都完成目標，或是決定進行更高階的課程。

　　大衛先朗讀一段文章後讓大家討論。團體剛成立時，所有人都想用熱忱、強烈的經驗，或是明晰的理解來壓倒對方。現在還是會有互相競爭的現象，不過大家都明白述說真正的經驗是怎樣的語調，這種語調就成了一種標準。相對來說，陳述自己意見或猜測時的語氣很容易可以分辨出來。成員們在評論時，會引用自己的冥想與生活應用經驗，保持真誠的態度。大家的目標都是要運用心律轉化法與他人互動和連結。他們發現只要在需要的時候，或多或少都可以在生活中回想起這樣的狀態。這讓所有人都產生了希望，覺得自己

能夠改變想要改變的事物，完成想要完成的目標。

　　大衛從頭開始朗讀冥想的說明，在覺得需要的時候跳過幾段前面的步驟，然後著重於新的練習。大聲讀出來是很好的做法，其他人就可以閉上眼睛。大衛自身的冥想狀態，透過朗讀的聲音，讓所有成員獲得更多的啟發。他們的講法都一樣，在團體中練習冥想，絕對比自行練習要來得輕鬆、效果更好。團體產生的火花，讓大家更有創意、更能接納，當然還是要各自單獨練習，以增進自身的經驗與能力。

　　透過這個過程，他們建構了一種在團體中不常見的共同分享經驗，而這個過程也讓他們更加親近。因為彼此的心跳產生共鳴，他們發現很容易就可以表達自己的心。成員之間沒有戒心，完全敞開毫無防備。對於靜默這個最容易被打破的共享氛圍，以及呼吸與心跳這兩種最親密的交換，他們都是專家。他們用內在覺察打開的雙眼凝視對方，看到了對方臉孔後面的真實面貌，也就是彼此靈魂的美麗容顏。因為看到了對方一直以來的真實面貌，所以也比較容易看到對方未來的樣子。這是他們對彼此所抱持的神聖信任感，在對方忘記的時候，還能記得對方是誰。「你忘了自己是誰的時候，我會記得你是誰。而我忘了自己是誰的時候，你會記得我是誰。」這都是心律轉化法產生的功效。

有導師帶領的團體

　　如果你覺得導師是自己的兄弟姊妹，那就是了；如果你覺得導師是自

己的朋友，那也沒錯；如果你覺得心靈導師是自己的僕人，一樣是真的；
除此之外，沒有別的。

（哈茲若‧音那雅‧康）⓭

導師的工作是幫助他人找到真正的自我，發展成長，發現真實與虛假。
沒有說教，沒有教條，沒有束縛學員生活的規矩。導師只是引領道路，
點亮原本已經存在於學員心中火焰的人。

（哈茲若‧音那雅‧康）⓮

有導師帶領的好處

在團體中練習冥想比自行練習容易，而有導師帶領的團體練習就
更加容易。導師對於冥想練習的理解與教學已經非常透徹。導師原
本當然也是學員，在展現出自己對於冥想技巧與應用的精熟之後，
才會認證為導師。應用冥想協會對於導師的認證分成幾種不同的級
數。

成為導師很容易，但當學員很困難。

（哈茲若‧音那雅‧康）⓯

有導師帶領的練習，主要有四大好處：
第一，導師有能力「開窗」，讓整個團體擁有更高意識的經驗。
「窗」是通常存在於人們到達冥想狀態能力中的限制。導師不但要
學會如何冥想，還要學會如何讓整個團體的窗保持敞開。導師所學

的一種特殊技巧，讓團體成員很容易就能跨越一般的限制。

光是導師在場，就能讓振動變得更加精微，所以導師比普通的帶領人至少多一個好處，就是能夠提升整個空間的氛圍。但是眾人的信念、祈禱與抱持的態度，同樣可以加強教會、廳堂或寺廟的氣場。

（哈茲若・音那雅・康）⓰

導師的呼吸可謂一座階梯，讓學員藉此攀爬到神的所在。導師的呼吸可以幫助大家建立冥想的節奏，也可以讓氛圍變得更精微。氛圍所接收的振動越精微，參與靜默的成員就能獲益更多。如果學員能夠讓自己的呼吸與導師同步，那就能得到最佳效果。在此同時，導師也會盡其所能觸及所有在場學員的心。

（哈茲若・音那雅・康）⓱

在你學會如何進入冥想狀態之前，其實非常難想像究竟會是怎樣的狀況。

我記得我的大兒子還在學步的時候，第一次到泳池玩，很害怕，又很困惑，不知道該怎麼辦。於是我抱著他，一手撐住他的肚子，讓他打水玩。他超興奮的！顯然感覺很棒，而且他覺得自己好像真的會游泳！有導師帶領的冥想就像這樣，自己不需要花費太多力氣，百分之百地安全，而且感覺非常美好。

普蘭

有過一次或多次這樣的經驗後，新的學員會希望學習如何自行冥想。而導師的作用就從直接介入的「開窗」，轉為教導打開自己窗口時會運用到的技巧及應有的態度。

　　有導師帶領的第二個好處，是導師可以確認團體成員四大元素呼吸的學習狀況。確認方法是導師與學員面對面坐下來，一起冥想。導師內裡的感覺會與學員感受到的內在能量產生共鳴。到後來，導師可以感受到對方在進行地元素呼吸時，擴展穩定的心磁場；進行水元素呼吸時，往下奔騰的能量流；進行火元素呼吸時心中的光芒；以及進行風元素呼吸時的神聖氛圍。沒有任何儀器可以測量當下產生的現象，不過我們可以學習去感受，而這就是心律轉化法導師所接受的訓練。

　　第三，導師可以示範如何和心律轉化法產生連結，因為導師就是依心而活的最好範例。

　　光是這樣的陳述就非比尋常，而且會讓導師需要面對公開評論。擁有高度的理想是心的元素之一（火元素）。我們在學習依心而活時，會尋求真實的範例來啟發與確認自己的理想。然而，導師的理想可能與我們不同，他想要發展的可能是另一種層次的依心而活，也可能和一般人一樣，會常遭遇失敗。在檢視導師的狀況時，團體成員會發現同理與接納也是依心而活的元素之一（水元素）。你應該保有自己的理想，但那是你自己的理想。對於其他人，則要同理與接納，即使面對導師也一樣。

　　最後一點，導師的想法會讓你在冥想的時候，比你自行練習時要來得輕鬆。冥想有些部分沒有辦法用教的，可是可以捕捉得到。在靜坐練習時，想像自己與導師連結，你和導師用同樣的方式在冥

想，你會發現自己原有的障礙都排除了。

越多學員保持靜默與導師一起冥想，就越容易讓導師與學員的呼吸同步，學員也透過這樣的方式接收到導師的祝福。這不是什麼特別的知識，不過的確代表了我們的心變得更加敏感，而這樣的敏感會讓心更充滿了智慧、洞察、同理與愛。

（哈茲若．音那雅．康）⓲

找尋導師

美國與歐洲都有許多導師，他們有能力運用本書所描述的心律轉化法。其中有一些導師受到應用冥想協會的認證，嚴謹地遵循所有方法與步驟。他們會將自己的觀察回饋給協會，讓心律轉化法更為豐富擴展。其他學派的導師則使用本書的方法來輔助自己所學。

任何擁有心律轉化法認證的人，便具有協會講師的身分。協會講師使用的教材都一樣，包括了這本心律轉化法的書、教師手冊，以及心律轉化法進階課程的一些手稿。課程的費用及個人諮商與建議的費用都有統一規定。透過我們的網站 IAMheart.org，應用冥想協會可以幫你介紹離你比較近的導師。

範例

我們正在帶領一個心律轉化法課程的冥想小團體。快要開始的時候，大家陸陸續續到來。距離有點遠的比爾和肯恩是一起開車過來；

雅莉瑪順路接了鄧肯過來；莉茲則是走路；泰瑞在公司上了心律轉化法的訓練課程，現在等於是複訓；泰莉莎則是神經科醫師介紹來的；琳恩和大衛會一起來，不過有時候是輪流上課；麗莎打電話請假；查理下班後過來；蓋爾和史帝夫是上網查到課程，開課一週才加入。

大家開始靜坐冥想，脊椎挺直，雙手放鬆地放在大腿上。有些人轉轉脖子和肩膀，舒緩緊繃的身體。我們大概圍成圓形對坐，這樣就能互相看到對方。每個人都閉上眼睛，很快地進入內在的沉靜。我們倆會有一個人帶領冥想，輕柔地告訴大家現在要練習的階段。

普蘭：我在帶領的時候，會想起自己在僻靜時的樣子，看著太陽，讓太陽閃閃發亮，充滿我內心的光芒。團體中的每一個成員對我來說都是太陽，我們在靜默中透過呼吸與心跳來互動。

每個人都專注於自己內在的狀況。不管我們目前所共享的能量是什麼，似乎都是從我們每個人的內在湧現，而不是來自外在。這股能量當然讓我們的身體接收到奇妙的感覺，但我們的心智與情緒則產生了更加閃亮的經驗。冥想改變了我們對自己的想法，同時也解決了麻煩，回答了問題，清除了障礙，在心中建造了強大的引擎。

我們是一起完成這些事，而且知道團體發生了什麼，因為在每個人的心中，產生的方式是一模一樣。有時我沒說話，但蘇珊娜受到了啟發，她會揚起聲音講話。有時候我會講話，陳述我自己的感受，或是告訴大家接下來要做的會造成進一步的改變。

沒有人注意到已經過了一個小時。如果團體熟練的話，可能可以持續一個半小時，但是不會有人受不了這種完全的沉靜，或是迷失在思緒的乙太層次。一個偶然的字，就能提醒我們所有的技巧或是

目前狀態的應用，讓我們繼續保持心的韻律。

接著我們再往前進一點，眼睛看到了我們從內在所感受到的那個世界的外面。最美麗的視野，就是每個人的眼睛。

注釋

1　Khan, I. (1989, 239)

2　Khan, I. Sangitha, Esoteric Papers.

3　參同前。

4　Khan, V. (1983)

5　Khan, I. Sangitha, Esoteric Papers.

6　參同前。

7　參同前。

8　參同前。

9　參同前。

10　參同前。

11　參同前。

12　www.hazrat-inayat-khan.org: Message: Saying: Inocation

13　www.hazrat-inayat-khan.org: Message: The Supplementary Papers: Class for Mureedl

14　www.hazrat-inayat-khan.org: Message: The Supplementary Papers: Mysticism VII

15　www.hazrat-inayat-khan.org: Message: Saying: Gayan: Boulas

16　Khan, I. Sangitha, Esoteric Papers.

17　參同前。

18　參同前。

附錄一
心律轉化法的源頭

基礎節奏

母親的心跳是我們在子宮中最初的經驗。我們的第一口氣發生在從子宮中出來的時候，最後一口氣則宣告我們生命的終結。

古代的各種冥想最早必定觀察到身體擁有兩種節奏：呼吸頻率和心跳頻率，兩者的協調產生了基本上屬於靈性層面的整合經驗。

心律轉化法包含了兩個部分：以覺知的、深度的、全然的呼吸構成呼吸的節奏，並且專注於能量的心，讓它成為我們存在的中心。這種冥想法是集許多冥想文化傳統的大成，我們所知的其中兩種，是基督教文化和蘇菲祕教文化。

基督教文化

在耶穌十二門徒的時代，有一種冥想練習稱為「心之祈禱」。大概在七世紀時，這種方法變成所謂的「耶穌禱告」，也許做法上稍有出入，但許多修道院直到現在都還保有這樣的傳統，耶穌禱告中「Kyrie Eleison, Christe Eleison」（上主，求祢垂憐，基督，求祢垂憐），在唸的時候是配合心的覺察與有意識的呼吸。無名的俄羅斯密契主義者（mystic）所寫的《朝聖者之旅》（*The Way of a Pilgrim*）一書，

就是關於這樣的練習。

耶穌禱告最古老的記載,是於西元五十四年過世的腓利門(Abba Philemon)所寫下,他是聖徒保羅的學生與同工。六世紀一本叫做《腓利門傳》(*The Life of Abba Philemon*)的書,記載如下:

> 透過想像力的幫助,找到心的位置,將注意力集中於此。將位於頭部的智力導引到心的位置,以嘴輕聲地唸或在心中默唸「基督,求祢垂憐」;以緩慢而莊重的態度唸出祈禱詞。要非常專注地守護思想的意念,不讓其他雜念干擾。

這裡,我們看到了「心」這個同音異字,同時代表了肉體和情緒上的心,這是心律轉化法的重點之一。基督教文化的這個練習,經過幾百年的淬鍊提升,聖徒們更強調了耶穌禱告中的四個基本要點:

1. 專注於心
2. 專注於呼吸
3. 真誠、奉獻、情緒
4. 呼求主耶穌

前面三個要點也是心律轉化法的基礎,尤其重要的是強調情緒層面。在心律轉化法中,我們不只是在意識覺知層面工作,更在能量層面工作,而我們經驗到的能量,會是以強烈的情緒來呈現。

上面的引述中,腓利門並沒有提到呼吸的部分。不過其實很早以前呼吸就已經是練習的一部分了。荷頓(Houlden)曾經寫道:

在沙漠中的沉思冥想，到了某些時候會開始呼求主名。四世紀時，亞歷山大的聖亞他那修（Athanasius of Alexandira, 293-373）所寫的《聖安東尼傳》（*The Life of Anthony*），便記載了一種反覆呼求主名的祈禱方式，而且在反覆呼求時需要配合呼吸，感覺像是祈禱時也真的在呼吸著聖靈：「聖安東尼對兩位同工說：『永遠記得要呼吸聖靈。』」❶

　　聖亞他那修在描寫聖安東尼之死時，記下了聖安東尼的遺言（Schaff 519）：

> 你們知道惡魔的背叛，知道惡魔多麼兇猛，但他們的力量卻微乎其微。所以不要害怕惡魔，只要保持呼吸著聖靈，相信主。每天都要過得像是生命中的最後一天。

　　重點在於專注於呼求主耶穌時，是要透過心，而非透過頭腦。著有《天國梯階》（*The Ladder of Divine Ascent*）的聖若望克利馬古（St. John Climacus, 525-606）也肯定了呼吸的重要性，他寫道：「願主耶穌的記憶與你的呼吸融合，讓你能夠理解沉默的作用。」❷

　　不是每位基督教文化的作者都會提到上述所有的基本要點，也不是所有人都把這四點看得一樣重要。舉例來說，西奈半島的聖菲洛修斯（Philotheus of Sinai）強調的是專注與情緒：

> 讓我們帶著完全專注的心與完全清醒的靈魂再往前進一步。如果每天都專注地禱告，就會像厄里亞的火戰車（Elias' fire-bearing chariot）

一樣，讓我們昇華抵達天堂。我的意思是什麼？是精神層次的天堂，有著日月星相伴，在達到覺知狀態或努力想要達到這個狀態的人蒙福的心中成形。

當我們擁有堅定的意志，想要為了正義而奮鬥，這個目標就會讓我們珍惜心中神的存在，有如無價的珍珠或其他珍貴寶石。為了讓神永存心中，我們付出一切，甚至自己的生命，在所不惜。

每一分、每一秒，我們都要熱切地保衛自己的心，不讓思緒模糊了靈魂的明鏡。這面鏡子只應該反映出耶穌基督月亮的形象，代表天上的父的智慧與力量。讓我們持續尋找自己心中的王國，只要淨化了思緒之眼，就一定能夠找到神的種子、珍珠、酵母，和其他所有的一切。因為耶穌基督說：「神的國就在你們心裡。」（〈路加福音〉17:20）

十九世紀喀琅施塔得的聖若翰神父（St. John of Kronstadt），非常重視情緒的層面：

禱告時一定要遵守以下規則：從內心深處說出的五個字，比只從嘴巴說出的一萬個字要來得更好。❸

耶路撒冷的聖赫西奇（St. Hesychius of Jerusalem），則是注意到情緒與專注的連結：

持續熱切地呼求主耶穌，甜美而喜悅，讓心中充滿歡樂的沉靜。只有極端的專注才能達到這種境界。❹

一位現代神學家很清楚地指出，基督教文化中的心指的是什麼：「心就是人的感覺（影響）。心就是人的決定（意志），心就是人的智力（認知）──這三個要素會融合成無法破壞的合一狀態。」❺

如聖嘉禮（St. Callistus）所說，專注於心的狀態非常深奧，因為心具有與神合一的能力：

> 修士必須永遠依主耶穌之名而活，這樣修士的心便能夠吸納神，神也能夠吸納修士的心，讓兩者合一。❻

聖依納爵（St. Ignatius）宣稱，透過不斷呼求，才能讓心達到合一狀態：

> 不要讓你的心遠離神，要和神在一起，透過不斷呼求主耶穌，保守自己的心，讓主的名深植於心，消除其他胡思亂想。讓基督在你的內裡榮耀。❼

聖多羅雪（St. Dorotheus）則提出另一種看法，告訴我們不斷在心中反覆虔誠禱告能夠產生怎樣的效果：

> 你希望學會用心來祈禱嗎？我可以教你。首先要從出聲的祈禱開始，用口舌與聲音大聲禱告。等到口舌與感官對出聲的禱告感覺滿足後，就不用那麼大聲，而改成輕聲禱告。然後，進入沉思冥想，專注於喉嚨的感覺。專注於心的禱告在神應允（例如恩典）之後，就會立刻自動展開。不論是什麼時候、什麼狀態、什麼地方，都持續不斷。❽

這些聖者口中的心之祈禱，是為了在心中創造出完美的愛，也就是《聖經》〈哥林多前書〉十三章所說：

愛是恆久忍耐，又有恩慈；愛是不嫉妒；愛是不自誇，不張狂，不做害羞的事，不求自己的益處，不輕易發怒，不計算人的惡，不喜歡不義，只喜歡真理；凡事包容，凡事相信，凡事盼望，凡事忍耐。愛是永不止息。……如今常存的有信，有望，有愛這三樣，其中最大的是愛。

〈帖撒羅尼迦前書〉第五章16-23節說，只有滿溢著愛的心，「要常常喜樂，不住地禱告，凡事謝恩」才產生意義。

聖靈的愛讓人類的內在產生完美的愛。敘利亞的聖以撒（St. Isaac of Syrian）說：「外在事物引發的愛就像小油燈的火焰，或是雨水造成的水流，在雨停了之後，水流就消失了。但神的愛則像是地表流出的泉水，永不消失，因為神自己就是這股愛的本源，也是永遠不會匱乏的養分。」❾

之後，在十三世紀，西奈半島的聖格列哥理（St. Gregory of Sinai）肯定了呼吸的重要性，尤其是有節奏的呼吸，他寫道：

同時調整自己的呼吸，因為有節奏的呼吸可以驅散胡思亂想。❿

獨修者尼基弗魯斯（Nicephorus the Solitary），和聖格列哥理同

為阿索斯山（Mount Athos）上的修士，他提供了更清楚的說明，寫道：

> 大家要知道，我們呼吸只有呼氣的部分，吸氣這個動作其實是由心來進行。坐下來靜心，讓你的靈進入鼻孔，這是呼吸抵達心的通道。在吸入空氣時，同時將靈拉進來推到心的位置……除了呼喊「主耶穌，神之子，求祢垂憐！」之外，不要想任何事情或冥想。無論如何都不可以妥協。

從神祕的基督教文化所記載保存下來的祈禱方法中，我們可以看到心律轉化法所有的基礎都是從中發展而來。但如果認為心律轉化法帶有宗教或神聖的意涵，那就錯了。相反的，因為每個人都有心，所以心律轉化法是為了所有人存在，對所有人都有用，不管有沒有宗教信仰。基督教的密契主義者使用基督之名，因為這個名字對他們來說具有神聖性。如果你對耶穌基督不是這樣的感覺，可以選擇對你來說具有神聖性的其他名字，例如「佛祖」或「摩西」，或者是根本和目前存在的宗教無關的名字，但對你來說具有神聖性，像是「和平」或「愛」。

雖然心律轉化法的起源包含了基督教文化，但真正的源頭更為古老，因為我們可以看到耶穌基督、約翰施洗者和其他可遠溯至古埃及教派的時代，都曾經使用這些方法 ⓫。也許這就是現代世界重新探索古老智慧知識的方式。當然經過這麼長久的時間，有許多新的要素加入了這種冥想練習。

蘇菲教派

　　我們是從我們的冥想導師維拉亞・音那雅・康（Pir Vilayat Inayatt Khan, 1917-2004）那兒學會心律轉化法，他則是從他的父親哈茲若・音那雅・康，一九一〇年第一位在美國與歐洲教導蘇菲主義的導師那裡，學會心律轉化法。蘇菲祕士所接受的訓練，讓他們的人格發展達到非常美麗的境界。他們不受任何宗教約束，而且只要是對於人生有深度體悟之人，不管有沒有信仰，都能與之相處愉快。

　　幾千年來，學者們透過直接的實驗，探索自然與人類的限制。有些研究我們稱為科學，有些稱為靈性，有些稱為心理，這些研究有助於發展我們的能力，達成心的成長與最終合一狀態的人類遠大目標。

　　其中一群特別的研究者就是祕士，對他們而言，合一狀態是現實中個人的直接體驗，而且隨時都能按照自己的意念進入合一的狀態。神祕的經驗是所有宗教與哲學的基礎。一般對於神祕主義會有種刻板概念，認為那是在追求來世的體驗。其實正好相反，祕士的終極目標，是關注於如何在現世現實的地球上追求更好的生活，同時讓需要幫助的人獲得幫助。

　　美國神祕主義者相當有名的一個例子，就是詩人惠特曼（Walt Whitman），他寫道：

　　在所有的人類中，我看見我自己，一點不多，一滴不少。我覺得自己的優點或缺點，也就是他們的優點或缺點。❷

惠特曼表達的正是神祕主義者對於合一的看法：生命的合一經驗呈現於每個人，感染並影響其他所有人，每個動作會引發其他動作，每種想法會在每個人的思考中迴盪，每顆心會感覺到其他的心的感受。從這個角度來看，漂浮在池塘水面上的朵朵蓮花，看起來是一株株獨立特別的植物，但其實是在水面底下根莖相連交錯成網的同一朵蓮花。

神祕的經驗可能自然地發生在任何人身上，也可能是經過一輩子對生命的研究與反思慢慢發展而成。每一生命的目標，都是透過個人經驗去了解生命是合一的存在。在死亡之前如果能體驗到合一狀態，是非常美妙的事情，因為合一讓生命產生了意義。

心的發展對神祕主義者的成長來說，是一項重要的指標。個人特質所表達出來的愛的形式，就是神祕主義者的標誌。

其中有一群獨特的神祕主義者稱作「蘇菲教派」。技術上來說，蘇菲祕士是一群正式拜師學習神祕主義的學生。在學習期間，蘇菲祕士都會學到至少一種發展神祕經驗的方法，朝著埋藏在表象下的真理，在靈性的道路上前進。透過這樣的經驗，學生最後也能夠成為導師。因為蘇菲祕士是在覺知的過程中學習神祕主義，他們非常看重這樣的過程，能夠辨別他人的靈性經驗是否為真。透過導師的陪伴，讓相似的靈魂因為深刻的友誼集結成旅隊，一同邁向持續一生的神祕主義旅程，朝同樣的目標努力。

哈茲若·音那雅·康寫道：「蘇菲祕士不管在文化傳統內或外，都追尋著真理。每個人都宣稱自己所屬的團體擁有真理，但真理無法窄化或受到控制，因為這是智慧的本質，從純淨的經驗得來，不遵循任何教義或規則。」

哈茲若・音那雅・康強調，他的方法不受任何已經存在的教義規範約束：

我們依循的傳統是從古埃及的神祕主義教派而來，這個教派遠比基督教、猶太教和伊斯蘭教三大宗教之父的亞伯拉罕還要古早。蘇菲教派不是宗教也不是哲學，不是自然神論也不是無神論，不是道德規範也不是某種特別的神祕主義，而是脫離了一般宗教光譜的一種主義。如果要稱之為宗教的話，是一種愛、和諧與美的宗教。

至高的天堂就是我們自己的心，一般人所謂的愛，對我們來說就是神。不同的人對神祇會有不同的想法，像是造物主、審判者、國王或至高的存在，而我們稱之為摯愛。至於我們有沒有一定要遵守的教條或儀式呢？其實並沒有任何的規範。在此同時，我們也可以採行自己覺得符合目的的任何儀式。❸

穆斯林認為蘇菲教派是伊斯蘭教屬於神祕主義的那一面，的確，許多蘇菲祕士擁有穆斯林的身分，但許多不同文化中都有蘇菲祕士的存在。伊斯蘭教所承認的最偉大的蘇菲祕士，其中一位是土耳其孔亞（Konya）的詩人魯米（Jelal-ud-Din Rumi），也是以「旋轉舞」（Whirling Dervishes）聞名的梅夫列維教派（Mevlana Order）創始人。他曾說：

我不是基督徒，不是猶太教徒，不是印度教徒，也不是穆斯林。
我不屬於東方，不屬於西方，不屬於陸地，不屬於海洋……。我拋棄

二元的想法，我看到兩個世界合一。⓮

伊斯蘭教尊崇的另一位蘇菲祕士是奇斯堤（Moinuddin Chisti）。他從伊朗移民到印度，並將蘇菲主義傳給印度教徒。穆斯林認為他將伊斯蘭教帶到印度，但印度教徒說他傳授的是印度教的內容，他的墓地成為全印度極少數受到兩個宗教認可的朝聖地點。

蘇菲祕士常因為與正統相異的觀點，而受到主流宗教的懲罰甚至殺害。哈拉智（Ibn Mansur Al Hallaj），最偉大的蘇菲導師之一，即遭伊斯蘭傳教士折磨迫害。基督徒有時會將「穆斯林」這個標籤貼在他們想要中傷的人身上，例如早期的超越主義者或一神教派。現代的蘇菲祕士尊重「伊斯蘭教徒」、「基督教徒」、「新柏拉圖主義者」、「新世紀運動」，還有其他各種標籤，但事實上，如同蘇菲祕士拒絕一切教條一樣，他們也拒絕所有的標籤與稱號，甚至是「蘇菲」這個名字。他們崇尚愛、和諧與美，他們的經典是大自然這本書，他們的祭壇就是心。

在西方，我們所尊崇的蘇菲祕士是聖法蘭西斯（St. Francis）。他在十字軍東征時認識了東方的蘇菲祕士，並將蘇菲主義介紹給許多人，其中包括聖克萊爾（St. Claire）⓯。他這種回到基督教本質的教導，正是蘇菲主義的特質。要確認究竟是不是蘇菲教派其實很困難，因為蘇菲祕士自己甚至有時也不會用「蘇菲」這個名字。

惠特曼沒有導師，也沒有後來成為和他一樣是神祕主義者的學生。他從不認為自己的靈感來源是蘇菲，雖然他一輩子反覆閱讀的三部作品，《魯拜集》、《一千零一夜》和莎士比亞的作品⓰，都是蘇菲教派會引用的教學材料。同一個真理，可以看到不同宗教用

不同方式表達，或是以科學、文學或音樂的語言呈現。

因為所有的神祕主義傳統都承認合一這個真理，所以所有的宗教和文化都屬於「蘇菲主義」，但「蘇菲主義」不屬於任何文化。有些穆斯林是蘇菲祕士，佛教徒、基督教徒、猶太教徒和美國原住民也有些人是蘇菲祕士。可是並不是所有信教的人都會變成蘇菲祕士，只有像托馬斯·默頓（Thomas Merton）一樣，探索內心的人才會。默頓神父離開了特拉普會的修道院，轉而認同連結西藏的喇嘛，一直到過世都和他們一同追尋真理。有些人是透過宗教、哲學或科學認識蘇菲主義，而有些人稱自己為蘇菲祕士，因為他們拜蘇菲祕士為師，體認到所有的道路都通往同一條道路。

有一次，我將心律轉化法介紹給一名猶太拉比。他對我說：「你是我的救世主，帶我認識這種心的方法，就和聖杯中的聖酒一樣。」又有一次，是介紹給耶穌會修士，他喊道：「我努力了二十年，結果在蘇菲祕士的幫助下找到了耶穌。」猶太拉比和耶穌會修士所感受到的，都是蘇菲祕士很典型的感覺。蘇菲祕士一生都在學習，處處都可以找到教導自己合一狀態的導師。不管實際上學到什麼，真正的學生都會有自己的領悟，找到目前正在尋求的事物。像我原本討論的是心，但猶太拉比找到的是聖酒，而耶穌會修士找到的是耶穌。

普蘭

我們對於心律轉化法的研究，是從蘇菲教派多年的修行傳承而

來。蘇菲教派教些什麼呢？一種可以讓你經驗到比平常多的方法，而且在內化統合這種經驗後，對於自己會有更整體的理解與認識。蘇菲祕士不太會研究單一的宗教，甚至任何宗教。他們對宗教的認識只有唯一的一種，就是讓心柔軟，容易受到美的感動，進而感受愛。這樣自我才會彎腰低頭，讓理想盤旋飛升，我們因此懂得敬畏宇宙的神奇，這是心的宗教。誰是這個宗教的先知呢？就是理解合一狀態的人，不管他們來自怎樣的文化、種族或性別，合一的經驗都是一樣。蘇菲祕士認為，沒有必要為了各種文化傳統的不同做法爭論，我們會依照自己不同的體驗與詮釋產生不同的理解。蘇菲祕士認為，與其辯論，不如探討每個人對於現實的真實看法，不要批評，而是分享每個人探索的方式。

除此之外，蘇菲祕士發現，大家集結在一起就能產生無比振奮的氣氛，他們可能會演奏樂器、歌唱或靜坐，或嘗試說出一些很難用言語表達的事情，或什麼都不做，因為他們真正需要做的是互相提醒關注自己的心。

幾千年來，在不同文化中，師徒相傳不間斷的制度，讓蘇菲祕士變成了人類在靈性探索與修行方面會走路的藏寶庫。古埃及法老、發現耶穌的東方三博士、四世紀制定出「垂憐經」（Kyrie Eleison）的隱修士、猶太卡巴拉「生命之樹」（Tree of Life），以及結合古埃及與基督教神祕主義的煉金術士，蘇菲教派融合了以上所有探索個人靈性的方法。蘇菲祕士並不把這些偉大的先知、大師與聖人的靈性寶藏當成歷史資料來收藏，透過將方法牢記心中，持續古老的靈性修行，同時向前走入當代靈性的新領域，這些珍貴的自我探索方式就能不斷地傳承下去。

一九一〇年，印度知名的音樂家與蘇菲導師哈茲若·音那雅·康，應他的老師要求將心的方法帶給西方世界，他於是成為第一位在美國傳授蘇菲主義的蘇菲祕士。他的兒子維拉亞繼承了父親的志業，教導蘇菲祕士的冥想與哲學方法，因為融合了神祕主義、科學與心理學，而聞名國際。我們就是他們這個旅行隊伍的成員。

隨著靈魂慢慢成熟，我們會希望探索生命的深度，希望發現內在潛藏的力量，希望知道人生的本源與目標，希望了解生命的目的與意義，希望明白事物內在的重要性，希望揭開名字與形式底下掩蓋的真實。⑰我們會看透事物的因果，希望接觸到時空的奧祕，希望發現神與人之間遺失的連結，也就是人類結束、而神開始的地方。

注釋

1 Houlden (2003, 815).

2 Kaldoubovsky (1992, 193).

3 參同前，52。

4 Kaldoubovsky (1992, 297).

5 Logothetis (1982, 17).

6 Kaldoubovsky (1992, 193).

7 參同前。

8 Brian Chaninov (1995, 51).

9 Kaldoubovsky (1992, 257).

10 參同前。

11 Baigent (2006, 133-179)

12 Whitman (1900), Song of Myself, Verse 395

13 www.hazrat.inayat-khan.org: Message: Vol. 9, The Unity of Religions Ideals: The Ideal of the Sufi.

14 Jelal-ud-din Rumi, in Nisholson(1898, II).

15 Shah (1977, 257).

16 其中有個趣味的巧合：伊斯蘭教的蘇菲祕士有時會組織成小團體，由 Pir，也就是長者來帶領。長者底下可能會有一名或數名大弟子，稱為 Sheik。而團體的領導人則會叫做 Sheik's Pir（弟子的長者），剛好與詩人莎士比亞的名字諧音。

17 www.hazrat.inayat-khan.org: Message: Vol. 9, The Unity of Religions Ideals: 5 Desires of Man: 4. Desire to Probe the Depths of Life.

附錄二
心律轉化法的目標與里程碑

以下按照書中順序，列出心律轉化法的目標與里程碑，以供讀者快速檢閱。

目標	里程碑頁數
◎靜坐不動二十分鐘，或直到產生「單一體感」。	第 129 頁
◎端坐靜止不動，觀注於你的內在，你會發現，「聽覺的生理活動」和「思緒與聲音連結後產生的心靈活動」之間的差異。	第 132 頁
◎培養注意自己呼吸並分辨其韻律的能力。	第 150 頁
◎用細緻的呼吸安撫情緒，讓你能繼續專注於心律轉化法至少二十分鐘。	第 155 頁
◎臣服於呼吸，讓自己被呼吸，同時又保持極度的清醒。	第 160 頁
◎要鍛鍊出在吵雜擁擠的環境中練習心律轉化法的能力。	第 168 頁
◎養成習慣去觀察呼吸的節奏，就能覺察自己在一天之中情緒與能量的轉變。	第 173 頁
◎透過呼吸與無意識溝通——送出問題，收到答案——這證明了無意識知道許多意識不知道的事。	第 176 頁
◎以八步吸氣、八步呼氣的呼吸節奏，行走一點六公里或二十分鐘。	第 187 頁
◎以八步吸氣、八步呼氣的韻律跑步一點六公里。	第 189 頁

◎習慣於全然的呼氣，讓自己可以毫不費力連續十次呼吸都能毫不保留氣息。	第 193 頁
◎運用全然呼氣和吸氣後摒住氣息，建立穩定的呼吸。讓自己在摒住呼吸的時候能夠越來越自在，最後這個動作就變成平靜的時刻。	第 201 頁
◎讓摒住吸氣的經驗成為一種向上提升，進入心的永恆高度，從這裡往「下」看，可以對你的人生獲得深刻的洞察。	第 209 頁
◎至少在摒住吸氣時，能感覺到胸腔中的心跳。	第 215 頁
◎練習鑽石呼吸十五分鐘。	第 218 頁
◎體驗超凡的平靜，不僅在你自身中體驗到，並且向外放送，如同一種力量，擴及你周遭的空間。	第 222 頁
◎在你的手、腳和太陽穴感覺得到心跳。	第 224 頁
◎能夠在雙手上感覺到身體的磁力。	第 228 頁
◎能感覺到彷彿在用身體的某個部位吸氣和呼氣，而非透過口鼻。舉例來說，透過雙手或胸部來呼吸。	第 231 頁
◎能夠感覺到你的能量體表層下的心跳。	第 235 頁
◎在吸氣與呼氣時，體驗到能量流從地球流向自己，再從自己流向地球的過程。	第 257 頁
◎體驗到平靜從自己的心往四面八方擴散，改變周圍一切的狀態。	第 267 頁
◎感覺能量流向下沖刷你的身體，彷彿身體確實感受到沖刷，尤其要仔細感受你的指尖。	第 272 頁
◎運用水的呼吸，克服在社交時表現出的害羞、冷漠與自我中心。	第 274 頁
◎透過充分的呼氣，運用火元素，讓你的胃部區域保持些微溫暖。	第 291 頁
◎感覺能量流上升到你的心中，最終在胸口產生一股壓力。	第 295 頁

◎尋找一種能讓你做出明顯改變的啟發，導引你的生活，朝向真實之光邁進（對於外在的改變要慎重，最明顯的變化應該是你的態度）。	第 303 頁
◎能夠獲得心擴展開來的經驗，感覺自己不但是舞台上的演員，也是底下的觀眾。	第 321 頁
◎覺察自己的存在，哪些部分是受血緣影響，哪些是受文化影響，哪些是來自你自身獨特的生活經驗。	第 326 頁

附錄三
哈茲若‧音那雅‧康的教誨

　　哈茲若‧音那雅‧康（1883-1927）是一位印度的音樂家，也是聖哲。在美國及歐洲講述所有宗教合一的理念，教導一種能夠讓心全面發展的方法。他的教誨對我們的做工產生了最為重大與主要的影響，不管是 IAM 應用冥想協會的成立，或是本書的內容。

　　IAM 建置了一個哈茲若‧音那雅‧康教誨的線上資料庫，讓大家方便搜尋研讀。本書中引用的所有教誨都可以透過 www.hazrat-inayat-khan.org 英文網站查詢。

　　本書對於哈茲若‧音那雅‧康的演講與詩歌引述的附註方式，讓大家可以很容易在網站上找到。例如這句格言：

石頭會裂開，讓路給愛人。
Rocks will open and make way for the lover.

引述的附註記成
www.hazrat-inayat-khan.org: Message: Complete Works: Sayings:
Gayan: Boulas.
使用搜尋功能也可以查詢到同一段落。

國家圖書館出版品預行編目資料

心律轉化法 / 普蘭.貝爾 (Puran Bair), 蘇珊娜.貝爾
(Susanna Bair) 著；徐曉珮譯 . -- 初版 . -- 臺北市：心
靈工坊文化, 2017.05
　面；　公分
譯自：Living from the heart : heart rhythm meditation
for energy, clarity, peace and inner power
ISBN 978-986-357-091-2(平裝)
1. 靈修
192.1　　　　　　　　　　　　　　106006001

HO 114

心律轉化法

Living from the Heart
Heart rythm meditation for Emergy, Clarity, Peace and Inner Power

作者——普蘭‧貝爾、蘇珊娜‧貝爾（Puran & Susanna Bair）
譯者——徐曉珮
審閱——王曙芳

出版者——心靈工坊文化事業股份有限公司
發行人——王浩威　總編輯——王桂花
責任編輯——黃心宜　特約編輯——周旻君、鄭秀娟　美術設計——雅堂設計工作室
通訊地址——10684 台北市大安區信義路四段 53 巷 8 號 2 樓
郵政劃撥——19546215　戶名——心靈工坊文化事業股份有限公司
電話——02-2702-9186　傳真——02-2702-9286
Email——service@psygarden.com.tw　網址——www.psygarden.com.tw

製版‧印刷——中茂分色製版印刷事業股份有限公司
總經銷——大和書報圖書股份有限公司
電話——02-8990-2588　傳真——02-2990-1658
通訊地址——248 新北市五股工業區五工五路二號
初版一刷——2017 年 5 月　ISBN——978-986-357-091-2　定價——560 元